AF432062

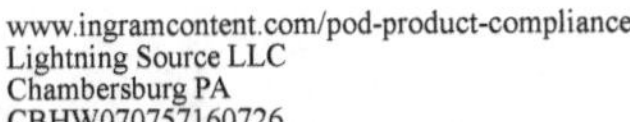

* 9 7 9 8 2 1 8 3 7 3 5 5 9 *

إدارة نطاق تأثيرك

لاهوت عملي للعمل والمهمة والمعنى

جوناثان ناولين

JONATHAN NOWLEN

المحتويات

ما هو المقياس metron؟

استندت كل حياة وتطور الحضارة اليونانية على مفهوم المقياس metron. استُخدمت كلمة metron ١١ مرة عبر أجزاء العهد الجديد. في رسالة كورنثوس الثانية ١٠: ١٣، استخدم الرسول بولس الكلمة عند وصف مقياسه ونطاق تأثيره.

"وَلكِنْ نَحْنُ لاَ نَفْتَخِرُ إِلَى مَا لاَ يُقَاسُ، بَلْ حَسَبَ قِيَاسِ الْقَانُونِ [المقياس metron] الَّذِي قَسَمَهُ لَنَا اللهُ..." (٢ كورنثوس ١٠: ١٣).

المقياس metron هو في الأساس نطاق تأثير. ما هو التعريف الفعلي للكلمة؟ دعونا نلقي نظرة على الكلمة اليونانية مثلما استخدمها الرسول بولس في الكتاب المقدس.

تعريف الكلمة اليونانية (μέτρον)[1]

١. مقياس، أداة للقياس

٢. مدى محدد، جزء مُقاس، مقياس أو حد

يقدم لنا الرسول بولس فكرة المقياس metron هذه. يوضح بولس أنه كان لديه "مقياس" أو "نطاق" تأثير أعطاه له الله. كان لدى بولس مقياس له ولخدمته. كان مقياس بولس هو نطاق التأثير الذي كان مدركًا له والذي كان يتحمل مسئوليته.

التعريف العملي للمقياس metron والذي أطرحه باعتباره حجر الزاوية في هذا الكتاب هو "قدر المسئولية التي يوكلها لك الله وسط الخليقة والثقافة والتاريخ الروحي."

---

[1] Strong's Concordance # G3358

المقدمة

تقع جميع جوانب حياتنا على الأرض داخل نطاق تأثير حدده الله. في هذا العصر من التاريخ الروحي، صمم الله كل واحد منا لنتعاون معه في إدارة ما يصفه الرسول بولس بأنه "المقياس" metron. جميع جوانب حياتك ودعوتك موجودة في سياق المقياس الخاص بك. لقد أعطاك الله مسئولية جسيمة بغض النظر عن هويتك أو ما تفعله. قدم لك تكليفًا ومهمة، وأعطاك فرصة للتألق.

"السَّمَاوَاتُ سَمَاوَاتٌ لِلرَّبِّ، أَمَّا الأَرْضُ فَأَعْطَاهَا لِبَنِي آدَمَ."(مزمور ١١٥: ١٦)

هل تعلم أن الله جعلك مسئولًا عن خليقته؟ هل تساءلت يومًا عما إذا كانت عملك اليومي مقدسًا وذا أهمية أبدية؟ هل تعتقد أنه يمكنك تشكيل العالم من حولك؟ ماذا يتوقع الله منك؟ ما هو حجم رؤيتك في الحياة؟ هل تشعر أنه لا توجد طريقة يمكنك من خلالها أن تحدث فرقًا وأنك عالق بطريقة ما في عمل "دنيوي"؟ إذا أردنا ملء حياتنا بالأهداف والقوة في ملكوت الله، فيجب الإجابة على هذه الأسئلة. سيساعدك العثور على إجابات لهذه الأسئلة على قبول دعوتك وتحقيق النجاح في عملك.

لم يمنحك الله فقط بل أعطاك إذنًا أيضًا تكليفًا للعمل!

يهدف هذا الكتاب إلى طرح قصة مهملة، ولكنها قادرة على إحداث تغيير أعتقد أنه يمكن رؤيتها بوضوح في الكتاب المقدس. سوف نستكشف قصة تبدأ بآدم وحواء ومع ذلك فهي تحدد هدفنا في ملكوت الله اليوم. إنها قصة التكليف الأصلي.

سأعتبر هذا الكتاب ناجحًا إذا ساعدك على إدراك أهميتك في ملكوت الله. أعتقد

أن هناك فهمًا بسيطًا لكل الأشياء، وبمجرد اكتشافه يتغير كل شيء. لا يهم مَنْ أنت ولا ما هي ظروف حياتك، فكل إنسان يحمل صورة الله ويحمل تصميمًا أصليًا. والغرض من هذا التصميم هو مجد الله وخير الخليقة كلها.

رجائي وصلاتي من أجلك هما أن تحصل على منظور الملكوت لعملك الذي أعطاه لك الله. في هذا الكتاب، سوف نستكشف قصة كتابية تقدم فهمًا مغيّرًا للحياة للدعوة ولطبيعة العمل المشترك مع الله. يتمثل غرض هذه الدراسة في مساعدة كل مؤمن على فهم الحياة من خلال فهم العمل والمهمة والمعنى. وهي تهدف إلى استخلاص قدر كبير من الحق الكتابي ومبادئه ومفاهيمه اللاهوتية في إطار يسهل الوصول إليه. هذه الدراسة هي لاهوت عملي يهدف إلى تزويدك برؤية متعمقة لإطار عمل الله لأجل البشرية.

إن الإطار الذي أحاول تقديمه لا يمنحك جميع الإجابات ويتجنب عمدًا إعطاء أي تفاصيل بشأن "الطريقة". يزخر جسد المسيح بالمفاهيم والممارسات والقيادة الفكرية التي توفر تطبيقات حياتية محددة. إن خطوات العمل المبني على أسفار الكتاب المقدس والإرشادات المتعلقة بنمط الحياة متاحة بسهولة ومطوَّرة بشكل جيد. يهدف هذا الإطار اللاهوتي إلى تزويدك بهيكل يمكنك ربط هذه التطبيقات العملية به. لقد وجدتُ أن هناك الكثير من المواد المتاحة للانتهاء من البناء، لكن كان من الصعب تحديد مكان وجود إطار من شأنه أن يجمع كل ذلك معًا.

تتمثل رؤيتي لهذه الدراسة في بلورة إطار أو سياق يمكن إضافة كل أنواع الخبرة والمبادئ والتقاليد والتخصصات الروحية واللاهوت إليه. يجب أن تكون هناك نقطة بداية تمكِّن المرء من القيام بما هو ضروري في الحياة. يمكن للمرء أن يصف هذا العمل بأنه خلفية تساعد على تركيز وتأطير النشاط الأساسي في أي عمل. يمكن للمرء أيضًا أن يصف هذا العمل بأنه طريق يمكِّن المرء من الوصول إلى وجهته ولكنه ليس وسيلة الوصول نفسها. باعتباره لاهوتًا عمليًا، فإن الهدف هو تمكينك من أن تبني وتدير بثبات ما دعاك الله إليه.

يمكن العثور على القيمة الأبدية وعلى صورة الله في جميع التيارات والتقاليد المتنوعة في جسد المسيح. آمل أن يجد أي تعبير كتابي عن الكنيسة العالمية هذا اللاهوت العملي هيكلًا مفيدًا يمكن البناء عليه. وأعتقد أن هذا الإطار الكتابي مناسب وعملي لجميع الأجناس والثقافات في جسد المسيح.

العمل أبدي بطبيعته وفائق للطبيعة بحكم التصميم. نحن نخدم إلهًا فائقًا للطبيعة ونعيش في عالم فائق للطبيعة، والعمل هو تصميم الله الأصلي لجميع البشر. أتمنى أن تجد الحرية والفرح من خلال إدراك أن عملك هو دعوة عميقة وفائقة للطبيعة من الله وأنه ليس شكلًا من أشكال العقاب. أعتقد أنه يمكن معرفة الله وأنه يريد أن يكون معروفًا. في هذا الكتاب، سنقوم برحلة عبر كل أجزاء الكتاب المقدس، وكل التاريخ، لاستكشاف معنى الحياة.

يوجد رجاء! من الممكن استعادة هدفك بالكامل والتحقق من دعوتك! يمكن تحقيق التحرر من الملل واللامبالاة والتشتت من خلال قبول التكليف الأصلي وإدراك التصميم الأصلي الخاص بك.

لقد امتلأت حياتي باختبارات لا تُصَدَّق مع الله على مدى سنوات الخدمة الخمس والعشرين الماضية. أؤكد لك أن ما أكتب عنه في هذا الكتاب فعال وأنه قد غيَّر حياة ومصير أمم. لقد ساعدتُ في بناء وإدارة مشاريع تغيير الأمم والتي يتم بناؤها على أساس اللاهوت العملي الذي أعرضه. هذا هو لاهوت العمل والعمل المشترك مع الله. إنه ليس مجرد نظرية ولكنه وجَّه جهودي وجهود كثيرين آخرين بنجاح لرؤية الأمم تتطور وملكوت الله يتسع. إنه اللاهوت العملي والمُمَارَس والمُجرَّب والذي يمكِّنك من إدارة نطاق تأثيرك.

أهدف إلى وضع إطار يمكن من خلاله لكل شيء أن يجد طريقة لكي يصبح مُعاشًا. أتمنى أن تجد هذا الكتاب سهلًا وقابلًا للتنفيذ. عند الانتهاء من هذه الدراسة،

سوف تتمكن من معرفة مكانك في مشروع ملكوت الله. البساطة هي الهدف وجعل المعقد عمليًا هو الرؤية. بصفتك أحد أبناء الله، يحق لك أن تعيش كشخص يعرف قيمته ويفهم هدفه. بمجرد قراءة هذا الكتاب، سيكون لديك سياق أقوى لفهم كل الكتاب المقدس ومعنى الحياة.

يقدم عالم اللاهوت إن. تي. رايت N. T. Wright منظورًا مقنعًا لمعنى الحياة بمجرد دخول المرء ملكوت الله. في كتابه الذي يحمل عنوان Surprised by Hope (مندهش من الرجاء)، كتب يقول: "ما تفعله في الوقت الحاضر — من خلال الرسم، والوعظ، والغناء، والحياكة، والصلاة، والتعليم، وبناء المستشفيات، وحفر الآبار، والدعوة إلى العدالة، وكتابة القصائد، ورعاية المحتاجين، ومحبة قريبك كنفسك — سيستمر في مستقبل الله. هذه الأنشطة ليست مجرد وسائل لجعل الحياة الحالية أقل وحشيةً وأكثر احتمالًا قليلًا، حتى يأتي اليوم الذي نتركها فيه تمامًا. إنها جزء مما يمكن أن نسميه بناء ملكوت الله."

إن السعي للوصول إلى معنى الحياة هو الدافع الذي يحرك البشرية دائمًا. ينبع هذا السعي من شفرة الله البرمجية العالمية المتأصلة في الروح البشرية. يتوق الله لأن يكشف لك عن نفسه ولأن يستجيب لهذا المسعى. لقد وضع في تصميمك رغبة فيما هو إلهي. لا يمكن تحقيق هذه الرغبة إلا من خلال العلاقة مع خالقك. لقد ترك لنا الدليل الرسمي للشفرة المكتوبة في نفوسنا، الكتاب المقدس. كذلك أرسل لأولئك الذين يؤمنون به أعظم معلم على الإطلاق، الروح القدس. لقد جعل نفسه معروفًا ومتاحًا لشعبه. إنه يريد أن يُعرف. تم تصميم كل الخليقة ببراعة. لقد تم تصميمك في الأصل لتكون جزءًا لا يتجزأ، لتكون مهمًا، في مشروع ملكوت الله الملحمي.

تاريخيًا، كافح رجال ونساء الإيمان المشهورون والمخلصون حتى لإيجاد دعوتهم. غالبًا ما يكون الهدف بعيد المنال، حتى في ملكوت الله. ليس من المستغرب أننا قد نصارع أيضًا مع الشعور بأن خطط الله لأجلنا مخفية. بشكل غامض، يبدو أننا مدركون لشيء

ما يجذب قلوبنا ويشدنا في اتجاه العظمة. يقول هذا الجذب: "لقد خُلقتَ لشيء أكبر."

علينا أن نسمح للحق بشأن طبيعة الله وشخصيته بتغيير منظورنا إذا أردنا أن نضمن مصيرنا. ليس من طبيعة الله أن يعذبك أو يعيق إنجازك وهدفك. إن طبيعته تشبه طبيعة الأب المحب الذي يخفي بيض عيد الفصح لأطفاله. يريد أن يمنحك فرحة الاكتشاف وبركة العطايا الصالحة. يخفي الأشياء لأجلك وليس عنك. يريدك أن تجد هدفك. جزء من تصميمه الأصلي هو أن تختبر أهميتك — وتعلم أنه خلقك لتكون مهمًا.

بغض النظر عن الخلفية الاجتماعية والاقتصادية أو الثقافية التي نشأ فيها المرء، فإن معظم الناس لديهم نفس الرغبات في الحياة. هذه القواسم المشتركة بين الرغبات والآمال والأحلام توحِّدنا باعتبارها إنسانية وتشير إلى نقش إلهي على قلوب البشر. حتى أولئك الذين لم يخلصوا بعد في ملكوت الله يميلون إلى تصميم الله. ترك الخالق توقيعه في قلوب وعقول خليقته الثمينة. يمكن وصف هذه التوقيع بأنه شفرة برمجية متأصلة. لقد وضع الله شفرة برمجية في تصميمنا ذاته. تدفعنا هذه الشفرة البرمجية إلى اكتشاف مَنْ نحن، ولماذا نحن كذلك، وكيف وصلنا إلى هنا.

في كل الأحوال، فإن هذا البحث يحقِّز الكثير من المساعي البشرية. بغض النظر عن الخلفية الثقافية أو العرقية، فإننا كبشر نعلم أننا هنا لسبب ما. نعلم جميعًا في أعماقنا أن لنا قيمة متأصلة، وأننا مهمون. هذه الشفرة البرمجية الشخصية التي وضعها الله تقود اتجاه ومصير الأفراد والأمم. كان تصميم الله الأصلي هو أن تقودنا هذه الشفرة البرمجية التوجيهية نحو أحضان أبينا المحب، الشخص الذي صممنا والذي أعطى قيمة لكل إنسان. السر الجميل في هذا السعي هو أننا نجد أبانا بينما نسعى للحصول على إجابات لهذه الأسئلة.

بصفتنا أتباع ليسوع، توجِّه هذه الشفرة البرمجية أيضًا اختياراتنا وتؤثر على استخدام طاقات حياتنا. عندما يتعلق الأمر بهذا السعي العالمي للوصول إلى إجابات، فإننا

كمسيحيين لدينا الأفضلية. لدينا الشفرة المصدرية الخاصة بهذه البرمجية، الكتاب المقدس، ولدينا أعظم معلم، الروح القدس. لدينا أيضًا إمكانية الوصول الشخصي إلى مؤلف الكتاب المقدس من خلال عمل ليسوع المسيح الخلاصي. وبالإضافة إلى الأسفار المقدسة، فقد جمع جسد المسيح قدرًا هائلًا من الدراسة والفكر والرؤية واللاهوت والمعرفة والخبرة. نجح العديد من أتباع المسيح الحاليين والسابقين في تزويد المؤمنين بالحكمة الضرورية نتيجة مسيرتهم الشخصية والديناميكية مع الله. من خلال معرفة الله، تصبح الإجابات معروفة.

نحن محظوظون لأنه بإمكاننا البناء على أسس وخبرات أولئك الذين سبقونا والذين ساروا بجانبنا. لقد فتح رجال ونساء الله الرائعون مستويات جديدة من الفهم، ونحن مدينون لهم.

ولأنني واثق في شخص الله وطبيعته، فأنا واثق من نواياه تجاه أولاده. إن لديه عطايا جيدة لهم! أعظم عطية يمكننا الحصول عليها هي المصالحة مع الله ثم خدمة المصالحة في خليقة الله. أنا واثق من أننا عندما نستكشف هذا اللاهوت الخاص بالعمل والمهمة والمعنى، فإننا سنكتشف أننا مهمون حقًا في تصميم الله الأصلي. تأكد أن ملكوت الله يحقق تقدمًا، وأنك تعيش في أعظم عصر روحي في تاريخ البشرية — عصر الملكوت.

الفصل ١
خُلقتَ لتكون مهمًا

"لِيَأْتِ مَلَكُوتُكَ. لِتَكُنْ مَشِيئَتُكَ كَمَا فِي السَّمَاءِ كَذلِكَ عَلَى الأَرْضِ." (متى ٦: ١٠).

هل من الممكن أن يكون الغرض من الصلاة التي صلاها يسوع عندما علَّم تلاميذه أن يصلوا هو أن تتم استجابتها فعلًا؟

مثلي، ربما تكون قد تخطيت عقليًا هذا الجزء الذي صلى فيه يسوع: "... كَمَا فِي السَّمَاءِ كَذلِكَ عَلَى الأَرْضِ..." لأنه ليس لدينا إطار لفهم الآثار المترتبة على ما صلى يسوع لأجله. لقد أدركتُ أن هذه الصلاة ليست نظرية مثلما قد تبدو للوهلة الأولى. في الواقع، بصفتنا مؤمنين بالمسيح وأتباعًا له، فقد وضعنا الله بحيث نكون جزءًا من رؤية استجابة هذه الصلاة. تم نسج كل التاريخ، وكل الكتاب المقدس، ومعنى الحياة بشكل معقد في قصة خلاصية موجودة في استجابة هذه الصلاة. وهذه القصة الخلاصية لا تهدف فقط لجلب الرجاء والمستقبل لجميع البشر ولكن أيضًا لإطفاء النار المستعرة في روح كل مؤمن والتي تطرح السؤال التالي: "هل أنا مهم"؟

تعرف أرواحنا أننا خُلقنا على صورة الله كشبهه، وطبيعتنا ذاتها مبرمجة على الارتباط بخالقنا. إن حقيقة أن كل شخص يولد ليكون مهمًا هي في صميم الوجود البشري كله. والفشل في هذا المسعى البشري الأساسي هو أصل كل مشاكل العالم. إن هذه المشاكل معقدة، لكن الحلول بسيطة. يقدم النظام العالمي نسخًا مزيفة وبدائل مؤقتة لا نهاية لها لمسعى الروح هذا. في النهاية، يجعل حياة مَنْ يخدعهم مفلسة. مثلما يحدث في أي تزييف، ستدرك في نهاية المطاف أنه ليس له قيمة وغالبًا ما ستصبح في وضع أسوأ بكثير. عندما نتواصل كبشر مع أبينا السماوي يمكننا أن ندرك مكانتنا في تصميم

الله الأصلي. عندما نولد ثانيةً في المسيح يسوع، يقول الكتاب المقدس إننا نصبح في مظهر جديد للحياة.

رسالة (كورنثوس الثانية ٥: ١٧) توضح: "إِذًا إِنْ كَانَ أَحَدٌ فِي الْمَسِيحِ فَهُوَ خَلِيقَةٌ جَدِيدَةٌ: الأَشْيَاءُ الْعَتِيقَةُ قَدْ مَضَتْ، هُوَذَا الْكُلُّ قَدْ صَارَ جَدِيدًا."

لقد جرت إعادتك إلى وضعك الصحيح في تصميم الله للبشرية. بصفتك أحد الذين افتداهم المسيح، فأنت الآن جالس في السماء، لكنك تعيش على الأرض.

تصف رسالة (كولوسي ١: ١٣) ما يحدث عند الخلاص بقولها: "الَّذِي أَنْقَذَنَا مِنْ سُلْطَانِ الظُّلْمَةِ، وَنَقَلَنَا إِلَى مَلَكُوتِ ابْنِ مَحَبَّتِهِ."

أنت كائن متعدد الأبعاد لديه جسد ولكنه روح. أنت تعيش في عالمين في وقت واحد وتتشكل هويتك على الأرض من خلال مكان جلوسك في السماء. هذا هو أحد أعظم أسرار تصميم الله. يبدأ مفتاح الملكوت الفعال على الأرض بإدراك أنك كمؤمن تجلس حاليًا مع المسيح يسوع في السماويات.

"وَأَقَامَنَا مَعَهُ، وَأَجْلَسَنَا مَعَهُ فِي السَّمَاوِيَّاتِ فِي الْمَسِيحِ يَسُوعَ" (أفسس ٢: ٦)

يقول الكتاب المقدس إننا بمجرد إيماننا بالرب، تغيَّرت طبيعتنا ذاتها، ووجدنا أنفسنا نعيش في حقيقتين. من ناحية، نحن جالسون في السماويات؛ ومن ناحية أخرى، نحن نقف بثبات في العالم الطبيعي. هذا يجعلنا فائقين للطبيعة بطبيعتنا. مصدر الفرح في رحلتنا الأرضية هو أننا نعيش في العالم الطبيعي تمامًا مثلما نعيش أمام عرش السماء. لقد وضعنا الله في نطاقات تأثيرنا لنكون بمثابة جسر، أو قناة، تجلب حضور الله وطرقه إلى الخليقة.

إن تابع المسيح الفائق للطبيعة هو الشخص الذي يحافظ على منظور أبدي بشأن كل ما يحيط به. يعرف المؤمن ذو العقلية الروحانية طرق الله ويهدف إلى إعادة إنتاج ثقافة السماء في نطاق التأثير الذي أعطاه له الله على الأرض. إن إدخال طرق الله ووجوده إلى الخليقة هو التعريف الحقيقي للتغيير وهو جوهر تصميم الله الأصلي.

حاولت تفسيرات فلسفية ولاهوتية لا حصر لها الإجابة على السؤال الأساسي الذي يطرحه العديد من المؤمنين: "لماذا لا نزال هنا؟" قد يجد أتباع المسيح أنفسهم يتساءلون: "إذا كان الله محبة، كما يقول الكتاب المقدس في (١ يوحنا ٤: ٨)، فلماذا يتركنا في هذا العالم الساقط والمليء بالألم بعد أن نلنا الخلاص؟ أليس أكثر شيء يعبّر عن المحبة بإمكانه أن يفعله هو إخراجنا من هذا العالم بمجرد أن نؤمن؟" سيستمر العديد من المؤمنين في التساؤل: "هل من المحبة أن يترك الله أولاده في هذه الفوضى الساقطة ليعانوا بعد أن أصبحوا جزءًا من عائلته؟" نظرًا لأن هذا غالبًا ما يكون نوعًا معتادًا من تساؤلات المسيحيين، فمن الواضح أننا لا نفهم أننا لم نخلص فقط من شيء ما، ولكننا أيضًا قد خلصنا لأجل شيء ما.

أود أن أشير إلى أن العديد من المؤمنين لديهم فهم للهدف يتسم بأنه محدود للغاية وشديد التركيز على الذات. إن التفكير في أننا نخلص فقط من "الخطية" و "العالم" يقود المرء إلى أن يصارع لفهم هدفه وهويته بشكل صحيح. في الملكوت، الذي يخلص من شيء هو أيضًا يخلص لأجل شيء. تتحدد هوية المؤمن بالمسيح من خلال هويتنا بالنسبة لله ومن خلال مكاننا مع المسيح يسوع في السماويات. الآن بعد أن افتُدينا من خلال الخلاص لنصبح جزءًا من عائلة الله، اكتشفنا أننا قد ورثنا كل الأشياء مع المسيح يسوع.

"اَلرُّوحُ نَفْسُهُ أَيْضًا يَشْهَدُ لِأَرْوَاحِنَا أَنَّنَا أَوْلَادُ اللهِ. فَإِنْ كُنَّا أَوْلَادًا فَإِنَّا وَرَثَةٌ أَيْضًا، وَرَثَةُ اللهِ وَوَارِثُونَ مَعَ الْمَسِيحِ." (رومية ٨: ١٦-١٧)

بحسب الكتاب المقدس، نحن ورثة مع المسيح في ملكوت الله. هذا تعزيز كبير لفهمنا للواقع، وهو يثير بعض الأسئلة مثل: "ماذا أفعل بهذا الميراث؟"

لنبدأ بالنظر إلى ما يحدث عندما تقبل المسيح وتولد من جديد. تصبح خليقة جديدة (٢ كورنثوس ٥: ١٧)، و"أنت" القديم يمضي. لقد تحولت من خاطي يريد أن يكون قديسًا إلى قديس ربما يظل يختار أن يخطئ. يمنحك الخلاص هوية جديدة. بصفتك شخصًا وُلِد من جديد، فإنك تحصل على جنسية مزدوجة وتبدأ في إدارة هوية متعددة الأبعاد. يشير جواز سفرك الروحي إلى أنك مواطن في السماء ومواطن على الأرض.

تشير شهادة ميلادك الروحية إلى أنك لست مواطنًا مزدوج الجنسية فحسب، بل إن أباك هو ملك وخالق السماء والأرض. أنت دائمًا في مملكته وخاضع لحكمه. عندما ندرك مَنْ نحن كأبناء الله، تتدفق الثقة من حياتنا، ولا يكون هناك مكان للخوف. ترتكز هويتنا على ما يعلنه الله عنا. ما يقول أنه صحيح، هو، في الواقع، حقيقي.

عندما تنتقل إلى ملكوت الله من خلال الإيمان بالمسيح، فأنت لا تخلص من الدينونة فحسب، بل تُمنح هوية جديدة تمامًا. الخبر السار هو أنك خَلُصتَ من الخطية، ومُنحت طبيعة جديدة. أُعيدت كتابة الشفرة البرمجية الخاصة بروحك. بصفتك شخصًا وارثًا المسيح، فقد تحررت.

يعلن الكتاب المقدس أن المخلوق الجديد الذي أصبحت عليه يمنحك مكانًا في بيت الله. وعلى هذا النحو، فقد أصبحت وارثًا مع المسيح، وأنت وارث شرعي لما يخص المسيح أيضًا. ما الذي يخص المسيح؟

"وَأَخْضَعَ كُلَّ شَيْءٍ تَحْتَ قَدَمَيْهِ، وَإِيَّاهُ جَعَلَ رَأْسًا فَوْقَ كُلِّ شَيْءٍ لِلْكَنِيسَةِ، الَّتِي هِيَ جَسَدُهُ، مِلْءُ الَّذِي يَمْلَأُ الْكُلَّ فِي الْكُلِّ." (أفسس ١: ٢٢-٢٣)

لقد ورثت ملكوت الله، لكن هذا الميراث يأتي ومعه مسئولية. إنه ليس مجرد تذكرة مجانية إلى مدينة ملاهي، كما أنه ليس تذكرة للهروب من العالم من حولنا أو للهروب من لهيب الجحيم. إن ميراثك هو مهمة تكليف للعمل المشترك مع المسيح من أجل رؤية مشيئته تتحقق على الأرض كما في السماء. إن الخليقة تتطلع بشغف وتنتظر منك أن تطالب بميراثك وتصبح ما كان من المفترض أن تكون عليه. نحن نعيش في مملكة المحَرَّرين، والخليقة بشدة إلى ما ورثته. الخلاص لا يعني فقط أن تدخل من باب السماء، بل أن تأتي السماء إلى الأرض من خلالك. بصفتك شخصًا جالسًا مع المسيح يسوع في السماويات، فأنت في وضع جيد تمامًا لمعرفة الله وجعله معروفًا. إن التصرف بمسئولية مع ميراثنا يعني أن نقبل حياة العمل المشترك مع المسيح وأن نتحمل المسئولية الشخصية في ملكوت الله.

الفصل ٢
مدعو للعمل

"السَّمَاوَاتُ سَمَاوَاتٌ لِلرَّبِّ، أَمَّا الأَرْضُ فَأَعْطَاهَا لِبَنِي آدَمَ." (مزمور ١١٥: ١٦)

يتحدد ميراثنا في الملكوت بناءً على مسئوليتنا عن الخليقة. خلال حياتنا، نحن جميعًا مسئولون عن إدارة نطاق تأثيرنا في النظام الذي خلقه الله. الدعوة إلى الإدارة هي دعوة للعمل. هذه الدعوة ليست لاستحقاق الخلاص وإنما للعمل المشترك مع الله بهدف جعل الخليقة متوائمة مع تصميمه الأصلي. عندما ندرك الدعوة السامية للعمل والثقة اللتين منحنا إياهما الله وسط خليقته، يصبح عملنا فائقًا للطبيعة بطبيعته. كل الخليقة في انتظارك بفارغ الصبر لتقبل دعوتك وتبدأ في العمل! بمجرد أن نخلص من الخطية والموت، نبقى على الأرض لأن هناك عملًا يجب القيام به. نحن في عصر الملكوت، والآن حان وقت العمل. المسيح يبني ملكوته، وقد دعانا للعمل معه في أعمال العائلة. الآن، هويتك تؤهلك لتحقيق هدفك. لقد دشَّن موت المسيح وقيامته ملكوت الله، وأنت قد خلصت لتصبح جزءًا من ملكوته الحالي ومن ملء الملكوت الآتي. بصفتنا مواطنين في مملكته، فقد ورثنا مكانة ومسئولية متميزتين. لقد دعانا الله لنعمل معه في أعمال العائلة. ماذا نفعل بالضبط في أعمال العائلة؟ كل شيء.

"... كَلَّمَنَا فِي هذِهِ الأَيَّامِ الأَخِيرَةِ فِي ابْنِهِ، الَّذِي جَعَلَهُ وَارِثًا لِكُلِّ شَيْءٍ." (عبرانيين ١: ٢)

كل شيء وكل شخص في ملكوت الله مهم. لا يوجد مَنْ هو بلا أهمية أو مَنْ هو مهمش وسط مَنْ هم في بيت الله. لقد ورث يسوع كل شيء، وكذلك أنتم أيضًا.

الميراث الذي أخذه يسوع يحتوي على مفاتيح الملكوت – كل السلطان. في (متى ٢٨: ١٨–١٩)، يقول يسوع: "... "دُفِعَ إِلَيَّ كُلُّ سُلْطَانٍ فِي السَّمَاءِ وَعَلَى الْأَرْضِ، فَاذْهَبُوا..."."

عندما صعد يسوع بعد قيامته، لمن ترك المسئولية؟ مَنْ الذي نال التكليف العظيم Great Commission؟ التلاميذ. تأتي كلمة commision (تكليف) من الكلمة اللاتينية الأصلية committere والتي تعني "يعهد". وتتكون كلمة Committere من كلمتين لاتينيتين: com والتي تعني "مع" وmittere والتي تعني "يرسل". لقد عهد إلينا يسوع بصفتنا تلاميذه بتوصيف وظيفي يرسلنا إلى عالم غير مستقر بسبب التمرد. يجب إخضاع رئيس سلطان الهواء (أفسس ٢: ٢). المسيح لا يرسلنا دون سلاح. إنه يرسلنا بالسلطان التي دُفع إليه – السلطان على كل شيء في السماء وعلى الأرض.

في سلطان المسيح، يجب أن نقبل التكليف "الموكل" إلينا. مثل التلاميذ الأصليين، نحن مكلفون بالذهاب والقيام بذلك. لا يوجد شيء دنيوي أو عالمي في الحياة اليومية. كل شيء روحي. كل عمل له صدى في السماء والجحيم. يشكل كل دافع وفكر العالم من حولنا للأفضل أو للأسوأ. بالنسبة للتلميذ، كل شخص وكل شيء مهم. حياتنا جزء من استجابة الرب لصلاة "لِيَأْتِ مَلَكُوتُكَ. لِتَكُنْ مَشِيئَتُكَ كَمَا فِي السَّمَاءِ كَذلِكَ عَلَى الْأَرْضِ." (متى ٦: ١٠).

بصفتنا وارثين مع المسيح، نجد أنه من المستحيل الانجراف عبر التاريخ المُحَاصَر في تيارات الحياة والشعور بأننا بلا هدف. يجد المسيحيون صعوبة في أن يكون لديهم شغف بشيء يعتقدون أنه لا يمكنهم التأثير فيه. في الحقيقة، يشعر الكثير منا أنه لا يمكننا حتى توجيه سفينة حياتنا، ناهيك عن إحداث فرق في الملكوت. يبدو أن الحياة مرارًا وتكرارًا "تحدث لنا" ونبدأ في الشعور بأنه ربما لم يكن من المقصود أبدًا أن نكون

مهمين. يبدو أن الحياة تأتي وتذهب بنفس الطريقة التي يخوض بها قارب صغير سباقًا في نهر سريع الحركة بدون مجداف أو دفة. بغض النظر عما نؤمن به فكريًا أو لاهوتيًا بشأن طبيعة قاربنا، فإننا نقضي جميعًا وقتنا في محاولة تحديد وجهتنا وتوجيه قاربنا في هذا الاتجاه. نبني ونحب ونسعى ونأمل ونحزن ونقاتل ونؤمن ونعمل ونحلم بالمزيد. هناك سيناريو عميق وشامل في أساس وجودنا. هذا السيناريو كتبه الله وغرسه فينا منذ الوقت الذي خلقنا فيه. يمكن للمرء أن يفهم هذه البرمجة النصية الأساسية، والتي تشبه "التشفير الثابت" في نظام الكمبيوتر.

يشير مصطلح "التشفير الثابت" hard coding (المشابه لمفهوم "البرمجة الثابتة" hardwiring) في برامج الكمبيوتر إلى وضع قيم أو إطار عمل محدد للبرمجة يوجه الشفرة المصدرية للبرنامج، ولا توجد طريقة لتجاوزه. أحد جوانب التشفير الثابت في الحالة البشرية هو أن لدينا جميعًا منظارًا داخليًا في أرواحنا. يسعى هذا المنظار باستمرار للعثور على خالقنا والتواصل مع الأبدية.

"صَنَعَ الْكُلَّ حَسَنًا فِي وَقْتِهِ، وَأَيْضًا جَعَلَ الْأَبَدِيَّةَ فِي قَلْبِهِمْ، الَّتِي بِلاَهَا لاَ يُدْرِكُ الْإِنْسَانُ الْعَمَلَ الَّذِي يَعْمَلُهُ اللهُ مِنَ الْبِدَايَةِ إِلَى النِّهَايَةِ." (جامعة ٣: ١١).

يسعى التشفير الثابت الذي غرسه الله فينا بهدوء إلى تحديد موقع خالقنا وفك شفرة هدفنا. إنه يخلق الرغبة في معرفة الخالق ويظهر على أنه "ثقب شكَّله الله" في الروح.

يشير الكتاب المقدس إلى أن يسوع هو الشخص الذي يبحث عنه الناس والأمم، على الرغم من أنهم لم يعرفوه بعد. يصفه (حجي ٢: ٧) بأنه "مُشْتَهَى كُلِّ الأُمَمِ" — "وَأُزَلْزِلُ كُلَّ الأُمَمِ. وَيَأْتِي مُشْتَهَى كُلِّ الأُمَمِ، فَأَمْلأُ هٰذَا الْبَيْتَ مَجْدًا، قَالَ رَبُّ الْجُنُودِ."

إن الانجذاب إلى الإله هو جزء من تصميمنا الأصلي. لقد صُممنا لنعرف الله ونتوافق مع صورته. كياننا بأكمله مُبَرمَج ومُصَمَم للبحث عن الإله والتواصل مع أبينا

السماوي. نجد أنه بغض النظر عن المكان الذي ينتمي إليه الشخص، هناك شيء في تصميمه يرغب في الله. كما يقول الكتاب المقدس، سيأتي البشر جميعًا إلى مشتهى كل الأمم. هذه الرغبة تجتذبنا نحو الله، وعندما نجده تتحدد هويتنا ويكتمل تصميمنا.

الفصل ٣
مُصَمَم لتضيء

في رسالة أفسس، يتحدث الرسول بولس إلى الأمم الذين نالوا الخلاص، ويشجعهم على أن ينأوا بأنفسهم عن الأعراف الثقافية للخطية التي تحيط بهم. لقد اقتبس على نحو فضفاض من (إشعياء ٦٠: ١) كنوع من الوعظ. وفي هذا الوعظ للحث على التمسك بهويتهم في المسيح والالتزام بالقداسة التي تقود إلى الهدف، يقول بولس في (أفسس ٥: ١٤-١٦) "اسْتَيْقِظْ أَيُّهَا النَّائِمُ وَقُمْ مِنَ الأَمْوَاتِ فَيُضِيءَ لَكَ الْمَسِيحُ. فَانْظُرُوا كَيْفَ تَسْلُكُونَ بِالتَّدْقِيقِ، لاَ كَجُهَلاَءَ بَلْ كَحُكَمَاءَ، مُفْتَدِينَ الْوَقْتَ لأَنَّ الأَيَّامَ شِرِّيرَةٌ."

يعلم كل شخص في أعماقه أنه قد صُمم لهدف خاص. لقد صُممنا لنضيء.

"تُضِيئُونَ بَيْنَهُمْ كَأَنْوَارٍ فِي الْعَالَمِ" (فيلبي ٢: ١٥).

كل شخص لديه حاجة عميقة في روحه إلى أن يكون مهمًّا، وإلى أن يعرف الهدف من وجوده، وإلى أن يكون مميزًا. لا ينبع هذا الإدراك أو الرغبة في أن يضيء من طبيعتنا الساقطة بل من تصميمنا الأصلي. يمكن أن تفسد هذه الرغبة وتظهر ككبرياء وأنانية. ومع ذلك، فإن هذا الإدراك لـ "خصوصياتنا" المتأصلة فينا يأتي من الإدراك العميق بأننا قد خُلقنا على صورة أبينا السماوي. أبونا السماوي خاص وفريد وجميل وله قيمة غير محدودة. أي شيء يضيء بحكم التعريف يبرز في مقابل كل ما حوله. أبوك السماوي يضيء وأنت كذلك.

"أَنَا يَسُوعُ، أَرْسَلْتُ مَلاَكِي لأَشْهَدَ لَكُمْ بِهذِهِ الأُمُورِ عَنِ الْكَنَائِسِ. أَنَا أَصْلُ وَذُرِّيَّةُ

دَاوُدَ. كَوْكَبُ الصُّبْحِ الْمُنِيرُ." (رؤيا ٢٢: ١٦)

تمامًا كما يضيء يسوع لأنه "كَوْكَبُ الصُّبْحِ الْمُنِيرُ"، نعلم أيضًا في أعماق كياننا أننا مُصَمَمون لكي نضيء. يضيء يسوع على كل ما يتناقض معه ومقارنةً به. أنت تضيء عندما تعكس صورة يسوع في وسط رماد وانكسار العالم من حولك. تمامًا كما حثّ بولس المؤمنين في أفسس، كذلك يجب علينا أيضًا أن نستيقظ ونضيء.

إن معرفة هدف المرء بمثابة الدفة التي توجه قاربنا خلال الأخطار التي نواجهها من حولنا في نهر الحياة سريع الحركة هذا. قد يسميه البعض "المصير" أو "الدعوة"، لكن في كلتا الحالتين، الهدف يحمينا من القدر. القدر هو المكان الذي ينتهي بك الأمر فيه بدون دفة. المصير هو المكان الذي تصل إليه عن طريق التصميم. تم غرس أو تشفير التصميم الأصلي في كياننا لحثنا على المضي قُدمًا في بحثنا عن الهدف والمعنى في الحياة. للأسف، لم يدرك الكثير ممن هم في المسيح أبدًا أن الله قد صممهم في الأصل ليكونوا مثل الآب. لقد صُممنا لكي نتوق إليه ونحاكيه بينما نتحرك خلال هذه المرحلة القصيرة من الأبدية والتي نسميها الحياة. بمجرد أن نكتشف أن الهدف قد تم تشفيره في كياننا، يصبح كل شيء موضع تركيز. عندما يمتلئ الثقب الذي شكَّله الله في أرواحنا بحضور الله من خلال الإيمان بالمسيح، يكتمل تصميمنا الأصلي وتنشط إمكاناتنا.

من خلال فهم أن الله قد خلقك بتصميم أصلي، يعود المعنى إلى الوجود. سيصبح الشعور بالمعنى الأبدي واضحًا، حتى فيما قد يبدو عاديًا. لمعرفة مصيرنا، يجب علينا إعادة صياغة الحياة في سياق الملكوت. يجب على كل أتباع المسيح أن يفهموا أن مشاركتهم أمر حيوي في رؤية ملكوته يأتي ومشيئة الله تتحقق. إليك تصميم الله الأصلي للبشرية. بصفتك شخصًا وُلِد من جديد، فأنت مدعو للمشاركة مع المسيح في مشروع ملكوته العظيم.

أحب هذا الاقتباس للاهوتي إن. تي. رايت N. T. Wright بخصوص هدفنا

في ملكوت الله.

"الخلاص يفعل فقط ما يُفترض أن يفعله عندما يدرك أولئك الذين خلصوا وأولئك الذين سيخلصون يومًا ما أنهم يخلصون ليس كأرواح ولكن ككل وليس لأنفسهم وحدهم ولكن من أجل ما يتوق الله الآن لأن يفعله من خلالهم." [1]

يتعلق إنجيل الملكوت بخلاص البشر ككل، وليس فقط أرواح البشر. إن خلاص روح المرء له فائدة كبيرة لذلك الفرد، ولكن عندما تتغير حياة الشخص بأكملها بشكل كلي، يستفيد العالم من حوله أيضًا. يُستعلن الملكوت عندما تضيء وفقًا لتصميمك. الأماكن المظلمة في هذا العالم بحاجة ماسة إلى أولاد الله ليعكسوا نور السماء في أسوأ أرجاء الخليقة. الخلاص ليس مجرد وسيلة للهروب من البؤس في العالم من حولنا، ولكنه مهمة للتأثير على العالم من حولك وجعله متوائمًا مع السماء التي بداخلك.

ويستطرد إن. تي. رايت N. T. Wright قائلًا:

"هذه هي الفكرة. عندما يخلِّص الله الناس في هذه الحياة، عبر العمل من خلال روحه لجعلهم يؤمنون بيسوع، وفي التلمذة، والصلاة، والقداسة، والرجاء، والمحبة، فإن هؤلاء الناس مُصَمَّمون — إنها ليست كلمة قوية للغاية — ليكونوا علامة وتمهيدًا لما يريد الله أن يفعله لأجل الكون بأسره. وعلاوة على ذلك، لا يجب أن يكون هؤلاء الأشخاص مجرد علامة وتمهيد لذلك الخلاص النهائي؛ يجب أن يكونوا جزءًا من الوسائل التي من خلالها يجعل الله هذا يحدث في كل من الحاضر والمستقبل." [2]

---

[1] N. T. Wright, Surprised By Hope, pg 199

[2] المرجع نفسه، صفحة ١٩٩.

الفصل ٤
سياق الملكوت

"إن أكبر مشكلة تواجه العالم اليوم، بكل احتياجاته المؤلمة، تتعلق بما إذا كان أولئك الذين يتم اعتبارهم مسيحيين، بحكم الإيمان أو الثقافة، سيصبحون تلاميذ — طلابًا، ومتدربين، وممارسين، وممارسين — ليسوع المسيح، يتعلمون منه باستمرار كيف يعيشون حياة ملكوت السماوات في كل ركن من أركان الوجود البشري." (دالاس ويلارد Dallas Willard)[3]

يقود غياب السياق في الحياة إلى انعدام الأمن والتهميش المفروض بشكل ذاتي. إن المفتاح لإيجاد الهدف في الحياة هو فهم سياق المرء. بغض النظر عن الميول الشخصية أو السياسية أو الاجتماعية، يجب على المؤمنين أن يدركوا أننا في نهاية المطاف نعيش في مملكة. الواقع الأبدي هو نظام ملكي يحكمه ملك الملوك ورب الأرباب. نحن مواطنون في مملكة السماء أولًا ومواطنون في دول جغرافية وسياسية ثانيًا. وفي جزء منخفض تمامًا على خط الأبدية، لدينا أيضًا شكل من أشكال الأصل العرقي الذي يمثل خلفية في حياتنا.

إذا كان سياقنا كمؤمنين هو ملكوت الله، فسيكون من المنطقي التعمق في سؤال: "ما هو الملكوت؟" ببساطة، الملكوت هو مملكة الملك. مملكة الملك هي المكان الذي يحكمه الملك ويسود عليه. إنه يحكم حيث يتم الاعتراف به، وحيث يتم فرض سلطته. ولهذا قال يسوع أن ملكوت الله "دَاخِلَكُمْ". الملكوت داخل كل مؤمن لأن الشخص المولود من جديد يخضع لله ويظل في حضرة الملك باستمرار. إن المؤمن هو تحت سلطان

---

3 Dallas Willard, The Great Omission: Reclaiming Jesus' Essential Teachings on Discipleship.

الملك طواعيةً في علاقة غير قابلة للكسر من المحبة والثقة. من خلال الخضوع للملك، فإنك تكون تحت سلطته، ويمكنك بدورك الحصول على السلطة المفوَّضة لتمثيل الملك. هذا الواقع الداخلي هو السبب في أنه لا يوجد شيء في العالم يمكن أن يفصلك عن الله. لا يمكن لأي قوة خارجية أن تغيّر وضع الملكوت في داخلك إلا إذا خرجت من تحت سلطة الملك وخضعت للسيد الخطأ.

"ملكوت الله موجود في بداياته، لكنه لا يزال مستقبليًا في ملئه." (تيموثي جيه. كيلر Timothy J. Keller)

في أي نقاش حول ملكوت الله، هناك العديد من عناصر الغموض كما أن هناك مساحة للنقاش، لكن يسوع كان واضحًا عندما قال إن الملكوت قريب.

"فَقَالَ لَهُ الْكَاتِبُ: جَيِّدًا يَا مُعَلِّمُ. بِالْحَقِّ قُلْتَ، لأَنَّهُ اللهُ وَاحِدٌ وَلَيْسَ آخَرُ سِوَاهُ. وَمَحَبَّتُهُ مِنْ كُلِّ الْقَلْبِ، وَمِنْ كُلِّ الْفَهْمِ، وَمِنْ كُلِّ النَّفْسِ، وَمِنْ كُلِّ الْقُدْرَةِ، وَمَحَبَّةُ الْقَرِيبِ كَالنَّفْسِ، هِيَ أَفْضَلُ مِنْ جَمِيعِ الْمُحْرَقَاتِ وَالذَّبَائِحِ. فَلَمَّا رَآهُ يَسُوعُ أَنَّهُ أَجَابَ بِعَقْلٍ، قَالَ لَهُ: 'لَسْتَ بَعِيدًا عَنْ مَلَكُوتِ اللهِ.'" (مرقس ١٢: ٣٢-٣٤).

بطريقة مطمئنة، أخبر يسوع الكاتب الذي رد بذكاء بشأن طرق الله أنه لم يكن بعيدًا عن الملكوت؛ في الواقع، كان يقف بجانب الملك.

بصفتنا أتباع المسيح، نحن مدعوون للخدمة في ملكوته. لقد تم إنجاز الكثير، ولكن لم يأتِ الكثير بعد. علَّم يسوع تلاميذه أن يصلوا: "لِيَأْتِ مَلَكُوتُكَ. لِتَكُنْ مَشِيئَتُكَ كَمَا فِي السَّمَاءِ كَذلِكَ عَلَى الأَرْضِ." نحن نعيش في أكثر العصور روعةً في التاريخ الروحي — عصر مجيء الملكوت وتحقيقه على الأرض كما في السماء.

يذكر الكتاب المقدس بوضوح أن الإنجيل كان ولا يزال هو إنجيل الملك. يقول (مرقس ١: ١٤-٥) "جَاءَ يَسُوعُ إِلَى الْجَلِيلِ يَكْرِزُ بِبِشَارَةِ مَلَكُوتِ اللهِ وَيَقُولُ: قَدْ كَمَلَ الزَّمَانُ وَاقْتَرَبَ مَلَكُوتُ اللهِ، فَتُوبُوا وَآمِنُوا بِالإِنْجِيلِ."

في (لوقا ١٧)، شرع يسوع في تقويض الافتراضات اليهودية بشأن ملكوت الله القادم وخلق ما يكفي من الغموض والجدل لإبقاء الناس متشوقين. اليوم، وما زلنا متشوقين.

"وَلَمَّا سَأَلَهُ الْفَرِّيسِيُّونَ: مَتَى يَأْتِي مَلَكُوتُ اللهِ؟ أَجَابَهُمْ وَقَالَ: لاَ يَأْتِي مَلَكُوتُ اللهِ بِمُرَاقَبَةٍ، وَلاَ يَقُولُونَ: هُوَذَا ههُنَا، أَوْ: هُوَذَا هُنَاكَ! لأَنْ هَا مَلَكُوتُ اللهِ دَاخِلَكُمْ." (لوقا ١٧: ٢٠-٢١).

المفهوم الأساسي الذي يجب أن نستوعبه من هذا المقطع هو أن الملكوت يعمل دائمًا من الداخل إلى الخارج. إنه يظهر أولًا على الأرض في قلب المولودين من جديد. من داخل قلب المؤمن، ينطلق الملكوت إلى الخارج كتأثير تحوِّله السلطة. يقول يسوع بوضوح في هذا المقطع الكتابي إن ملكوت الله ليس شيئًا مفروضًا من الخارج بالمعنى السياسي أو الطبيعي. إنه حقيقة داخلية تشكِّل العالم حول المسيح الآتي. الوسائل المستخدمة لتأسيس الملكوت هي اللغز الحقيقي الذي سنستكشفه خلال الجزء المتبقي من هذه الدراسة.

يسجل لوقا أن يسوع يقول، "وَلاَ يَقُولُونَ: هُوَذَا ههُنَا، أَوْ: هُوَذَا هُنَاكَ!" (لوقا ١٧: ٢١). الملكوت داخل المؤمن — لأن الرب هنا قد اختار أن يحل في قلبه. إنه ليس ثابتًا أو قائمًا جغرافيًا. إنه ليس مبنيً أو هيكلًا، على الرغم من أنه قد يكون له تأثير كبير على مثل تلك الأشياء. إنه شيء محسوس غير ملموس تمامًا مثل يسوع بالنسبة لكل مَنْ يؤمن به.

يشبه ملكوت الله بذرة الحياة التي تُغرس في قلبك عندما تؤمن وتتجدد. تصميم الله الأصلي هو أن نبتة ملكوت الله ستنمو وتتدفق من داخل قلبك لتؤثر على العالم من حولك. تبدأ عملية النمو هذه في البداية من الداخل ثم تتحرك إلى الخارج مثل التأثيرات المتموجة لحجر أُلقي في بركة.

"نَقِّ أَوَّلاً دَاخِلَ الْكَأْسِ وَالصَّحْفَةِ لِكَيْ يَكُونَ خَارِجُهُمَا أَيْضًا نَقِيًّا." (متى ٢٣: ٢٦)

نرى أن يسوع يهتم بالدرجة الأولى بنقاوة أو حالة "داخل الكأس" أو الحالة الروحية

لقلب الإنسان. بمجرد تطهير القلب واسترداده، ستبدأ الحالة الخارجية بشكل طبيعي في أن تعكس الحالة الداخلية. طبيعة الملكوت هي أن ينتشر إلى الخارج من نقطة انطلاق مرتبطة بالسماء. إن ملكوت الله لا يتعلق بتعديل السلوك أو الامتثال الخارجي لمجموعة من القواعد. الضغط الخارجي الذي يحاول إحداث تغيير داخلي هو شكل من أشكال السيطرة. السيطرة والامتثال ليسا من ثمار الروح ويتعارضان مع تصميم الله.

يتمحور الملكوت حول التغيير الداخلي الطوعي، وليس تعديل السلوك. السلوك مهم، لكنه مجرد عَرَض وليس المشكلة الحقيقية. المشكلة الحقيقية هي أن السلوكيات هي مجرد مظهر من مظاهر معتقداتك وقيمك الداخلية. المبدأ التوجيهي الكتابي هو أن تصبح مثل الله (أو الآلهة) الذي تخدمه. غالبًا ما يكون السلوك الذي يمثل مشكلة راجعًا لنظام عقائدي يمثل مشكلة. كيف نرى التحول والتغيير الحقيقيين في حياتنا ثم في العالم من حولنا؟ يقول الدين والسياسة: "اخضع وأحسن التصرف وامتثل"، بينما يقول ملكوت الله: "آمن وانظر وتغيَّر".

الملكوت ليس نظامًا من القواعد والأنظمة الواجب إتباعها. إنه حكم وسيادة ملك الملوك ورب الأرباب. الشيء المثير للاهتمام هو أنه يحقق حكمه وسيادته على كل الخليقة من خلال أولاده — أنت وأنا. ملكوت الله هو عمل عائلي. بصفتك ابنًا لله، فأنت مهم حقًا في الملكوت. يحدث التغيير من خلال مَنْ تغيَّروا. يسوع يغيِّر قلبك من خلال التوبة والخلاص، وفي المقابل، يتم منحك المسئولية لتغيير العالم من حولك.

الفصل ٥
الحدائق والممالك

"وَقَالَ: بِمَاذَا نُشَبِّهُ مَلَكُوتَ اللهِ؟ أَوْ بِأَيِّ مَثَلٍ نُمَثِّلُهُ؟ مِثْلُ حَبَّةِ خَرْدَلٍ، مَتَى زُرِعَتْ فِي الأَرْضِ فَهِيَ أَصْغَرُ جَمِيعِ الْبُزُورِ الَّتِي عَلَى الأَرْضِ. وَلكِنْ مَتَى زُرِعَتْ تَطْلُعُ وَتَصِيرُ أَكْبَرَ جَمِيعِ الْبُقُولِ، وَتَصْنَعُ أَغْصَانًا كَبِيرَةً، حَتَّى تَسْتَطِيعَ طُيُورُ السَّمَاءِ أَنْ تَتَآوَى تَحْتَ ظِلِّهَا." (مرقس ٤: ٣٠-٣٢).

في (مرقس ٤)، يشير الوحي بشكل مجازي إلى الممالك الروحية الأقل في هذا العالم باعتبارها نباتات الحديقة. يصف هذا المثل ملكوت الله الظاهر بأنه ملجأ وسياق الحياة، ومكان لبناء الأعشاش أو مكان يُدعى مسكنًا. منذ أن دشَّن يسوع ملكوت الله على الأرض، ظل الملكوت ينمو.

من البذرة الصغيرة المتمثلة في حياة يسوع على الأرض، يصبح الملكوت هو حضور الله ذاته الذي يملأ كل الخليقة. هناك العديد من "نباتات الحديقة" أو "الممالك" الأخرى، لكن ملكوت الله سوف يتفوق عليها ويحل محلها جميعًا.

الكتاب المقدس مليء بالإشارات المجازية والحرفية إلى الممالك الصغرى المتمردة أو هياكل السلطة التي أسسها العدو في تمرده المستمر ضد الإله الواحد الحقيقي. وهذه الممالك الصغرى، أو "السلطات"، هي تلك التي ترتبط بالآلهة في الكتاب المقدس. قبل الصليب، كانت هذه الممالك الصغيرة (السيادات) تتمتع بالقوة والشرعية بسبب

قيام آدم وحواء بتسليم السلطة المفوَّضة إليهما من خلال خطيتهما. تغيَّر كل شيء عندما قام يسوع من الأموات على نحو غير متوقع. اعتقد العدو أنه أخضع المسيح من خلال الموت على الصليب، وبالتالي كان لا يزال مسئولًا على الأرض. وفجأة وجد نفسه "خاضعًا" تحت قدمي المسيح. أعيدت الخليقة إلى سلطة الملك الشرعي. لقد هُزم العدو.

"مُسْتَنِيرَةً عُيُونُ أَذْهَانِكُمْ، لِتَعْلَمُوا مَا هُوَ رَجَاءُ دَعْوَتِهِ، وَمَا هُوَ غِنَى مَجْدِ مِيرَاثِهِ فِي الْقِدِّيسِينَ، وَمَا هِيَ عَظَمَةُ قُدْرَتِهِ الْفَائِقَةُ نَحْوَنَا نَحْنُ الْمُؤْمِنِينَ، حَسَبَ عَمَلِ شِدَّةِ قُوَّتِهِ الَّذِي عَمِلَهُ فِي الْمَسِيحِ، إِذْ أَقَامَهُ مِنَ الأَمْوَاتِ، وَأَجْلَسَهُ عَنْ يَمِينِهِ فِي السَّمَاوِيَّاتِ، فَوْقَ كُلِّ رِيَاسَةٍ وَسُلْطَانٍ وَقُوَّةٍ وَسِيَادَةٍ، وَكُلِّ اسْمٍ يُسَمَّى لَيْسَ فِي هذَا الدَّهْرِ فَقَطْ بَلْ فِي الْمُسْتَقْبَلِ أَيْضًا، وَأَخْضَعَ كُلَّ شَيْءٍ تَحْتَ قَدَمَيْهِ، وَإِيَّاهُ جَعَلَ رَأْسًا فَوْقَ كُلِّ شَيْءٍ لِلْكَنِيسَةِ، الَّتِي هِيَ جَسَدُهُ، مِلْءُ الَّذِي يَمْلأُ الْكُلَّ فِي الْكُلِّ." (أفسس ١: ١٨-٢٣)

غالبًا ما يشار إلى القوة والسيادة (الآية ٢١) اللتين ذكرهما الرسول بولس في رسالة أفسس على أنهما إلهان، لا سيما في العهد القديم. ومثل هذه الآلهة وممالكها الصغرى، أو هياكل السلطة في الخليقة، يشار إليها أيضًا باسم "التلال" و"الجبال". بمجرد أن نضع في الاعتبار المعنى المجازي لمثل هذه المصطلحات، تأخذ العديد من المقاطع عمقًا جديدًا فائقًا للطبيعة تمامًا. يتكرر أحد الأمثلة في كل من (إشعياء ٢: ٢ ؛ ميخا ٤: ١).

"وَيَكُونُ فِي آخِرِ الأَيَّامِ أَنَّ جَبَلَ بَيْتِ الرَّبِّ يَكُونُ ثَابِتًا فِي رَأْسِ الْجِبَالِ، وَيَرْتَفِعُ فَوْقَ التِّلاَلِ، وَتَجْرِي إِلَيْهِ كُلُّ الأُمَمِ." (إشعياء ٢: ٢).

إن جبل بيت الرب يشير إلى ملكوت الله. يتم التنبؤ بأن ملكوت الله سيرتفع فوق التلال أو سترتفع سلطته عليها. التلال هي الممالك الصغرى أو هياكل السلطة التي أنشأتها الآلهة، أي الرؤساء والسلاطين. يتضح من هذا المقطع الكتابي أن مَنْ منع الأمم

من القدوم إلى الرب هم هؤلاء الآلهة. تم وضع التلال ضد معرفة الله عبر التاريخ ولا يزال يُنظر إليها على أنها تقاوم عمل الإنجيل حتى عندما جاء ملكوت السماء عليها. يبدو أن إستراتيجية الشيطان تتمثل في التستر على الهزيمة الملحمية التي تعرَّض لها على الصليب وإبقاء الناس تحت سيطرته من خلال عدم السماح لهم برؤية النور.

يعود الرسول بولس إلى هذا الفهم لعمل الشيطان الذي يمنع الناس من قبول الإنجيل. يقول في رسالة (كورنثوس الثانية ٤: ٤)، "الَّذِينَ فِيهِمْ إِلهُ هذَا الدَّهْرِ قَدْ أَعْمَى أَذْهَانَ غَيْرِ الْمُؤْمِنِينَ، لِئَلاَّ تُضِيءَ لَهُمْ إِنَارَةُ إِنْجِيلِ مَجْدِ الْمَسِيحِ، الَّذِي هُوَ صُورَةُ اللهِ."

الآن وقد تم تأسيس ملكوت الله، تتدفق الأمم إلى جبل أو هيكل "سلطان" الله. إنهم يتدفقون من خلال بوابة الخلاص الضيقة. إذا كنت تعيش في نفس الواقع الذي أعيشه، فأنت أيضًا مدرك تمامًا للمقاومة والتخريب المستمرين اللذين تحرض عليهما "التلال" وأولئك الذين يخضعون لها من خلال العبادة. لا تزال الحروب والفقر واليأس والجوع والانحراف والكبرياء تنبعث من أولئك الذين يسجدون لهذه الآلهة. على الرغم من أن يسوع استعاد في الصليب كل السلطة من العدو ومملكته المكوَّنة من التلال الصغيرة، إلا أن هناك الكثير من الناس الذين فضَّلوا مملكة الظلمة على مملكة النور. من خلال الجهل والخطية، هم يخضعون للتلال الصغرى ويدعمون هذه الكيانات الروحية الفاشلة. تحرك يسوع بحزم وقوة ضد الممالك الروحية الصغرى من خلال موته وقيامته. وتصف رسالة كولوسي هزيمتها وإخضاعها.

"إِذْ جَرَّدَ الرِّيَاسَاتِ وَالسَّلاَطِينَ أَشْهَرَهُمْ جِهَارًا، ظَافِرًا بِهِمْ فِيهِ." (كولوسي ٢: ١٥)

يُظهِر هذا النص الكتابي أنه عندما نزع سلاح التلال (السلاطين)، أُخضِعت هذه "الرياسات والسلاطين" الأقل بشكل صادم لجبل بيت الرب. لقد أصبح الرب سيدًا على التلال. أُعيد النظام الروحي بالكامل إلى تصميمه الأصلي.

الفصل ٦
تغيير روحي هائل

وصف النبي إشعياء امتداد الملكوت قائلًا: "... لِأَنَّ الْأَرْضَ تَمْتَلِئُ مِنْ مَعْرِفَةِ الرَّبِّ كَمَا تُغَطِّي الْمِيَاهُ الْبَحْرَ." (إشعياء ١١: ٩).

نحن نعيش في وسط أكبر تغيير في التاريخ الروحي، ولدينا امتياز أن نكون وارثين مع المسيح. بغض النظر عن هويتنا أو مكان وجودنا أو ما نحن مدعوون للقيام به، كمؤمنين، فنحن في مهمة. نحن في مهمة تعاونية أو مشتركة مع يسوع لتقويض أعمال الشيطان وتدمير إقطاعيات النباتات الصغيرة في الحديقة.

"وَقَالَ: 'بِمَاذَا نُشَبِّهُ مَلَكُوتَ اللهِ؟ أَوْ بِأَيِّ مَثَلٍ نُمَثِّلُهُ؟ مِثْلُ حَبَّةِ خَرْدَلٍ، مَتَى زُرِعَتْ فِي الْأَرْضِ فَهِيَ أَصْغَرُ جَمِيعِ الْبُزُورِ الَّتِي عَلَى الْأَرْضِ. وَلكِنْ مَتَى زُرِعَتْ تَطْلُعُ وَتَصِيرُ أَكْبَرَ جَمِيعِ الْبُقُولِ، وَتَصْنَعُ أَغْصَانًا كَبِيرَةً، حَتَّى تَسْتَطِيعَ طُيُورُ السَّمَاءِ أَنْ تَتَآوَى تَحْتَ ظِلِّهَا.'" (مرقس ٤: ٣٠-٣٢).

يذكر الكتاب المقدس هنا "بذورًا أخرى على الأرض". وينتهي الأمر بهذه "البذور الأخرى" إلى أن تتفوق عليها بذور الخردل الصغيرة التي تنمو لتمتد فوق كل شيء آخر في البستان. البذور المزيفة أو الصغيرة تنتج مملكة أدنى يكبح ملكوت الله جماح سلطتها ويلقي بظلاله عليها. بذور العدو هي نباتات في أصيص تعتقد أنها مصدر الحياة وقابلة للبقاء مثل الله. يرغب كل نبات من هذه النباتات في أن يكون نبات البستان وأن يحصل على عبادة البشر. تتوق النباتات إلى أن يُنظر إليها على أنها الله، وأن تُعبد على

أنها الله، وأن تكون بمثابة الله. لكن ملكوت الله أعظم. إنه أعظم من الجميع.

ثم تأتي حبة الخردل الصغيرة التي تتغلب على كل شيء آخر في الكون وتلقي بظلالها عليه. بدت هذه البذرة الصغيرة وكأنها لا تشكل تهديدًا على الإطلاق عندما وُلِدت في مذود لحرفي يهودي عادي. تحولت هذه البذرة المتواضعة إلى شجرة الحياة. والآن بعد أن زُرعت البذرة ونمت وأصبحت "أَكْبَرَ جَمِيعِ الْبُقُولِ". استعادت الخليقة مرة أخرى إمكانية الوصول إلى مصدر حياتها الحقيقي، يسوع المسيح. ما فُقِد من خلال خطية آدم في جنة عدن جرت استعادته من خلال ذبيحة آدم الثاني الخالية من الخطية.

"فَصَلُّوا أَنْتُمْ هكَذَا: أَبَانَا الَّذِي فِي السَّمَاوَاتِ، لِيَتَقَدَّسِ اسْمُكَ. لِيَأْتِ مَلَكُوتُكَ. لِتَكُنْ مَشِيئَتُكَ كَمَا فِي السَّمَاءِ كَذلِكَ عَلَى الأَرْضِ. خُبْزَنَا كَفَافَنَا أَعْطِنَا الْيَوْمَ. وَاغْفِرْ لَنَا ذُنُوبَنَا كَمَا نَغْفِرُ نَحْنُ أَيْضًا لِلْمُذْنِبِينَ إِلَيْنَا. وَلاَ تُدْخِلْنَا فِي تَجْرِبَةٍ، لكِنْ نَجِّنَا مِنَ الشِّرِّيرِ. لأَنَّ لَكَ الْمُلْكَ، وَالْقُوَّةَ، وَالْمَجْدَ، إِلَى الأَبَدِ. آمِينَ." (متى ٦: ٩-١٣)

زُرعت البذرة، وأصبحت "أَكْبَرَ جَمِيعِ الْبُقُولِ" (ملكوت الله) تنمو وتتوسع. تحتوي الصلاة الربانية على جميع مقاصد الله الآب الكاملة وتستدعي كل الإمكانات التي وهبها الله لأولاده. لقد تم منحك الامتياز والمسئولية المطلقين للعمل جنبًا إلى جنب مع أبيك السماوي لترى استجابة هذه الصلاة. لا يوجد مسيحيون من الدرجة الثانية في الملكوت. كل مَنْ يتبعون المسيح مدعوون ومفوضون بالتساوي للمشاركة مع الله لرؤية ملكوته يأتي، ومشيئته تتحقق على الأرض كما في السماء.

"أَنْتُمْ مِنَ اللهِ أَيُّهَا الأَوْلاَدُ، وَقَدْ غَلَبْتُمُوهُمْ لأَنَّ الَّذِي فِيكُمْ أَعْظَمُ مِنَ الَّذِي فِي الْعَالَمِ." (١ يوحنا ٤: ٤).

لقد تم تصميمك وتمكينك لتحدد شكل العالم من حولك.

لقد تم تصميمك لتهزم ولا تُهزم. أنت تنتمي لله، وأنت جزء من ملكوته الذي لا

يتزعزع. لديك نور المسيح المشتعل في روحك المفدية.

"لِذلِكَ وَنَحْنُ قَابِلُونَ مَلَكُوتًا لاَ يَتَزَعْزَعُ لِيَكُنْ عِنْدَنَا شُكْرٌ بِهِ نَخْدِمُ اللهَ خِدْمَةً مَرْضِيَّةً، بِخُشُوعٍ وَتَقْوَى." (عبرانيين ١٢: ٢٨).

لقد وُلِدنا مرة أخرى كأتباع للمسيح في عاصفة ملحمية تهدر في كل مكان. هذه العاصفة هي نتيجة انتصار يسوع على الصليب، أعظم معركة في كل العصور. وصل ملكوت الله من خلال الإجراء الحاسم الذي تم اتخاذه على الصليب لاستعادة كل سلطة في السماء والأرض. عندما قام يسوع من بين الأموات، هزم الشيطان واستعاد مفاتيح الحياة والموت. ما سلَّمه آدم استرده يسوع.

يقول الكتاب المقدس إنه بينما فشل آدم الأول بالخطية، تغلب آدم الثاني (المسيح) على الخطية والموت وأخذ مكانه عن يمين الله. لقد أتى ملكوته وهو يأتي وسيأتي. أعلن يسوع سلطته وأعاد تكليف أتباعه في (متى ٢٨: ١٨-١٩)، "فَتَقَدَّمَ يَسُوعُ وَكَلَّمَهُمْ قَائِلاً: "دُفِعَ إِلَيَّ كُلُّ سُلْطَانٍ فِي السَّمَاءِ وَعَلَى الأَرْضِ، فَاذْهَبُوا...".

نجد أنفسنا الآن وقد امتلكنا السلطة المفوَّضة من ملك الملوك ورب الأرباب. تفويضنا واضح، وبينما نتقدم لكي "نذهب" في طاعة لمقصد الله، نجد أنفسنا نسير بأمان خلال أي عاصفة. لقد حصلنا على ملكوت لا يتزعزع وأقدامنا تقف على أرض ثابتة. هويتنا وسياقنا وهدفنا في أمان.

الفصل ٧
التبديد العظيم

"بِلاَ رُؤْيَا يَجْمَحُ الشَّعْبُ، أَمَّا حَافِظُ الشَّرِيعَةِ فَطُوبَاهُ." (أمثال ٢٩: ١٨).

غالبًا ما تكون الراحة عدوًا للرؤية، والرضا عن النفس عدوًا لهدفنا. إن التحدي في عصرنا هو أننا لم نبلور "رؤية" لملكوت الله. وبسبب افتقارنا إلى الرؤية، فإننا نجد القليل من الأسباب لـ "كبح" أو "تقييد" اختياراتنا. أعتقد أن هذه الآية من سفر الأمثال تقول إننا إذا كنا لا نريد أن نهلك من حيث الجسد والنفس والروح، فعلينا أن نختار الحد من خياراتنا. يجب علينا تحديد سياق حياتنا واختيار "تقييد" قدرتنا. نحن نعيش في عالم من الخيارات المتزايدة باستمرار. يزيد الترفيه غير المحدود وإمكانية الوصول إلى عدد لا يُحصى من الأنشطة في أي لحظة من أهمية سعينا للتركيز في حياتنا. التحدي اليوم هو تجنب خطية التبديد. يمكن تصور التبديد مثل الدخان الذي يبدأ كنار مشتعلة كثيفة ثم يختفي عندما ينجرف بعيدًا ويصبح لا شيء. هذا هو جوهر الحياة بلا هدف، وهو تصور للحياة التي نعيشها دون فهم. يميز الرسول بطرس تمييزًا واضحًا بين الكيفية التي يُفترض أن يعيشها المؤمن وبين الحياة المبدَّدة فيقول:

"الأَمْرُ الَّذِي فِيهِ يَسْتَغْرِبُونَ أَنَّكُمْ لَسْتُمْ تَرْكُضُونَ مَعَهُمْ إِلَى فَيْضِ هذِهِ الْخَلاَعَةِ عَيْنِهَا، مُجَدِّفِينَ." (١ بطرس ٤: ٤).

عندما تختار أن تعيش بـ "ضبط النفس"، فإنك تنعم بالحكمة، بحسب سفر (الأمثال ٢٩: ١٨). التبديد هو البديل الوحيد للحياة في الملكوت. إما أن تركز أو تذبل.

عليك أن تختار. ما يمكِّن الشخص من اختيار شيء واحد دون الآخر هو ما إذا

كان "الشيء الواحد" يبدو أنه هو الأكثر قيمةً. يجب أن تكون لدينا رؤية واضحة مقنعة تمكِّننا من تقييد أو "تركيز" خياراتنا للوصول إلى قدراتنا الكامنة. لقد خلقك الله على صورته كشبهه. أنت مبني ومشفَّر أو "مبرمج" لترغب في علاقة مع الله وتشع بالرجاء والهدف. أنت مناسب تمامًا للملكوت، والملكوت مناسب لك تمامًا. هذه هي الطريقة التي تم تصميمك بها. الهدف يخلق الثقة التي تمنحنا الرجاء. يتم تحقيق هدفنا من خلال الوصول إلى حياة السماء، إلى محضر الله، بينما نمسك يد أولئك الذين يعيشون في الظل. هذا هو العمل المشترك مع الله.

في هذا العصر من التاريخ الروحي الذي نعيش فيه، بدأ جسد المسيح بحق في طرح السؤال التالي: "ماذا الآن؟" يكمن جزء من الإجابة في اكتساب فهم لما جاء أولًا. ما كان واضحًا منذ البداية يجب أن يوضح ما يبدو الآن أنه بالكاد مرئي. يعبِّر الرسول بولس عن صراعه مع حقيقة أن الأشياء غالبًا ما تكون غير واضحة، حتى لشخص أمين لله مثل بولس.

"فَإِنَّنَا نَنْظُرُ الآنَ فِي مِرْآةٍ، فِي لُغْزٍ، لكِنْ حِينَئِذٍ وَجْهًا لِوَجْهٍ. الآنَ أَعْرِفُ بَعْضَ الْمَعْرِفَةِ، لكِنْ حِينَئِذٍ سَأَعْرِفُ كَمَا عُرِفْتُ." (١ كورنثوس ١٣: ١٢).

إذا نظرنا إلى الوراء إلى التصميم الأصلي، أو الصورة الأصلية التي رسمها الله في سفر التكوين، يمكننا إلقاء المزيد من الضوء على ما يبدو غير واضح واكتساب فهم عملي لهدفنا.

هناك بعض الآيات التي يبدو من الصعب فهمها، وهي تسمح بتفسيرات مختلفة. في كثير من الأحيان، يبدو أن بعض الأجزاء الكتابية لا تُرى إلا "فِي لُغْزٍ". حتى الرسول بطرس، عندما أشار إلى كتابات بولس في (٢ بطرس ٣: ١٥-١٦)، أوضح أن بعض ما كتبه بولس يصعب فهمه.

قال بطرس: "... وَاحْسِبُوا أَنَاةَ رَبِّنَا خَلاَصًا، كَمَا كَتَبَ إِلَيْكُمْ أَخُونَا الْحَبِيبُ بُولُسُ أَيْضًا بِحَسَبِ الْحِكْمَةِ الْمُعْطَاةِ لَهُ، كَمَا فِي الرَّسَائِلِ كُلِّهَا أَيْضًا، مُتَكَلِّمًا فِيهَا عَنْ هذِهِ

الأُمُورِ، الَّتِي فِيهَا أَشْيَاءُ عَسِرَةُ الْفَهْمِ..."

بغض النظر عن الأجزاء الكتابية التي يصعب فهمها، أقترح أن قصة الملكوت الذي يحدث تغييرًا جذريًا يمكن رؤيتها بسهولة عند النظر في الكتاب المقدس بأكمله. يمكن لأي مؤمن استيعاب هذه القصة بسهولة، وهي تعمل على إعادة بناء أساس الهدف الذي غالبًا ما نتحول عنه.

على الرغم من أن الكثير لا يُرى إلا "فِي لُغْزٍ" كما يقول بولس، فإن قصة الرجاء والهدف التي نستكشفها ستبرز بوضوح بمجرد اكتمال اللوحة. يهدف كل عنصر في هذه الدراسة إلى توضيح مكانتنا وهدفنا في الملكوت. للمضي قدمًا، علينا أن ننظر إلى الوراء؛ بدون هذا، ليست لدينا طريقة لقياس رحلتنا. دعنا نعود إلى تصميم الله الأصلي للخليقة ونستكشف التفويض الأصلي الذي منحه لأولئك الذين يحملون صورته ومثاله، أي البشر.

نجد في الكتاب المقدس قصة أو "سردية كبرى" مؤثرة بدرجة كبيرة. والسردية الكبرى هي قصة كبرى أو "منحنى سردي" يشمل الماضي والحاضر والمستقبل مثل قوس قزح. إن فهم مكانك في هذه القصة يجعلك تدرك معنى الحياة. أين مكانك في المنحنى السردي؟ ما هو هدفك؟ يُعطى كل المؤمنين لحظة مشرقة في سردية الأبدية الكبرى.

العمل على أساس فهم أنك مُصَمَم لغرض هو الترياق الوحيد للانحراف الثقافي الذي يقتل النفس ويجذب الخليقة بعيدًا عن الملكوت. حتى داخل الأوساط المسيحية، هذا الانحراف نحو التبديد أمر شائع. في خضم التبديد، نبحث عن المتعة لتمنحنا الرجاء وعن الرأي الاجتماعي ليقدم لنا هدفنا. نحن نتمسك بهذه الأوهام المؤقتة لأننا نفتقر إلى الإعلان الخاص بتصميم الله الأصلي. فقط تصميمه يمنحنا الهدف ويجلب الرجاء للعالم. ما لم نجد هويتنا ودعوتنا في الملكوت، فسنكتفي بالتنصل من المسئولية عن حالة العالم من حولنا. بمجرد أن نتنصل من المسئولية، "سوف نركض معهم إلى فيض هذا التبديد". فجأة ندرك أن أهدافنا وإمكانياتنا تتلاشى مثل ندى الصباح الذي لا يدوم إلا لوقت قصير.

يقدم الكاتب في (أمثال ٢٩: ١٨) ملاحظة حكيمة مفادها أنه بدون رؤية، تتدهور حالة الإنسان ويهلك. ما افتقر إليه الكثيرون أو ربما لم يدركوه مطلقًا هو الرؤية التي وضعها الله منذ بدء الخليقة. تمنحنا رؤية الملكوت اللحظة المشرقة المتعلقة بهدفنا وتمنح الخليقة رجاءً ومستقبلًا.

الفصل ٨
التصميم الأصلي

"فِي الْبَدْءِ خَلَقَ اللهُ السَّمَاوَاتِ وَالأَرْضَ." (تكوين ١: ١).

من المفيد النظر إلى الخليقة باعتبارها جهاز كمبيوتر. خلق الله المنصة أو "المكونات" المثالية ودعاها "جيدة". يقول سفر (التكوين ١: ٣١) "وَرَأَى اللهُ كُلَّ مَا عَمِلَهُ فَإِذَا هُوَ حَسَنٌ جِدًّا...." نجد أن أبينا السماوي خلق بيئة مُصَمَمة بشكل مثالي لأولاده. وُضِع آدم وحواء باعتبارهما ابنه وابنته الأولين في جنته، وفي أرضه وكونه.

المثال التوضيحي البسيط الذي يمكن أن يساعدنا في فهم الترتيب الذي تم خلقه هو التفكير فيه كنظام أو "جهاز" كمبيوتر متقدم بشكل لا نهائي تم إنشاؤه للعمل على برنامج السماء. خلق برنامج السماء المقترن بجهاز الخليقة "نظام تشغيل" مثاليًا.

برامج الله وأجهزته متوافقة تمامًا. حسب التصميم، فإن نظام التشغيل هذا يمزج بين السماء والأرض. تمت صياغة أول مثال عملي للوجود البشري متعدد الأبعاد في جنة عدن. لقد كان تصميم الله الأصلي هو أن تكون البشرية روحية وطبيعية في طبيعتها المخلوقة.

"الَّذِي هُوَ قَبْلَ كُلِّ شَيْءٍ، وَفِيهِ يَقُومُ الْكُلُّ." (كولوسي ١: ١٧)

من خلال حكمته ومعرفته الفريدتين، وضع الله البرنامج المثالي الذي "يربط كل الأشياء معًا". أدت قوته وبرامجه، جنبًا إلى جنب مع أجهزته، إلى إنشاء نظام تشغيل مثالي.

"أَحْمَدُكَ مِنْ أَجْلِ أَنِّي قَدِ امْتَزْتُ عَجَبًا. عَجِيبَةٌ هِيَ أَعْمَالُكَ، وَنَفْسِي تَعْرِفُ ذلِكَ يَقِينًا." (مزمور ١٣٩: ١٤)

كانت جنة عدن بيئة مثالية أدخل فيها الله البشر في نظامه المخلوق. بمجرد الخلق، وُضِعَ البشر في سياق كان مثالًا رائعًا لما كان من المفترض أن تكون عليه كل الخليقة. لقد صمم الله الخليقة لتتطلب عمل البشر لأجلها حتى يكتمل تصميمها. تطلب تصميمه الأصلي علاقة عمل مشتركة مع البشر لتشغيل النظام الذي ابتكره.

قبل سقوط الإنسان، عندما أفسدت الخطية الخليقة، كان نظام التشغيل المثالي الذي وضعه الله واضحًا تمامًا. نظام جميل صممه الله، خالق كل الأشياء، يحتفظ بالحق في تحديد الجمال والنظام. يكشف الله عن الجمال والنظام بالكشف عن طبيعته ومثاله كما تعبِّر عنهما الخليقة. قصة الخلق جميلة مثلها مثل خالقنا. إنها قصة جمال مغلفة بلحظات مهيبة تعلِّمنا أن نخاف الله وتجذبنا إلى محبة خالقنا. عندما نكون أمناء، تذكِّرنا أرواحنا بأننا نعيش في كون مصمم بدقة وجمال. وهذا الإعلان يثير الدهشة والرهبة ويجبرنا على التواصل مع خالقنا.

نخاف الله بمعنى أننا ندرك قدرته الرائعة على خلق عوالم بكلماته؛ خلقت يداه عجائب رائعة مثل البشر. كذلك نخاف الله لأننا نعلم أننا موجودون بحسب مسرته. نحن نعلم أنه غير محدود ونحن لسنا كذلك. كما نخاف الله من خلال كوننا ممتنين له بخشوع. إن مَنْ يخاف الله بحق يدرك أنه أعد لنا مكانًا في ملكوته وأن الرب يعرفنا بأسمائنا.

يقول الكتاب المقدس إنه يعرف عدد شعر رأسك. رغبتنا العميقة هي أن نكون معروفين ومحبوبين، والله يريدنا أن نعرفه ونحبه. هذه حقًا مطابقة أُجريت في السماء. تتوق أرواحنا أيضًا إلى معرفة من أين أتينا وإلى أين نتجه ولماذا. إن الرغبة في الهوية متأصلة في كياننا وهي دافع للكثير من سلوكنا. هذه الرغبة في أن نكون معروفين وأن نحظى بالتقدير هي جزء من نظام التشغيل المثالي الذي وضعه الله. في أعماقنا، نعلم أننا ذوو قيمة في حد ذاتنا وأنه قد تم تصميمنا لنكون مهمين.

يحمل الجنس البشري "صورة الله وشبهه"، ويحمل كل شخص انعكاسًا للآب السماوي. جزء من كوننا مخلوقين على صورة الله كشبهه يعني أننا نحمل جوانب من طبيعته بحسب التصميم. طبيعة الله هي الخلق، والبناء، والتواصل، ولذا فنحن كأولاده نحمل هذه الرغبات نفسها. نشعر بالأبدية في قلوبنا وأولئك الذين يفكرون في الأبدية يدركون أنهم مُصَمَمون لكي يضيئوا.

الفصل 9
لاهوت العمل

تعبير "إعداد المسرح" "Setting the Stage" هو تعبير شائع الاستخدام في اللغة الإنجليزية. يأتي التعبير من المصطلحات المستخدمة في المسرح لوصف إعداد العناصر المختلفة على المسرح الذي تُعرض عليه المسرحية أو الإنتاج المسرحي. وهناك تعريف آخر لهذا التعبير هو "تمهيد الطريق لشيء آخر لكي يحدث". إعداد المسرح هو في الأساس خلق السياق.

إن فهم السياق الذي وضع فيه الله آدم وحواء مفيد للغاية لفهم تصميمنا الأصلي بطريقة أفضل. لماذا أعد الله المسرح كما فعل في البداية؟ يعطينا السياق منظورًا، والمنظور المناسب يعلِّمنا الفهم. بمجرد استنارة فهمنا بصورة حقيقية، يمكننا أن نميِّز أهدافنا في تصميم الله الأصلي بسهولة أكبر. من أجل بناء أفضل لاهوت عملي للعمل (الدعوة) والرسالة والمعنى، دعونا نبدأ من البداية. يمكن اكتشاف الأصول الإلهية للعمل من خلال استكشاف مكان بدء العمل لأول مرة.

"وَغَرَسَ الرَّبُّ الإلهُ جَنَّةً في عَدْنٍ شَرْقًا، وَوَضَعَ هُنَاكَ آدَمَ الَّذِي جَبَلَهُ." (تكوين ٢ : ٨)

لا تبدأ قصة الخلق فقط بتدفق الحياة على الأرض وفي الكون ولكن أيضًا بخلق ذروة تعبير الله عن ذاته، أي البشر.

"فَخَلَقَ اللهُ الإِنْسَانَ عَلَى صُورَتِهِ. عَلَى صُورَةِ اللهِ خَلَقَهُ. ذَكَرًا وَأُنْثَى خَلَقَهُمْ." (تكوين ١ : ٢٧).

وُضِع آدم وحواء في جنة (حديقة) شرقي عدن. معظم المؤمنين على دراية بهذا الموقع، والذي يُعرف عادةً باسم جنة عدن.

هناك صور حيوية نراها منذ البداية. هناك ثلاث مناطق جغرافية مميزة مشار إليها في قصة الخلق. تخيل أنك تنظر إلى الأرض من الفضاء في وقت الخليقة. سترى الأرض ككل، وعدن منطقة ذات حياة وجمال استثنائيين، وإذا قمت بتكبير الصورة فسترى قطعة صغيرة معينة من الفردوس. سترى جنة عدن. كانت السمة المميزة للجنة أن نهرًا يتدفق إليها من عدن. كان هذا النهر ينقسم من هناك إلى أربعة أنهار ويتدفق إلى بقية الأرض.

"وَكَانَ نَهْرٌ يَخْرُجُ مِنْ عَدْنٍ لِيَسْقِيَ الْجَنَّةَ، وَمِنْ هُنَاكَ يَنْقَسِمُ فَيَصِيرُ أَرْبَعَةَ رُؤُوسٍ." (تكوين ٢: ١٠).

بينما نبني لاهوت عملنا، نضع في اعتبارنا هذه الإشارة إلى نهر يتدفق من عدن ويخرج من الجنة. إن ذكر دخول النهر إلى الجنة والأنهار الأربعة المتدفقة إلى الخارج يحمل معنًى مهمًا في السردية الكتابية الكبرى التي نستكشفها. تصبح صور الأنهار التي تتدفق بالمياه الواهبة للحياة نقطة مرجعية رئيسية وصورة لأولئك الذين يتم فداؤهم ويعيشون بموجب العهد الجديد.

كما رأينا، هناك ثلاث مناطق متميزة مذكورة في السرد الذي يقدمه سفر التكوين عن الخلق. هذه العناصر الجغرافية، والتي نشأت عند الخلق، أعدت بشكل رمزي المسرح لملكوت الله على الأرض. من المدهش أن هذه الترتيبات الجغرافية مهمة لفهم هويتنا كأتباع للمسيح. تساعد الطريقة التي يتم بها إعداد المسرح في بداية الإنتاج المسرحي على إعطاء سياق للقصة. لا زلنا أنا وأنت في مكان ما وسط هذه الرواية المعقدة ولكن الخلاصية التي ينسج الله خيوطها معًا بينما يتجلى ملكوته. يكتب الله هذه القصة مع أولاده. لقد اختار في سيادته أن يسمح بأن يكون لك دور فعال في الصياغة المشتركة لسرديته الكبرى الخاصة بالخليقة. تكمن خبرتنا التراكمية كبشر في قصة محبة وانكسار وتغيير واسترداد.

العمل المشترك

"وَجَبَلَ الرَّبُّ الإِلهُ آدَمَ تُرَابًا مِنَ الأَرْضِ، وَنَفَخَ فِي أَنْفِهِ نَسَمَةَ حَيَاةٍ. فَصَارَ آدَمُ نَفْسًا حَيَّةً." (تكوين ٢: ٧).

في تكوين ٢، نعيد النظر في "يوم" محدد في قلب قصة الخليقة الإجمالية التي تمت تغطيتها بشكل عام في تكوين ١. واليوم المحدد المعني هو اليوم الذي خلق فيه الله البشر بيديه من تراب الأرض ونفخ روحه في الإنسان الأول. تم نقل الواقع الروحي إلى ما خلقه الله. لقد خُلق الإنسان روحًا وجسدًا.

"وَقَالَ اللهُ: نَعْمَلُ الإِنْسَانَ عَلَى صُورَتِنَا كَشَبَهِنَا." (تكوين ١: ٢٦).

بحسب سفر التكوين، خُلقت جميع عناصر خليقة الله بكلمة، باستثناء البشر. خلق الله آدم بعناية من تراب الأرض ونفخ الحياة في عمل يديه هذا، ثم خُلقت حواء من ضلع آدم المأخوذ منه والذي حملت من خلاله أيضًا صورة الله ومثاله. منذ البداية، كان الإنسان كائنًا متعدد الأبعاد. كان روحًا وجسدًا. لقد صُمم ليتصل بالسماء وتستقبل حضور الله على الأرض. يتمثل أحد الجوانب الفريدة لدور آدم وحواء في الخلق في أنهما صُمما لإدارة علاقتهما الرأسية مع الله وإدارة علاقتهما الأفقية مع بقية الخليقة. ما حصلا عليه من العلاقة المباشرة مع الله مكّنهما من التأثير أفقيًا على كل الخليقة. كانت مسئوليتهما الأساسية هي علاقتهما بأبيهما الذي خُلقا لأجله.

قبل هذا الوصف المحدد لخلق آدم وحواء، نرى تعليقًا مهمًا. يشير الكتاب المقدس إلى أن بقية الخليقة كانت تنتظر وصول البشر إلى مسرح الأحداث.

"كُلُّ شَجَرِ الْبَرِّيَّةِ لَمْ يَكُنْ بَعْدُ فِي الأَرْضِ، وَكُلُّ عُشْبِ الْبَرِّيَّةِ لَمْ يَنْبُتْ بَعْدُ، لأَنَّ الرَّبَّ الإِلهَ لَمْ يَكُنْ قَدْ أَمْطَرَ عَلَى الأَرْضِ، وَلاَ كَانَ إِنْسَانٌ لِيَعْمَلَ الأَرْضَ." (تكوين ٢: ٥)

تشير الآية الخامسة إلى أن ما خلقه الله كان مليئًا بالإمكانات التي لم يكن قد تم إطلاقها بالكامل. كانت عملية النمو والحياة والاكتمال في وضع الانتظار حتى وصول

البشر. تم تصميم نظام التشغيل الخاص بالخليقة بحيث يتطلب مشاركة فعالة من الجنس البشري. كانت الأرض تنتظر أن يتولى البشر مهمتهم في العمل. صُممت إنتاجية خليقة الله وإمكانياتها بحيث يتم إيقاظها عندما يعمل البشر. صُممت الخليقة بحيث تتطلب من البشر أن يقوموا بدورهم في العمل المشترك مع الله. كان من شأن البشر أن يعملوا، ويرسل الله المطر، ثم تزهر الأرض. تشير (تكوين ٢: ٥) إلى أن الجنس البشري قد خُلق خصيصًا لهذا الغرض المتمثل في العناية بالخليقة والعمل على بعث الحياة في إمكاناتها الكاملة.

التكليف الأصلي

"وَبَارَكَهُمُ اللهُ وَقَالَ لَهُمْ: أَثْمِرُوا وَاكْثُرُوا وَامْلأُوا الأَرْضَ، وَأَخْضِعُوهَا، وَتَسَلَّطُوا عَلَى سَمَكِ الْبَحْرِ وَعَلَى طَيْرِ السَّمَاءِ وَعَلَى كُلِّ حَيَوَانٍ يَدِبُّ عَلَى الأَرْضِ." (تكوين ١: ٢٨)

تضع هذه العبارة ما يُعرف بالتكليف الأصلي موضع التنفيذ. جاء هذا التفويض إلى آدم وحواء ووضع التصميم الأصلي لله موضع التنفيذ من أجل التاريخ الروحي الباقي. في هذه اللحظة، تلقى آدم وحواء التكليف الذي كان من شأنه أن يوفر الهدف والمعنى لباقي البشر. كان من شأن كل تفويض المسئولية عن بقية الخليقة ونقل السلطة إضفاء الشرعية على حق آدم وحواء في السيادة.

جعل الله الخليقة بحاجة إلى إدارتهما. كان عليهما أن يعملا حتى تعمل الخليقة. في هذه اللحظة، تم منح العمل الكرامة وربط البشر بالإله.

وبمجرد أن حصل آدم وحواء على نسمة الحياة، وجدا أنهما عاملان بأجر. وجَّههما الله على الفور إلى التصميم الأصلي للخليقة. تم تكليفهما بإطلاق كل الإمكانات في الخليقة. ترك الله الكثير من العمل ليقوما به. كان ينوي بشكل واضح أن يتعاون مع أبنائه لضمان بعث الحياة في إمكانات الخليقة بالكامل. حققت الخليقة أهدافها عندما استجاب البشر لدعوتهم إلى العمل.

التكليف الأصلي هو الحجر الأساسي الذي تم وضعه في أساس لاهوت العمل.

وعلى هذا النحو، فمن الأهمية بمكان أن نلقي نظرة فاحصة على معنى كلمة "تكليف". تتضمن كلمة "تكليف" commission الإنجليزية العديد من التعريفات المتنوعة بناءً على استخدامها الخاص كاسم، وفعل، الخ. ولفهم ما حصل عليه آدم وحواءٍ من الله، دعونا نلقي نظرة على تعريفين محددين لكلمة "تكليف" commission.

١. مجموعة من الأشخاص الذين تم اختيارهم رسميًا ومنحهم السلطة للحصول على معلومات حول مشكلة ما أو لأداء واجبات خاصة أخرى.

٢. أن تختار رسميًا شخصًا ما للقيام بعمل خاص، أو أن تطلب رسميًا عملًا معينًا من شخص ما.

(قاموس كامبردج The Cambridge Dictionary)

من هذه التعريفات، نرى أن الكلمة تشتمل على عدة عناصر.

١. اختيار رسمي لدور ما — الهوية

٢. التفويض للقيام بدور — السلطة

٣. أداء دور أو الاضطلاع به — القدرة

مكلفون بالعمل!

ماذا كان تكليف آدم الأصلي؟ تحمُّل مسئولية رؤية العالم خارج الجنة يصبح مثل العالم داخل الجنة. ولإنجاز هذا التكليف الأصلي، أعطاه الرب الموارد التالية:

١. النموذج (جنة عدن)

٢. السلطة المفوَّضة (التكليف)

٣.الطريقة (أن يثمر ويتكاثر ويتوسع ويملأ الأرض)

٤. الوسيلة (زرعها وحفظها — العمل).

نرى الله يحدد هدف البشر من خلال إعطائهم وصفًا وظيفيًا ملحميًا وتفويضًا لتحسين الخليقة. أعطى الله لآدم وحواء الهوية، وفوَّض لهما السلطة والقدرة على إتمام مهمتهما في السيطرة على الخليقة. ما أعطاه لهما الله يعطيه لك أنت أيضًا. لديك نفس التكليف الأصلي، ولديك ما يلزم لتلبية نفس الدعوة السامية. الآن تصبح الحياة ذات مغزى حقًا. علينا أن نعمل جنبًا إلى جنب مع أبينا السماوي لنرى مشيئته تتحقق على الأرض مثلما تتحقق في السماء. لإنجاز التكليف الخاص بنا، نحتاج إلى اعتماد الوسائل التي يتم من خلالها بناء الملكوت. أنت مدعو للعمل! أنت شريان حياة حيوي بين السماء والأرض.

"بشكل فردي، يقف تلميذ يسوع وصديقه الذي تعلَّم العمل جنبًا إلى جنب مع سيده في هذا العالم كنقطة اتصال بين السماء والأرض، وهو بمثابة سلم يعقوب الذي يمكن أن يصعد عليه ملائكة الله وينزلوا إلى حياة الإنسان. وهكذا يقف التلميذ كمبعوث أو مُستقبِل يتم من خلاله نقل ملكوت الله إلى كل جانب من جوانب شؤون البشر." (دالاس ويلارد Dallas Willard)(٤)

إن إدارة نطاق تأثيرك تتعلق بكونك التلميذ الذي ينقل ملكوت الله إلى كل ركن مظلم ويائس من أركان عالم البشر. أنت لست فقط مسموحًا لك بالعمل؛ أنت مكلف بالعمل.

لقد تلقيت السلطة المفوَّضة من الله لتقوم بنفس الدور المعطى لآدم وحواء. التكليف الأصلي هو لك اليوم كما كان لآدم وحواء في الجنة. في الواقع، لديك أيضًا جنتك التي يتم من خلالها تأسيس دعوتك للعمل.

ربما تتساءل: "ما هي جنتي؟" جنتك هي أي نطاق تأثير وضعك الله فيه وتدير فيه العلاقة رأسيًا مع الله وأفقيًا مع الخليقة. يمكن وصف نطاق التأثير هذا مجازيًا بأنه "جنة

---

⁴Dallas Willard, Hearing God: Developing a Conversational Relationship with God.

عدن". داخل جنتك أنت مكلف بأن تحكم. الطريقة التي تحكم بها هي نفس الطريقة التي دُعي بها آدم وحواء للحكم. عندما تصل إلى السماء وتلمسها بينما تضع قدميك على الأرض، يبدو الأمر كما لو كنت تمسك بخط طاقة عالي الجهد وتعمل كقناة يضيء من خلالها حضور الله نطاق تأثيرك.

لفهم مدى أهمية دعوتك إلى العمل بشكل صحيح، يجب أن تراها بمثابة شريان الحياة بين السماء والأرض. يتيح عملك لبذور الإمكانات الكامنة أن تنبض بالحياة من حولك. عند فهم الطبيعة الأساسية للعمل باعتباره دعوة، لا يسعك إلا أن تستيقظ كل يوم متحمسًا لأن تضع قدميك على أرض العمل. إن الحدث الأبرز الذي يميّز يومك هو أن تمد يدك فتمسك بالسماء. دعوتك هي الوسيلة الأساسية التي يأتي من خلالها الملكوت وتتحقق مشيئة الله على الأرض مثلما تتحقق في السماء. بصفتك من أتباع المسيح، فقد أُعطيت النموذج والسلطة والوسائل لتغيير العالم في يوم عمل واحد على حدة. كثيرون منا لديهم وجهة نظر متدنية شوهتها الخطية بشأن العمل. نحن بحاجة إلى إعادة النظر في مفهوم الدعوة واكتشاف تصميم الله الأصلي. الخليقة في انتظارك!

"وَأَخَذَ الرَّبُّ الإِلهُ آدَمَ وَوَضَعَهُ فِي جَنَّةِ عَدْنٍ لِيَعْمَلَهَا وَيَحْفَظَهَا." (تكوين ٢: ١٥).

يمكن تلخيص لاهوت العمل على النحو التالي: "العمل جيد — كان العمل موجودًا قبل السقوط وهو ليس نتيجة السقوط." أعطي التكليف الأصلي للبشري قبل السقوط. من المهم ملاحظة توقيت وصية الله لآدم وحواء لأنها تضع العمل في سياقه الصحيح. أعلن الله أن كل خليقته كانت جيدة، وأن مفهوم العمل كان جزءًا من خليقة الله. كان العمل جزءًا من التصميم الأصلي، وقد أعلن الله أيضًا أنه "جيد". في التكليف الأصلي، نرى أن العمل قد تأسس قبل الخطية أو السقوط، وليس نتيجة الخطية أو السقوط.

من المفاهيم الخاطئة الشائعة أن العمل كان نتيجة الخطية وأنه شكل من أشكال العقاب من الله الذي حل بالبشرية جمعاء بسبب آدم. الحقيقة هي أن العمل جيد لأنه جاء من الله، وهو جزء من طبيعة الله. إن التوافق مع تصميم الله من خلال العمل هو

فعل طاعة مباشر. كل طاعة هي فعل عبادة. العمل في الأساس شكل من أشكال العبادة. وهكذا نكتشف أن العمل روحي، مثله مثل كل أشكال العبادة الروحية. لقد صمم الله البشر برغبة في العمل. حصلت على إذن وتكليف للعمل. من خلال العمل، تسلك في طاعة وهذه الطاعة يلاحظها الرب.

ليس هناك خطأ في تبني دافعك الذي منحه لك الله للإبداع والبناء والتطور والازدهار والإنجاز من خلال العمل. عندما يتم أداء العمل باعتباره لأجل الرب فإنه يصبح عبادة تصل إلى عرش الله. يُحدِث العمل فرقًا بالنسبة لله، كما أن الخليقة تنتظر منك أن تتعاون مع أبيك السماوي حتى تطلق إمكاناتها. لكي تزدهر الخليقة، فإنها تحتاج إلى شيء من الله وشيء من البشر.

الخليقة في انتظارك

"كُلُّ شَجَرِ الْبَرِّيَّةِ لَمْ يَكُنْ بَعْدُ فِي الأَرْضِ، وَكُلُّ عُشْبِ الْبَرِّيَّةِ لَمْ يَنْبُتْ بَعْدُ، لأَنَّ الرَّبَّ الإِلهَ لَمْ يَكُنْ قَدْ أَمْطَرَ عَلَى الأَرْضِ، وَلاَ كَانَ إِنْسَانٌ لِيَعْمَلَ [يزرع أو يخدم] الأرض." (تكوين ٢: ٥).

صُممت الخليقة بحيث تحتاج من البشر أن يتحملوا مسئولية العمل وأن يشرفوا عليها. هناك الكثير الجاهز للازدهار، لكن الله يعطل الإمكانات الكامنة الموجودة في الخليقة حتى يصبح شعبه مستعدًا للعمل المشترك. عندما لا يزرع البشر ولا يعملون، يفقد الإنسان الهدف، وتعاني الخليقة. إذا نظرنا إلى الوراء في تكوين ٢: ٥، فإننا نرى كيف كانت الخليقة تنتظر أن يكون البشر في وضع يسمح لهم بالعمل قبل أن تدب الحياة في الإمكانات الموجودة في البذور— العيش وفقًا لتصميم الله الأصلي. وهذا مهم بالنسبة لنا شخصيًا، كما أنه مهم حتى للحالة المادية والروحية للعالم من حولنا.

العمل مقدس وليس لعنة. العمل هو الوسيلة المفترضة التي تتعاون بها البشرية جمعاء مع الله لإخضاع الخليقة. وضع التصميم الأصلي البشرية باعتبارها السلطة المفوَّضة التي أُوكِلت إليها مهمة الإشراف على الخليقة.

العمل دعوة سامية!

"إن استكشاف حقيقة دعوة الله هو تقدير لما هو ليس أقل من مشروع الله العالمي الكبير لاسترداد وتجديد البشرية والأرض — ولدورنا فيه." (أوس غينيس Os Guinness)[5]

عندما يتم الاعتراف بالعمل بوصفه دعوة، فعندئذٍ تُعاد الكرامة إلى العمل. إذا لم يتم إدراك التصميم الروحي للعمل، فسيُنظر دائمًا إلى العمل على أنه لعنة وشيء يجب تجنبه.

ينجذب كل إنسان إلى النشاط الإنتاجي، أو العمل، وفقًا لتصميمه الأصلي. لقد أعطانا الله عملنا تمامًا كما حصل آدم وحواء على تكليفهما من الرب. يعطينا الله دعوة للعمل.

يُعرَّف تعبير الدعوة بأنه "دافع داخلي قوي تجاه مسار عمل معين، خاصةً عندما يكون مصحوبًا باقتناع بالتأثير الإلهي: الحرفة أو المهنة التي ينخرط فيها الفرد عادةً."[6]

أُعطي آدم وحواء دعوة من البداية. منذ الدعوة الأولى للعمل في جنة عدن، كان البشر مدفوعين برغبة قوية في تحسين الخليقة. في أعماق جميع البشر، بغض النظر عن الثقافة أو الخلفية، هناك جاذبية ملحة في أرواحهم للبناء والتحسين والعطاء والإشراف. هذا الدافع ليس غير طبيعي. إنه توافق مباشر مع شخصية وصورة الخالق. من خلال بعض الوسائل، نعلم جميعًا أنه يتم التعبير عن هويتنا وهدفنا من خلال عملنا. يمكن أن يصبح هذا الدافع شِرَّكًا إذا تلوث بالخطية، لكن هذا لا يعني أن غريزة العمل خاطئة. إنها صحيحة جدًا، وأنت مدعو للعمل بشدة. عندما يطيع المرء دعوته، تصبح هذه الدعوة هي مهمته. إن دعوتك مهمة للخليقة وقد أعطاها لك الخالق نفسه.

ما الذي تعنيه كلمة "دعوة" vocation في الواقع؟ يذكر قاموس ميريام ويبستر

---

[5]Os Guinness, The Call, page xi.

[6]merriam-webster.com.

أن الدعوة هي "نداء أو ميل قوي إلى حالة معينة أو مسار Merriam Webster
عمل معين."

عندما يُفهم العمل على أنه دعوة، يمكننا الإجابة على أسئلة صعبة في الحياة مثل:

- لماذا أشعر بغياب الهدف في حياتي؟

- لماذا أشعر بأنني مُحَاصَر فيما يمكن اعتباره "عاديًا"؟

- أشعر بأنني مدفوع للقيام بشيء "غير عادي"، ولكن لماذا أشعر بأنني أُعاقَب من خلال الاضطرار إلى العمل في وظيفة يومية؟

- لماذا أشعر بأنني مُحَاصَر بالمسئوليات؟

- لماذا يقوم بعض الناس بعمل روحي في حين أنه عليَّ أن أقوم بعمل دنيوي؟

هذه هي المشاعر الحقيقية التي يصارع معها جميع المسيحيين خلال حياتهم. من خلال تغيير الفكر أو النظرة إلى العالم، يمكننا أن نجد هدفًا ومعنًى عميقًا في العمل الذي يملأ وجودنا اليومي. عندما تجد دعوة في عملك، فإن ما يبدو عاديًا يصبح غير عادي!

"وَسَمِعْتُ صَوْتًا مِنَ السَّمَاءِ قَائِلاً لِي: اكْتُبْ: طُوبَى لِلأَمْوَاتِ الَّذِينَ يَمُوتُونَ فِي الرَّبِّ مُنْذُ الآنَ. نَعَمْ يَقُولُ الرُّوحُ: 'لِكَيْ يَسْتَرِيحُوا مِنْ أَتْعَابِهِمْ، وَأَعْمَالُهُمْ تَتْبَعُهُمْ." (رؤيا ١٤: ١٣).

ما الذي يمكن أن يكون غير عادي أكثر من معرفة أن ما تفعله يومًا بعد يوم يمكن أن يتبعك بالفعل إلى الأبد؟ هل سنتعامل مع عمل أيدينا بشكل مختلف إذا أدركنا أننا لن نتركه وراءنا عندما نموت؟ ماذا لو كانت استجابتك للتكليف الأصلي تهدف إلى المساعدة في تشكيل الأبدية؟ يتماشى هذا مع تصميم الله الأصلي الذي يهدف لأن يُشرك أولاده كشركاء في العمل في كل من هذه الحياة وفي الحياة المقامَة الآتية.

"أَلَسْتُمْ تَعْلَمُونَ أَنَّنَا سَنَدِينُ مَلاَئِكَةً؟ فَبِالأُوْلَى أُمُورَ هذِهِ الْحَيَاةِ!" (١ كورنثوس ٦: ٣).

يمكنك أن تتطلع إلى دور نشط ومفيد للغاية في أبدية الله. يبدأ هذا العمل الأبدي الآن ويتدفق إلى نظام الله السماوي. يشير الكتاب المقدس إلى أن نفس العمل الذي تستريح منه بعد موتك سيتبعك كـ "أعمال". إذا "مُتَ في الرب" فأنت مبارك، وعملك يتبعك إلى الأبد. لا يقدم الكتاب المقدس وصفًا دقيقًا لما تبدو عليه أعمال المرء أو كيف تترجَم إلى الأبدية، ولكن آثار أعمالك واضحة للعالم من حولك. يتم تمكين الآثار المتتالية لأعمالك من خلال السلطة التي فوَّضها الله لك في التكليف الأصلي. أنت تعمل مع الله إلى الأبد.

تُرجمت أيضًا كلمة "أَتْعَابِهِمْ" labors في (رؤيا ١٤: ١٣) على أنها "أعمال" وهي مترجمة من الكلمة اليونانية ergon. تُعرَّف كلمة Ergon بأنها العمل الملموس الذي تقوم به يداك.

في كتاباته عن طبيعة العمل والغرض منه، طرح اللاهوتي أنتوني هويكيما Anthony Hoekema فكرة مقنعة عندما كتب: "يمكن للمرء أيضًا أن يقول إن كل ما فعله الناس على هذه الأرض بحيث يمجِّد الله سيُذكر في حياة الدهر الآتي: (رؤيا ١٤: ١٣). لكن يجب أن يقال المزيد. هل من المبالغة القول، وفقًا لهذه الآية، بأن المساهمة الفريدة لكل أمة في حياة الأرض الحالية ستثري حياة الأرض الجديدة؟ هل يمكننا إذن أن نرث أفضل منتجات الثقافة والفن التي أنتجتها الأرض؟"

وبالإشارة ثانيةً إلى سفر (الرؤيا ١٤: ١٣)، يمضي هويكيما قائلًا: "هنا نرى أن الأعمال التي خُلق الإنسان من أجلها (تكوين ٢: ١٥) ثم افتُدي لاحقًا (أفسس ٢: ١٠) على ما يبدو قد أُخذت إلى الأبدية!"[7]

أجد أن القيمة التي نضفيها على العمل أو المهنة مرتبطة ارتباطًا مباشرًا بمنظورنا عن الأبدية. إذا كنا لا نعتقد أن العمل مهم في الأبدية، فإننا نعتاد على نظرة متدنية للعمل. يصبح العمل مصدر إزعاج وشيئًا يجب تجنبه حتى لو أضفنا روحانية إلى نظرتنا المتدنية للعمل من خلال الإشارة إليه على أنه نشاط روحي مشروع. لقد سمعتُ متخصصين

---

[7]Anthony Hoekema (1913–1988),The Bible and the Future.

مسيحيين حتى يحذِّرون الآخرين من السماح للعمل بأن يعيق ما هو مهم روحيًا. يعمل هذا فقط على توضيح الالتباس والخداع اللذين تآمرا لتشويه سمعة التكليف الأصلي واللذين ربما يقللان من مكافأتك في السماء.

تشمل المؤشرات التي تدل على أن لديك نظرة متدنية للعمل ما يلي:

١. أنت لا تقبل التكليف الأصلية

٢. أنت لا تعتقد أن العمل روحاني وطبيعي

٣. أنت لا تعتقد أن العمل مهم بالنسبة للأبدية

٤. أنت تتنازل عن مسئوليتك عن الخليقة

٥. إنك تعتقد، شعوريًا أو لا شعوريًا، أن العمل هو نتيجة الخطية

٦. أنت تعتقد أن العمل في حد ذاته لعنة

"لِأَنَّنَا نَحْنُ عَمَلُهُ، مَخْلُوقِينَ فِي الْمَسِيحِ يَسُوعَ لِأَعْمَالٍ صَالِحَةٍ، قَدْ سَبَقَ اللهُ فَأَعَدَّهَا لِكَيْ نَسْلُكَ فِيهَا." (أفسس ٢: ١٠)

إن تبني نظرة تعطي تقديرًا عاليًا للعمل يتماشى مع تصميم الله الأصلي. يعني العيش بما يتماشى مع تصميم الله الأصلي أننا لم نخلص فقط من شيء ما، ولكنك أيضًا قد خلصنا لأجل شيء ما! إن إدراك أنك مدعو إلى شيء ما يوصلك إلى قلب الهدف مباشرةً.

الدعوة متجذرة في الهدف، والهدف متجذر في هويتك، وهويتك منحها لك الله. لقد تم اختيارك أو دعوتك. يعلن الله هويتك على أساس أنك مختار. يقول الكتاب المقدس: "وَأَمَّا أَنْتُمْ فَجِنْسٌ مُخْتَارٌ، وَكَهَنُوتٌ مُلُوكِيٌّ، أُمَّةٌ مُقَدَّسَةٌ، شَعْبُ اقْتِنَاءٍ، لِكَيْ تُخْبِرُوا بِفَضَائِلِ الَّذِي دَعَاكُمْ مِنَ الظُّلْمَةِ إِلَى نُورِهِ الْعَجِيبِ." (١بطرس ٢: ٩)

أنت في وضع يسمح لك بالعمل كما أنك مكلف بالعمل. أنت في وضع كما لو كنت شريان حياة بين السماء والأرض، واتصالك بالسماء يسمح لنطاق تأثيرك بأن يتنفس هواءها. عندما ترتبط بهويتك كعضو في عائلة الله، تجد أنك خلصت من الخطية والموت لكنك أيضًا خلصت لأجل شيء ما. لقد خلصت لأجل عمل الملكوت.

عندما يتم تبني نظرة تعطي تقديرًا عاليًا للعمل، تصبح دعوتك نشاطًا مليئًا بالفرح لبناء الملكوت نشارك فيه في العمل مع الله أبينا.

تشمل المؤشرات التي على أن لديك نظرة تعطي تقديرًا عاليًا للعمل ما يلي:

١. أنت تقدِّر العمل بنفس مستوى تقدير الله للعمل.

٢. أنت تدرك أن العمل أبدي في القيمة.

٣. أنت تتبنى العمل كشكل من أشكال العبادة.

٤. أنت تقبل التكليف الأصلي باعتباره تصميم الله.

٥. أنت تتحمل المسئولية عن الخليقة.

٦. أنت تؤمن بأن العمل هو تعبير عن شخصية وطبيعة الله.

تتطلب منا النظرة التي تعطي تقديرًا عاليًا للعمل أن نقدِّر العمل بنفس الطريقة التي يقدِّره بها الله. بصفتنا أتباع للمسيح، علينا أن نوائم نظام قيمنا مع نظام قيم الله. الله يقدِّر العمل وعلينا نحن أيضًا أن نحترم ما يقدِّره. كل أتباع المسيح مدعوون للعمل. دعوتك هي دعوة مقدسة، وعملك ذو أهمية أبدية في ملكوت الله. هذا صحيح بغض النظر عن الوظيفة اليومية التي تشغلها أو المسئوليات التي تتحملها. إن النظرة التي تعطي تقديرًا عاليًا للعمل موجودة هناك في بداية كلمة الله. كيف يحدد هذا التكليف الأصلي حياتنا كمؤمنين جدد بالعهد؟

"فِي الْبَدْءِ خَلَقَ اللهُ السَّمَاوَاتِ وَالأَرْضَ." (تكوين ١: ١).

لقد خلق الله كل ما هو موجود وكل ما كان لديه تصميم أصلي له في ذهنه منذ بداية الخليقة. ويمضي سفر (التكوين ١: ٢٨) قائلًا: "وَبَارَكَهُمُ اللهُ وَقَالَ لَهُمْ: ... " إن الفكرة الكبرى في هذه الآية هي أنه عندما يأمرنا الله بفعل شيء ما، فإنه يمنحنا أيضًا الوسائل للطاعة.

نرى في الكتاب المقدس أن الوسيلة التي منحها الله للبشرية كانت هي "السلطان". السلطان المفوَّض هو أساس التكليف الأصلي. لقد تم تفويض السلطان لنا ومُنحنا

القدرة على العمل كوكلاء لله. جعل الله البشر مسئولين عن الخليقة وأعطانا وصفًا وظيفيًا عن طريق آدم وحواء. يشرح سفر (التكوين ١: ٢٨) التكليف الأصلي عندما يقول: "وَبَارَكَهُمُ اللهُ وَقَالَ لَهُمْ: أَثْمِرُوا وَاكْثُرُوا وَامْلَأُوا الْأَرْضَ، وَأَخْضِعُوهَا، وَتَسَلَّطُوا عَلَى سَمَكِ الْبَحْرِ وَعَلَى طَيْرِ السَّمَاءِ وَعَلَى كُلِّ حَيَوَانٍ يَدِبُّ عَلَى الْأَرْضِ."

دعونا نلقي نظرة أعمق على هذا النص الكتابي ونستخرج العناصر الأساسية التي أدت إلى إنشاء التكليف الأصلي.

"بَارَكَهُمُ اللهُ" (أعطاهم الله الوسيلة من خلال السلطان الممنوح لهم).

"وَقَالَ لَهُمْ" (أمرهم الله).

"أَثْمِرُوا وَاكْثُرُوا وَامْلَأُوا الْأَرْضَ، وَأَخْضِعُوهَا" (مسحهم الله أو منحهم القوة)

"وَتَسَلَّطُوا عَلَى سَمَكِ الْبَحْرِ وَعَلَى طَيْرِ السَّمَاءِ وَعَلَى كُلِّ حَيَوَانٍ يَدِبُّ عَلَى الْأَرْضِ" (أعطاهم الله وصفًا وظيفيًا).

قد يبدو هذا التكليف الأصلي بعيدًا عنا كمؤمنين، وربما تسأل نفسك: "هل لا يزال هذا التصميم الأصلي ينطبق عليَّ؟ وإذا كان الأمر كذلك، فكيف؟" والجواب هو: نعم، من خلال العمل المشترك. لم يسحب الله أبدًا تكليفه الأصلي إلى البشرية. واصل تعزيزه وإعادة تكليف خدامه بمواءمة حياتهم مع رؤيته للخليقة. إنه لا يترك الإنسان وحده للقيام بهذا العمل العظيم، ولا يبتعد أبدًا عن أولئك الذين يأخذون أوامره على محمل الجد ويسعون لطاعتها. إن طاعتك لأي أمر من أوامر الرب تجذب حضور الله ورضاه. الله يقترب من أولئك الذين يقتربون منه، ويعمل بشكل وثيق مع أولئك الذين يعملون معه.

كان تكليف الله الأصلي هو أن البشر سوف يتعاونون معه للسيطرة على الخليقة. بغض النظر عما نفعله في الحياة، فإن هذا التفويض لا يزال ساريًا. إن طبيعة وشخصية الله أن يشركك في عمله. هو يريدك أن تعمل معه في أعمال العائلة الخاصة بالملكوت.

العمل المشترك بحسب التصميم

"لِأَنَّ كُلَّ بَيْتٍ يَبْنِيهِ إِنْسَانٌ مَا، وَلَكِنَّ بَانِيَ الْكُلِّ هُوَ اللهُ." (عبرانيين ٣: ٤)

يكشف الكتاب المقدس أن الله هو السيد الخالق. إنه الفنان والباني الأصلي. أي شخص واعٍ يتوقف للتفكير في الإبداع في حوله سرعان ما يدهشه الجمال والتصميم الفاتن. ينبع كل الإبداع من شخصية الله وطبيعته. إنه أكثر من قادر على استكمال جميع جوانب الخليقة من جميع النواحي، ولكنه، كما رأينا في الكتاب المقدس، كان يفكر في شيء آخر. يقول الكتاب المقدس إن الله قد أعد طريقًا للتصرفات، أو الأعمال، الصالحة التي يجب على المخلَّصين السير فيها.

"لِأَنَّنَا نَحْنُ عَمَلُهُ، مَخْلُوقِينَ فِي الْمَسِيحِ يَسُوعَ لِأَعْمَال صَالِحَةٍ، قَدْ سَبَقَ اللهُ فَأَعَدَّهَا لِكَيْ نَسْلُكَ فِيهَا." (أفسس ٢: ١٠).

كان تصميم الله النهائي هو إقامة علاقة شخصية حميمة مع أبنائه. هذا هو السبب في أن الله لا ينجز فقط كل الأعمال بنفسه. لقد اختار العمل المشترك مع البشر كتعبير عن الألفة والثقة. لا يزال هذا الجانب من تصميم الله الأصلي واضحًا في جميع أجزاء الكتاب المقدس، وقد سلط الرسول بولس الضوء عليه مرة أخرى عندما كان يتحدث عن هدف المؤمنين الذين تغيّروا.

اختار الله البشر للإشراف على ما خلقه وتطويره. لقد وضع آدم وحواء في موقع السلطة المفوَّضة على الخليقة. ترك الله عمدًا أشياءً كثيرة غير مكتملة. لقد أفسح المجال للبشر لكي يكونوا مهمين. عليك أن تعمل حتى تعمل الخليقة. هذه أيضًا وظيفة من وظائف تصميم الله الأصلي. كانت مشاركة ومدخلات أولاد الله عنصرًا مطلوبًا في نظامه المخلوق. لا يزال الله الآب يفسح المجال لأولاده. يشرح الكتاب المقدس العديد من الأمور التي تركها الله غير مكتملة عن قصد.

١. اكْثُرُوا: في سفر (التكوين ١: ٢٨)، يأمر الله آدم أن "يثمر ويكثر". لذلك نجد أن الله يعطي على الفور آدم وحواء مسئولية ملء الأرض وتعميرها. كان بإمكان الله أن يخلق مليارات البشر جميعًا في نفس الوقت لملء الأرض، لكنه اختار أن يتحمل آدم

وحواء المسئولية لأجل مقاصد الله في هذا الصدد.

٢. تَسَلَّطُوا: أيضًا، في سفر (التكوين ١: ٢٨)، أُمر آدم وحواء بـ "إخضاع الأرض والتسلط عليها". والخلاصة الواضحة من هذه الوصية هي أن الأرض في شكلها الأصلي لم تكن بعد تحت سلطة أو خاضعة للسيطرة. كان بإمكان مَلِك السماء أن يخلق بسهولة أرضًا مُنسَّقة مسبقًا تشبه الجنة تمامًا، لكنه اختار أن يتحمل آدم وحواء مسئولية تكييف حالة الأرض (التي كانت خارج الجنة) مع الحالة التي كان يمكن رؤيتها بداخل الجنة.

٣. دَعَا: كان الدليل الواضح على رغبة الله في العمل المشترك مع أولاده هو عندما أحضر جميع الحيوانات إلى آدم ليسميها. "وَجَبَلَ الرَّبُّ الإِلهُ مِنَ الأَرْضِ كُلَّ حَيَوَانَاتِ الْبَرِّيَّةِ وَكُلَّ طُيُورِ السَّمَاءِ، فَأَحْضَرَهَا إِلَى آدَمَ لِيَرَى مَاذَا يَدْعُوهَا، وَكُلُّ مَا دَعَا بِهِ آدَمُ ذَاتَ نَفْسٍ حَيَّةٍ فَهُوَ اسْمُهَا." (تكوين ٢: ١٩).

توضح هذه الأمثلة القليلة من سفر التكوين أن الله ترك الأشياء غير مكتملة عمدًا. إنها إرادته لك أن تشارك في صياغة الخليقة. في الواقع، لقد عمل البشر باستمرار مع الله، وإلا لما كنت هنا اليوم. الإنجاب هو العنصر الأول الذي أمر الله به في التكليف الأصلي. يسمح لك الله أيضًا بنقل الهوية إلى أطفالك من خلال تسميتهم. لقد أفسح المجال للبشر للقيام بدور حقيقي وحيوي للغاية في إدارة أعمال العائلة. البشر دائمًا يشاركون مع الله في الخلق. تنبثق الأفكار والاختراعات والفن والموسيقى والشركات والأمم والممارسات الثقافية والبناء والأنظمة الجديدة من السلطة والقوة التي شاركها الله معنا. إنه لا يحبك فقط، لكنه يحب ما تصنعه عندما تحاكيه. كان بإمكان الله أن يفعل كل شيء بنفسه، لكنه اختار أن يفوّض السلطة والمسئولية عن إدارة الخليقة لأولاده. أعطاك الله نطاق تأثير، وأفسح لك المجال لكي تكون مهمًّا.

الفصل ١٠
مرحبًا بك في نطاق تأثيرك

"وَلكِنْ نَحْنُ لاَ نَفْتَخِرُ إِلَى مَا لاَ يُقَاسُ، بَلْ حَسَبَ قِيَاسِ الْقَانُونِ (نطاق التأثير) الَّذِي قَسَمَهُ لَنَا اللهُ..." (٢ كورنثوس ١٠: ١٣)

تُرجمت كلمة "قِيَاسِ" sphere من الكلمة اليونانية metron والتي تعني في الأساس نطاق التأثير. ما هو التعريف الفعلي لكلمة metron؟ دعونا نلقي نظرة على الكلمة اليونانية مثلما استخدمها الرسول بولس في الكتاب المقدس.

تعريف الكلمة اليونانية[8] (μέτρον)

١. مقياس، أداة للقياس

٢. مدى محدد، جزء مُقاس، مقياس أو حد

يعرِّفنا الرسول بولس بفكرة المقياس metron هذه. يوضح أنه كان لديه "مقياس" أو "نطاق" تأثير أعطاه له الله. كان لدى بولس مقياس له ولخدمته. كان مقياس بولس هو نطاق التأثير الذي كان مدرًكا له والذي كان يتحمل مسئوليته. لقد أوضح في رسالته الثانية إلى أهل كورنثوس أنه كانت هناك أمور والأشخاص داخل وخارج نطاق تأثيره. كذلك أوضح بولس أيضًا أنه كان يأخذ مجال مسئوليته "الخاضع للقياس" على محمل

---

[8]Strong's Concordance #G3358

الجد تمامًا. من خلال علاقتنا مع الله، يمكننا اكتشاف نطاق المسئولية التي أعطاها لنا الله. وبمجرد أن نحدد الجزء الذي ورثناه في الملكوت، نكون أحرارًا في أن نشترك مع المسيح في العمل في أعمال العائلة. نطاق تأثيرك هو في الأساس نطاق العمل الذي تقوم به داخل أعمال الآب العائلية. أنت مهم لكل ما هو داخل نطاق تأثيرك؛ ما تفعله بنطاق تأثيرك يهم الله.

يصمم الله ويخصص لكل إنسان نطاق تأثير. نطاق تأثيرك هو السياق والوقت الذي دُعيت فيه والذي يتم فيه تنفيذ التكليف الأصلي خلال حياتك. ها هو تعريفي العامي لنطاق التأثير.

نطاق التأثير هو قدر المسئولية التي فوَّضها الله لك في وسط الخليقة والثقافة والتاريخ الروحي.

تخيَّل نطاق التأثير باعتباره الجزء من الخليقة الذي أوصاك الله بالتأثير فيه. ضمن نطاق التأثير هذا، توجد جوانب من الخليقة، وعناصر من النشاط البشري والنشاط الروحي، وبشكل أساسي ذاتك أو "كيانك". ربما يكون مفهوم الأرض مألوفًا أكثر بالنسبة لنا، حيث نسمع هذه الكلمة مستخدمة غالبًا في التاريخ والأدب وأحيانًا في إشارة إلى الممالك السياسية. يعني المصطلح "مملكة" أو "ميدان أو مجال نشاط أو اهتمام".

نطاق تأثيرك هو المجال الذي يجب أن تتعاون فيه مع الله خلال حياتك على الأرض. لقد وضعك الله في نظامه المخلوق منذ يوم ولادتك. خلق لك مكانًا تحقق النجاح فيه ومكانًا لترسيخ مواهبك ودعوتك وهويتك. تمامًا مثل آدم وحواء، وُلِدت في جنة، وهذه الجنة هي نطاق تأثيرك. منذ اللحظة التي فُتحت فيها عيناك جسديًا وروحيًا، دُعيت لتحمل المسئولية عن حالة نطاق تأثيرك.

إلى جانب المسئوليات التي حصلت عليها، تأتي نعمة إيجاد مكانك في عائلة الله. إن ما تفعله بما أعطاه لك الله مهم طوال الأبدية، بدءًا من الآن. نطاق تأثيرك الذي تديره مهم في ملكوت الله. صُمِمَت الخليقة بحيث تتطلب من البشر أن يعملوا من أجلها. كذلك يتطلب نطاق تأثيرك أيضًا أن تشترك مع المسيح في العمل لكي تحقق النجاح.

"إن أكبر مشكلة تواجه العالم اليوم، بكل احتياجاته المؤلمة، تتعلق بما إذا كان أولئك الذين يتم اعتبارهم مسيحيين، بحكم الإيمان أو الثقافة، سيصبحون تلاميذ — طلابًا، ومتدربين، وممارسين — ليسوع المسيح، يتعلمون منه باستمرار كيف يعيشون حياة ملكوت السماوات في كل ركن من أركان الوجود البشري." (دالاس ويلارد Dallas Willard)[9]

نطاق تأثيرك هو "ركنك في الوجود البشري". يُسَرُ الله بأن يمنحك دورًا ذا مغزى في خليقته. تذكَّر أن الله هو الذي يصمم ويحدد نطاقات التأثير كسياق لأعمالك الصالحة. تصبح إدارة نطاق تأثيرك لب دعوتك والسياق الذي تجد فيه الهدف.

---

[9]Dallas Willard, The Great Omission: Reclaiming Jesus' Essential Teachings on Discipleship.

الفصل ١١
اعمل

مثل كل شيء آخر، فإن مفهوم الدعوة موجود في مكان ما وفي وقت ما. لاكتساب فهم كتابي للعمل والدعوة داخل ملكوت الله، نحتاج أن نبدأ من البداية حينما تم وضع المبادئ الأولى للبشرية.

"وَأَخَذَ الرَّبُّ الإِلهُ آدَمَ وَوَضَعَهُ فِي جَنَّةِ عَدْنٍ لِيَعْمَلَهَا وَيَحْفَظَهَا." (تكوين ٢: ١٥، التأكيد مضاف).

هناك كلمتان رئيسيتان في هذا النص الكتابي؛ الأولى هي "لِيَعْمَلَهَا" والثانية هي "يَحْفَظَهَا". دعونا نلقي نظرة على الوصية الأولى التي أعطيت لآدم وحواء — "اعمل". تأتي هذه الكلمة من الكلمة العبرية abad، وهي تعني في هذا النص: "ازرع، اعتن، اخدم، اعبد."[10] يجب أن نلاحظ أن التوجيه الأول من الله للبشر هو أن يزرعوا أو يعملوا. تُترجم كلمة abad أيضًا إلى اعبد. لفهم الكلمة المستخدمة في هذا النص الكتابي للإشارة إلى العمل، نحتاج إلى أن نترك التعريفات تمتزج معًا عمدًا لتكوين فهم شامل لكلمة abad.

يجب أن نتعامل مع سوء فهم ضار بشأن فكرة أن نشاطًا ما هو عبادة أو أنه "روحاني" وأن نشاطًا آخر ليس كذلك. هناك وجهة نظر غنوسية تقسّم النشاط البشري إلى أنشطة مقدسة وأنشطة دنيوية، وقد أدى هذا إلى فكرة أن العمل ليس روحانيًا. ونتيجة هذه الكارثة هي فقدان كرامة وهدف العمل. بقدر العمق الذي سمحنا به لهذا

---

[10]Strong's Concordance #H5647

التقسيم للحياة إلى أنشطة "مقدسة" وأنشطة "دنيوية"، قوَّضنا تصميم الله الأصلي. إذا كان العمل لا يُعتبر شكلًا من أشكال العبادة، فهذا دليل على أننا سمحنا ببقاء العمل تحت لعنة السقوط. لقد ساهمنا، في الواقع، في نجاح النظام الذي يقاوم ملكوت الله من خلال التنازل عن مركزنا كسلطة روحية في الخليقة. لإعادة المواءمة، يجب علينا إعادة التعريف.

تقول رسالة كولوسي ٣: ٢٣-٢٤، "وَكُلُّ مَا فَعَلْتُمْ، فَاعْمَلُوا مِنَ الْقَلْبِ، كَمَا لِلرَّبِّ لَيْسَ لِلنَّاسِ، عَالِمِينَ أَنَّكُمْ مِنَ الرَّبِّ سَتَأْخُذُونَ جَزَاءَ الْمِيرَاثِ، لأَنَّكُمْ تَخْدِمُونَ الرَّبَّ الْمَسِيحَ."

العمل هو عبادة. الغالبية العظمى من وقت الاستيقاظ من حياتك مخصص للعمل. يشمل العمل جميع مجالات مسئوليتك وتأثيرك، بما في ذلك الأنشطة العائلية والاجتماعية والمهنية. العمل ليس مجرد ما تفعله لكسب المال. لا يتوقع المرء أن يُدفع له مقابل عبادة الله. المخصصات المالية التي تأتي من خلال العمل هي من تصميم الله، لكن العبادة هي محور العمل. كل ما يتم فعله لطاعة الرب وبنوايا ملموسة تجاه الله هو عبادة. يجب على المؤمن الذي يقبل حقًا التفويض الأصلي ألا يسمح بوجود فجوة بين العمل والعبادة، فكلاهما متماثلان.

يبدو أن تفويض العمل واسع للغاية وقد يكون من الصعب على المؤمن تطبيقه. في الواقع، يكون الأمر بسيطًا عندما تستوعب الفكرة الكتابية الخاصة بنطاق التأثير. في المزمور ١٦، يشير الملك داود إلى الميراث الذي أعطاه الله إياه على أنه "حبال".

"الرَّبُّ نَصِيبُ قِسْمَتِي وَكَأْسِي. أَنْتَ قَابِضٌ قُرْعَتِي. حِبَالٌ وَقَعَتْ لِي فِي النُّعَمَاءِ، فَالْمِيرَاثُ حَسَنٌ عِنْدِي." (مزمور ١٦: ٥-٦)

يتم إعطاء عملك وتأثيرك مجالًا معينًا له حدود أو خطوط فاصلة. كل ما هو موجود داخل هذه الحدود هو ما يشير إليه الرسول بولس على أنه "نطاق تأثيرك". لقد رسم الله لنا هذه الحدود، وفي هذا النطاق، يعطينا الرب سياق حياتنا. أُعطي آدم وحواء جنة عدن كنطاق أولي لمسئوليتهما، وذلك أُعطي جميع المؤمنين جنة. يشير الرسول بولس إلى

أنه كان لديه نطاق تأثير محدد، وأعتقد أن جميع المؤمنين لديهم مجال تأثير محدد بشكل مشابه. إن معرفة حدودنا تمنحنا الأمن والثقة. حتى بولس أدرك أن بعض الأشياء لم تكن في نطاق تأثيره، ومع ذلك فقد تحمل مسئولية ما تم تضمينه في هذا النطاق. لقد دُعي بولس إلى نطاق تأثيره، metron، وأنت مدعو لإدارة نطاق تأثيرك.

عمل الدعوة الجيد

"يعمل الله لمحو آثار السقوط ويدعونا للعمل معه." (دارو ميلر Darrow Miller)[11]

"ماذا تعمل؟" هذا سؤال شائع يُطرح علينا عندما نلتقي بأشخاص جدد. لدينا جميعًا إجابات مختلفة بناءً على أنشطتنا اليومية. قد يجيب أحدهم: "أنا طالب" أو "أنا أعمل في مهنة كذا" أو "أنا أم لأربعة أطفال". (يمكنها أن تجيب بحق بأنها تقوم بأربع وظائف بدوام كامل!) بغض النظر عن الفترة التي نعيش فيها أو حجم المسئولية الذي يصف حاليًا نطاق تأثيرنا، فنحن جميعًا نعمل في شركة واحدة. بصفتنا أتباع المسيح، فنحن جميعًا نعمل في شركة العائلة.

ماذا تفعل شركة العائلة؟ يعمل أبونا السماوي في أعمال المصالحة والترميم، وتعاونك (عملك المشترك) معه هو الطريقة التي ينجز بها عمله. في جميع أنشطتنا المتنوعة في شركة العائلة، لدينا جميعًا هدف موحد. نحن نعمل مع أبينا السماوي لمحو آثار السقوط. عندما نفهم هذه الدعوة السامية، يصبح عملنا مثيرًا حقًا، وحتى العمل الذي يبدو عاديًا أو غير مهم يصبح مُرضيًا للغاية.

ما تفعله ليس هو الهدف. ما يهم هو كيف تفعل ما تفعله أينما كنت.

سواء كنت والدًا مقيمًا في المنزل، أو صرافًا في البنك، أو رائد أعمال، أو زعيم دولة، فإن التكليف الأصلي يمنحك السلطة والمسئولية لإدارة نطاق التأثير الذي أعطاه لك

---

[11]Darrow Miller, LifeWork.

الله. تمامًا كما هو الحال في مثل الوزنات في (متى ٢٥: ١٤)، سوف نتحمل المسئولية عن كيفية إدارتنا لممتلكاته. يريدك الله أن تتعلم كيف تكون أمينًا في القليل حتى يمكنه أن يأتمنك على الكثير. (متى ٢٥: ٢١)

إذا حاولت، بمحض الصدفة، بتجنب تصميم الله، فقد تتنازل عن مسئوليتك الشخصية عن طريق قول شيء من قبيل: "ليس لدي أي نوع من أنواع نطاقات التأثير." الحقيقة هي أن كل شخص لديه آباء، وأصدقاء، وزملاء في العمل، وهوايات، ومكانة اجتماعية، ومدرسة، ومهنة، وعائلة، وممتلكات، ومجتمع، وأفكار، وأحلام. كل نطاق تأثير هو عبارة عن تجميع لكل جوانب الحياة هذه. قد يكون نطاق تأثيرك أصغر وأسهل في التعامل معه، لكنه يحتوي على مشروع مميز واحد على الأقل. لكل شخص نطاق تأثير يضم شخصًا واحدًا على الأقل، أنت. نطاق تأثيرك هو الجنة التي وُضعت فيها لتعملها وتحفظها.

يتردد صدى نطاق وهدف التفويض الأصلي في جنتك حتى لو كنت عاطلًا عن العمل من الناحية العملية. في ملكوت الله، أنت تعمل دائمًا في شركة العائلة. بغض النظر عما تفعله على أساس يومي، أنت مفوَّض لمحو آثار السقوط داخل أي شخص أو أي شيء يمكنك التأثير فيه. قد لا تكون لديك وظيفة، لكن لديك تأثير. قد لا تكون لديك الكثير من الموارد، لكن لديك موهبة واحدة على الأقل من مواهب الله. قد لا يكون لديك موظفون لتقودهم أو مواطنين لتحكمهم، لكن لديك نطاق تأثير حتى لو كان يحتويك أنت فقط!

إذا نظرت حولك بقلب مميِّز، فستبدأ في التعرف على العديد من مناطق الحالة البشرية التي تكون فيها شريان الحياة للوصول إلى السماء.

في الملكوت، يمكن تعريف العمل بأنه أي نشاط تمد يدك للقيام به. العمل هو الوسيلة التي تؤسس بها ملكوت الله. إن الدعوة ليست مجرد دعوة إلى ما في متناول اليد للقيام به في الحال، كما أن لها أهمية أبدية.

إذا كان العمل حقًا دعوة وله أهمية أبدية في ملكوت الله، فلماذا يحاول الكثيرون

تجنبه؟ المشكلة لها علاقة بوجهة نظرنا بشأن العمل. علينا أن نجيب على هذا السؤال: "هل العمل عائق في الطريق أم هو الطريق؟"

لإيجاد الهدف والدعوة في عملنا، يجب أن نتوافق مع رؤية الله للعمل.

وجهات النظر بشأن العمل

لمعرفة ما إذا كنت متوافقًا مع تكليف الله الأصلي، قم بفحص وجهة نظرك بشأن العمل. إن حالة نطاق تأثيرك هي نتيجة تفكيرك، وتفكيرك هو نتاج نظرتك. دعونا نفحص العديد من وجهات النظر المختلفة بشأن العمل مثلما طرحها رائد الفكر المسيحي البارز دارو ميلر Darrow Miller. كل وجهة نظر إما ستعيقنا أو ستمكِّننا من القيام بتكليفنا الأصلي

وجهة النظر الروحانية بشأن العمل: السمة المميزة لهذا الرأي هي أن "العمل شر لا بد منه" يتحمله المرء من أجل الحصول على طعام ليأكله.

وجهة النظر المادية بشأن العمل: السمة المميزة لهذا الرأي هي أن الشخص يعمل لتحقيق النجاح وامتلاك ثروة مادية.

وجهتا النظر هاتان سائدتان في معظم الثقافات حول العالم. على الرغم من أن العمل مُصَمَم لتوفير الطعام والمكاسب المادية للعامل، إلا أن الكتاب المقدس يقدم لنا وجهة نظر أسمى بكثير بشأن العمل. على مر التاريخ، تم تقويض التصميم الأصلي للعمل في ملكوت الله باستمرار. ظهرت نظرة متدنية للعمل كقاعدة مقبولة في الأوساط المسيحية. وقد بُنيت هذه النظرة على ثنائية زائفة ترى أن للواقع عناصر مقدسة ودنيوية. وهذا التقسيم إلى مقدس ودنيوي ليس كتابيًا؛ تم تقديمه من خلال بدعة الغنوسية. لقد سمح اعتناق الغنوسية في جسد المسيح بتقسيم العمل إلى مقدس ودنيوي. ومن بين النتائج البارزة لهذه الثنائية الزائفة فيما يتعلق بالعمل الحط من شأن العمل وتقويض تكليف الله الأصلي. لو لم يَعُدْ يُنظر إلى العمل على أنه عبادة، فإنه يصبح نشاطًا ثانويًا وليس روحيًا.

الحط من شأن العمل

ما هي الغنوسية؟ كانت الغنوسية إحدى البدع الأكثر انتشارًا التي هددت الكنيسة الأولى. تأثرت الغنوسية بفلاسفة مثل أفلاطون، وهي تستند إلى فرضيتين خاطئتين.

١. المادة شريرة بطبيعتها، والروح خيّرة بطبيعتها.

٢. كل شيء في (من) الجسد ليس له معنى لأن الحياة موجودة فقط في عالم الروح.

لكي نفهم بعمق سبب إساءة فهم العمل في المسيحية، نحتاج إلى التطرق إلى فكرة الغنوسية. الغنوسية هي بدعة ظهرت في الكنيسة الأولى واستمرت في التأثير على تفكير الناس حتى يومنا هذا. وقد عبَّر الرسول بولس بشكل خاص عن معارضته وإدانته للغنوسيين عندما كان يسعى لتلمذة الكنيسة الأولى. لم يكن بولس يسمح بالاعتقاد بأن عمل المرء يقل أهميةً عن نشاطه الروحي. الغنوسية تؤدي إلى حياة "مجزأة" بدلًا من وجود بشري تتم إدارته بشكل شامل. تسمح النظرة الغنوسية بألا تكون لعمل يدي المرء أي أهمية روحية.

علَّم آباء الكنيسة الأوائل ضد الغنوسية وتأثيرها المدمر في الكنيسة الأولى. واليوم نجد أن الغنوسية لا تزال حية وموجودة الكنيسة الحديثة. نجحت الغنوسية في التقليل من شأن الفهم الكتابي للعمل والسماح باعتبار عمل الشخص دنيويًا. وقد سلب هذا من المؤمنين شعورهم بالهدف والدعوة. إن فكرة أن بعض الأمور في الحياة مقدس والبعض الآخر علماني متجذرة في الغنوسية، وهي تتعارض مع النظرة الكتابية. في عالم الملكوت، كل شيء متكامل. لا يوجد نشاط دنيوي لأنه يجب عمل كل شيء باعتباره عبادة للرب.

هل أنت مسيحي غنوسي؟

ضع في اعتبارك نظرتك إلى العمل بينما نستكشف مفهوم "النموذجين الغنوسيين الإنجيليين" اللذين طرحهما دارو ميلر باستخدام المفهومين التاليين في كتابه LifeWork.

النموذج الإنجيلي الغنوسي الأول للعمل: "السمة المميّزة لهذا الرأي هي أن هناك

عملًا 'روحيًا' وعملًا 'دنيويًا'. ومن هذا المنظور، يُنظر إلى الوظائف العالمية والدنيوية على أنها شريرة أو سيئة أو ضرورية فقط. إذا أراد المرء أن يكون أكثر روحانية، فإنه يذهب إلى "خدمة مسيحية بدوام كامل". ويتم تعريف هذا على أنه عمل الرعاية والإرساليات و "العمل الروحي "الآخر."

النموذج الإنجيلي الغنوسي الثاني للعمل: "السمة المميّزة لهذا الرأي هي أنه يجب على المرء أن يسعى إلى" إضفاء الروحانية "على عمله الدنيوي. يسعى بعض المسيحيين الذين لا يريدون الذهاب إلى "عمل مسيحي بدوام كامل" إلى غرس نشاط روحي في أماكن عملهم. تُبذل محاولات لجعل عملك مشروعًا من خلال إضفاء الروحانية عليه عن طريق رؤية مكان عملك فقط كمكان للقيام بالخدمة الروحية."

إن الخسارة الكبيرة في مثل هذين النموذجين الغنوسيين هي أنه من خلال تبني نظرة متدنية للعمل، تكون قد انفصلت عن تصميمك الأصلي. بدون الاعتراف بأن العمل هو الوسيلة الأساسية التي يتم من خلالها تأسيس الملكوت، يتم التقليل من قيمة عملك إلى الحد الأدنى. تنتج النظرة الغنوسية للعمل تفكيكًا وتشويهًا لقيمة العمل. إن أي هجوم على الطبيعة الخلاصية للعمل هو هجوم على ملكوت الله وطبيعة الخليقة ذاتها. يجب اعتبار العمل قيّمًا وتعبديًا بطبيعته. العمل ليس شيئًا يعترض طريق القيام بشيء روحي وليس فقط سياقًا لعمل شيء ما من أجل الله. العمل بحكم تصميمه هو روحاني وذو أهمية أبدية. كما رأينا في سفر التكوين، تم تصميم الخليقة بحيث تتطلب مشاركتك. عليك أن تعمل حتى تعمل الخلق.

يواصل دارو ميلر وصف النظرة الكتابية للعمل على أنها "إطار لكون العمل مقدسًا، ولكونه يتمتع بالكرامة. مفهوم العمل هذا هو أنه دعوة — دعوة المرء. العمل هو دعوة من الله على حياة الفرد. يصبح العمل هو المجال الذي يخدم المسيحي من خلاله، وليس فقط فيه، المسيح وملكوته. إنه المهنة — العمل الرئيسي في حياة المرء — التي يمتلك المرء من خلالها أرضًا أو نطاق تأثير (لوقا ١٩: ١٣) لصالح يسوع المسيح."

المؤشرات الرئيسية التي تدل على أن لديك وجهة النظر الخاصة بالملكوت بشأن العمل:

١. العمل هو أمر روحي.

٢. العمل هو انعكاس لشخصية وطبيعة الله.

٣. العمل هو الوسيلة التي يؤسس الله من خلالها ملكوته.

٤. العمل ذو قيمة أبدية.

٥. العمل هو عبادة.

٦. العمل هو رسالة أو "دعوة"؛ دعوة من الله على حياة الإنسان.

٧. العمل له كرامة متأصلة كما أنه يضفي الكرامة.

٨. العمل هو تصميم الله الأصلي للبشرية.

٩. يُفهم العمل على أنه أمر حيوي لازدهار الخليقة.

الفصل ١٢

نموذج جنة عدن

مثل كل الأشياء التي خلقها الله، كان لجنة عدن تصميم أصلي. صُممت جنة عدن لتكون نموذجًا مصغرًا لكيفية عمل الخليقة عندما يكون كل شيء متوافقًا مع تصميم الله. وفرت هذه البيئة سياقًا للعلاقة بين المخلوق والخالق. نظرًا لأن جنة عدن كانت البصمة الأصلية للسماء على الأرض، سيكون من الأفضل بالنسبة لنا أن نستكشف ما كان يحدث بالفعل في هذه البيئة. قد تكون تفاصيل محددة بعيدة المنال حيث إنه لا يوجد سرد موضَّح للحظة في الكتاب المقدس، لكن التصميم العام واضح. إذا ألقينا نظرة أعمق على قصة جنة عدن، فأعتقد أن ما سنجده له آثار كبيرة في حياتنا اليومية في الملكوت.

نشأ الكثير منا على ما أحب أن أسميه "فهم مدارس الأحد" لجنة عدن. كم واحد منا علَّمه معلمو مدرسة الأحد ذوو النوايا الحسنة أنه "لو لم يُخطئ آدم وحواء، لكنا جميعًا مسترخيين في الجنة." هذا التصور الرائع لحالة الخليقة قبل الخطية ليس دقيقًا، وهو بالتأكيد لا يجيب على سؤال: "ما الذي كان يحدث بالضبط في جنة عدن؟" صُممت جنة عدن لتكون نموذجًا عمليًا للخليقة التي يتم الاعتناء بها لكي تتكاثر البشرية. لقد كانت معيارًا وليس منتجعًا خاصًا. لم تكن جنة عدن نموذجًا لكيفية ترتيب الخليقة وإدارتها فحسب، بل كانت أيضًا نموذجًا لكيفية تنظيم العلاقة مع الله وإدارتها.

العمل الرأسي والأفقي

كان أحد أهداف جنة عدن هو توضيح البيئة النموذجية لآدم وحواء والتي تم تحديدها من خلال علاقة منظمة بشكل صحيح بين الإنسان والله والخليقة. كان هذا التصميم الأصلي هو المخطط الذي كان ليوجه عملهما الخاص بأداء مهمتهما. كان

على آدم وحواء الرجوع إلى هذا التصميم أثناء قيامهما بالاعتناء كل الخليقة.

كانت جنة عدن مكانًا لعلاقة مثالية بلا عوائق بين الله والبشر. كما هو مذكور في تكوين ٣: ٨، كان الله ينزل ويمشي في جنة عدن عند هبوب ريح النهار. إن مكان العلاقة الصحيحة بين الله والإنسان هذا هو جوهر التصميم الأصلي. تقدم لنا البيئة النموذجية لجنة عدن رؤية لملكوت الله في أنقى صوره.

كان هناك جانبان مميزان لكنهما متكاملان لإدارة العلاقات في تصميم حديقة الله، وقد كان تكليف آدم الأصلي يتطلب الاهتمام بكليهما. يمكننا وصف الجانب الأول بأنه العلاقة الرأسية بين الله والبشر. كانت العلاقة الرأسية هي العلاقة الشخصية والتفاعلية التي تتمتع بها آدم وحواء مع الله أبيهما. ويمكننا وصف الجانب الثاني للإدارة الارتباطية بأنه أفقي. كانت هذه هي العلاقة الأفقية للبشر مع الخليقة.

تم تصميم البشر في الأصل لإدارة كل من العلاقات الرأسية والعلاقات الأفقية داخل جنتهم أو نطاق تأثيرهم. قدمت جنة عدن مثالًا لما كان من شأن الخليقة أن تكون عليه عندما يكون كل شيء على ما يرام على المستويين الروحي والطبيعي، أو رأسيًا وأفقيًا. اكتشف آدم وحواء أنه يجب عليهما إدارة علاقتهما مع الله لكي يتمكنا من إدارة علاقتهما مع الخليقة. عندما انقطعت العلاقة الرأسية مع الله بسبب الخطية، أصبح من المستحيل تقريبًا إدارة الخليقة. بدلًا من الاعتناء بالخليقة في صورة جنة عدن، انتهى بهما الأمر بالاعتناء بها تحت لعنة السقوط. لقد تحطما روحيًا، فتحطمت الخليقة بشكل طبيعي. بدون الخالق، لا يمكن للبشر المشاركة في صياغة الخليقة.

لم يترك الله البشر وباقي الخليقة بلا رجاء. أصبحت خطط الله وأهدافه لاستعادة العلاقة مع الجنس البشري واستعادة الخليقة تشكل منحنى التاريخ الروحي. بدأ هذا المنحنى بآدم وحواء وهو يشملك حتى اليوم. لا يزال التصميم الأصلي للعلاقتين الرأسية والأفقية المرتبتين بشكل صحيح هو جوهر الملكوت ولا يزال هو هدف إدارة نطاق تأثيرك. كانت لدى آدم جنة عدن في قلب نطاق تأثيره، ولدينا نموذج جنة عدن الذي يعلِّمنا كيفية إدارة نطاق تأثيرنا.

عندما مات يسوع وقام من الموت، أعيد تشغيل النظام، وأشرك الله البشر في تصحيح الأمور. في ملكوت الله، أنت مطالب مرة أخرى بإدارة علاقتك مع الله وإدارة علاقتك مع الخليقة. ستشكل حالة علاقتك الرأسية ما تعيد إنتاجه في بيئتك الأفقية. تمامًا مثل آدم، لديك نطاق تأثير لتديره، وهو يتطلب توجيه انتباهك إلى أعلى وإلى الخارج.

الاتصال الأصلي

يأتي الملكوت من خلال العلاقة، وهو مُصَمَم للعلاقة. صُممت كل الأشياء في الأصل لتكون في علاقة بلا عوائق مع الله. ظهر قصد الله في العلاقة المقدسة مع شعبه لأول مرة في جنة عدن واستمر عبر التاريخ حتى يومنا هذا.

كانت جنة عدن هي نقطة الاتصال الأصلية بين السماء والأرض، حيث كان من الصعب على الأرجح معرفة أين تنتهي الأرض وتبدأ السماء. حتى يومنا هذا، رغبة الإنسان العميقة هي التواصل مع الإله؛ أن يعرف وأن يكون معروفًا. أولئك الذين لا يعرفون الإله الواحد الحقيقي يجدون أنفسهم مضطرين باستمرار لإيجاد أو إنشاء جنة خاصة بهم. الرغبة في حضور الله متجذرة في البشر، وللأسف تقودهم العديد من الآلهة الزائفة والتخيلات البشرية للضلال. إن الفرح والسلام اللذين يتوفران للمؤمن في هذه الحياة مبنيان على علاقة موجودة مع الله. لم نَعُدْ منفصلين عن الله بل رجعنا إلى علاقتنا الصحيحة معه.

لما آمننا دخلت السماء إلى قلوبنا ودخلنا إلى السماء. كما قرأنا سابقًا، تقول رسالة كولوسي ١: ١٣ إننا كمؤمنين قد نُقلنا إلى ملكوت الله وجلسنا في السماويات في المسيح يسوع. يسكن الله الآن في قلبك من خلال حضور الروح القدس. العلاقة مع الخالق هي رغبة البشرية جمعاء، وغالبًا ما يشار إليها على أنها "فراغ على شكل الله في قلوبنا". بصفتك مؤمنًا بالمسيح، فإن علاقتك مع الله مُصَمَمة لتكون شريان حياة يمتد إلى الأرض من مكانك في السماء. يمتد شريان الحياة هذا من مكان جلوسك في السماويات مع المسيح إلى نطاق تأثيرك على الأرض. تمامًا كما كانت جنة عدن نقطة اتصال بين السماء والأرض، فإن نطاق تأثيرك مُصَمَم أيضًا ليكون متصلًا بالسماء.

أنت تعمل كشريان حياة بينما تقف في عالمين في نفس الوقت. هذا هو سر ملكوت الله الذي يأتي الآن والذي سيأتي بالتمام.

في (متى ٦: ١٠)، صلى يسوع: "لِيَأْتِ مَلَكُوتُكَ. لِتَكُنْ مَشِيئَتُكَ كَمَا فِي السَّمَاءِ كَذلِكَ عَلَى الأَرْضِ." في هذا المثال الذي يوضح كيف ينبغي أن يصلي تلاميذه، كان يسوع يوجّه سعينا للتواصل مع الله.

عندما نتوق إلى السماء، فإننا حقًا نتوق إلى ما كان لآدم وحواء في جنة عدن: حضور الله. عندما علّم يسوع تلاميذه أن يصلوا "لِيَأْتِ مَلَكُوتُكَ. لِتَكُنْ مَشِيئَتُكَ كَمَا فِي السَّمَاءِ كَذلِكَ عَلَى الأَرْضِ"، لا بد أنه قد امتلأ بالفرح لأنه كان يعلم أنه من خلال ذبيحته المرتقبة، ستكون علاقته مع عائلته مرة أخرى بلا عوائق. ستتم استعادة التصميم الأصلي.

في نموذج جنة عدن، نرى أن الخالق كان هو المسئول لكنه كان يحكم من خلال علاقة بلا عوائق مع شعبه. تم تكليف آدم وحواء من قِبل الملِك وجعلهما مسئولين عن تلك المملكة. كان لديهما امتياز العمل المشترك مع الله الآب، وما فعلاه أو لم يفعلاه كان مهمًا حقًا للأبدية. كانت اختياراتهما بالتأكيد مهمة في القصة الملحمية الخاصة بالخليقة والبشرية. بصفتنا أولاد الله، لا تزال اختياراتنا مهمة، ولا يزال التكليف الأصلي قائمًا.

كما في السماء كذلك على الأرض

ماذا نرى عندما ننظر بعمق في التكليف الأصلي؟ نرى أن جنة عدن كانت مثالًا حيًا للخليقة في ظل حكم الله ومُلكه المثاليين، وكان يديرها أولاده الذين يحملون صورته. كان القصد هو أن تصبح الأرض كلها مثل جنة عدن، مكانًا يحدده حضور الله وسياقًا لعلاقة بلا عوائق مع شعبه. كان آدم وحواء محظوظين بأن يكونا أول مَنْ تلقى التكليف الأصلي وأول مَنْ اختبر فرح العمل المشترك مع الله للاعتناء بالخليقة.

أحد الجوانب المثيرة للفضول في قصة الخلق هو وصف الخليقة خارج جنة عدن. كان هذا الجزء من الخليقة يتطلب الإخضاع من خلال العمل أو الاعتناء. لم تكن الظروف

خارج جنة عدن، روحيًا وطبيعيًا، هي نفسها بالضرورة داخلها. لم يكن التكليف الأصلي نشاطًا ترفيهيًا مقترحًا لمنح البشر شيئًا يشغلهم. لقد كان طريقة لممارسة الحياة، وفقًا لتصميم الله الأصلي. كانت الخليقة تنتظر أن يتولى أولاد الله زمام الأمور ويعملوا على تنمية إمكانياتها.

بينما تتطور أحداث قصة الخلق وسقوط البشرية، يتضح أن الشيطان كان بالفعل على الأرض. كانت لديه درجة معينة من الحرية للتأثير ولا يزال هذا التأثير على آدم وحواء محسوسًا حتى يومنا هذا. نحن نعيش في عالم ساقط، لكن في هذا العالم، نسعى لمحو آثار السقوط. الآن بعد أن استعاد يسوع كل سلطة ودفع ثمن كل خطية، يمكننا أن نتعاون مع الله لإعادة ربط الخليقة بخالقها. بمجرد أن تخلص، فأنت مدعو للعمل. المصالحة والاسترداد هما عمل المؤمن، ونطاق التأثير الذي حصلت عليه هو سياق عملك.

أعطيت التعليمات، وُمنحت السلطة للانتشار، وملء الأرض، وإخضاعها. أُعطي آدم وحواء مسئولية إعادة إنتاج جمال الجنة ونظامها وأجوائها خارج الجنة. تم تكليفهما كشريكين في العمل خُلقا ليكونا حاملين لصورة خالقهما. كان عليهما إعادة إنتاج ما كانا عليه في الخليقة وملء الأرض بنفس العلاقة التي لم تنقطع مع الله والتي تم تشكيلها على غرار جنة عدن. كان من شأن هذه الرؤية للإخضاع أن تمنح آدم وحواء إحساسًا هائلًا بالهدف، وكان من شأن الثقة التي وضعها الله فيهما أن تجلب الهوية والسلام والطمأنينة.

من خلال عمل الاعتناء بجنة عدن، كان على آدم أن يعزز بصمة تلك الجنة.

كان لدى آدم وحواء سياق مثالي وهدف واضح لوجودهما. كان عليهما أن يتحركا ويعتنيا بالخليقة التي كانت تقع خارج جنة عدن. من خلال العمل، كانا يسعيان بثبات لتنظيم تلك المناطق الطبيعية. كان ترتيب ما هو طبيعي يعتمد على ترتيب ما هو روحي. كانت الطريقة الوحيدة التي يمكن بها تنفيذ التكليف الأصلي هي أن تكون العلاقة الصاعدة مع الله مُدارة جيدًا. كان آدم وحواء مسئولين عن الاعتناء بعلاقتهما الصاعدة مع الله وإدارتها، وعن تطوير العالم من حولهما.

تم تصميم الجنس البشري دائمًا للإدارة. لدينا مسئولية رأسية تجاه خالقنا ومسؤولية أفقية عن الخليقة. مثلما اكتشف آدم وحواء بعد سقوطهما، إذا لم تتم السيطرة على إحداهما، فإن الأخرى تنكسر أيضًا. كانت جنة عدن نموذجًا للعلاقة الرأسية والعلاقة الأفقية المثالية — وجود إنساني شامل. العلاقة الصحيحة مع الله تحول كل أعمال البشر إلى نقاط اتصال مع السماء. وجد آدم وحواء نفسيهما يعملان على الاعتناء بجنة عدن والإشراف عليها.

لقد عهد الله إليهما بإخضاع أرض جديدة والاعتناء بها على غرار جنة عدن. كانت جنة عدن في الأساس مخططًا لما كان من شأن كل الخليقة أن تبدو عليه بمجرد إخضاعها. كانت جنة عدن مثالًا مرجعيًا. لم يكن آدم وحواء فقط يديران الجوانب الطبيعية للخليقة؛ لقد كانا أيضًا يديران الديناميكيات الروحية للخليقة. كان عملهما في الزراعة والإشراف ذا أهمية في كل من المجالين الروحي والطبيعي. لقد أدارا علاقتهما الرأسية مع الله، وأعطاهما الله السلطة لإدارة الخليقة في علاقة أفقية.

عندما انقطعت علاقتهما الصاعدة مع الله، فقدا سلطة إدارة ما هو في الخارج. تنشأ السلطة الروحية من الله وتتدفق إلى شعبه؛ إنها سلطة مفوَّضة. كانت الخسارة الكبرى في السقوط هي تقويض التصميم الأصلي بأكمله. كان من المقرر أن يقوم البشر برعاية وإخضاع الخليقة بأكملها، لكن هذا التكليف كان يعتمد على تفويض السلطة. كان التصميم يقوم على أن يتخلل حضور الله الخليقة. تم تصميم الخليقة في الأصل لتكون فائقة للطبيعة بشكل طبيعي. في البداية، كانت الظروف على الأرض كما كانت في السماء حقًا. وجد آدم وحواء نفسيهما في موقع مركزي وعُهد إليهما بمشروع ملحمي، وهو مشروع كان يعتمد على العمل. والسؤال هو: ماذا كانا يفعلان في الواقع في نطاق تأثيرهما؟

الفصل ١٣
الثقافة مهمة

يقول دارو ميلر Darrow Miller، رائد الفكر المتعلق بالنظرة المسيحية العالمية ومؤلف كتاب LifeWork: "الثقافة هي المجال الذي يتحد فيه ما هو روحي وما هو طبيعي."

أريد أن أوضح في القسم التالي أن الثقافة هي نتاج ثانوي للعبادة، وأن الثقافة روحانية في الأساس. كان جوهر تصميم الله الأصلي هو أن تكون البشرية مسئولة عن غرس ثقافة السماء في الأرض من خلال تنفيذ التكليف الأصلي. كما رأينا سابقًا في هذه الدراسة، تمامًا مثل آدم وحواء، فقد مُنحنا أيضًا جنة، أو "نطاق تأثير" تم تكليفنا بأنه نعمله ونحفظه.

إن تشكيل وإدارة الثقافة هو الهدف النهائي للتكليف الأصلي. العبادة هي الطريقة التي تنشأ بها الثقافة، والعمل هو الشكل الأساسي للعبادة. قبل أن نصل إلى الجانب الثقافي في هذه الدراسة، علينا أن نبني الإطار الذي يمكن من خلاله فهم علاقتنا بالثقافة. لنبدأ بتفويض العمل.

العمل هو سبب وضع آدم في الجنة وسبب وضعك أيضًا في نطاق تأثيرك. أعطى هذا الترتيب السيادي هدفًا للبشرية في البداية، ولا يزال هذا التصميم الأصلي يحدد هويتنا حتى اليوم. قام الله بتفعيل تكليفنا الأصلية في البداية عندما وضع آدم في موقع السلطة والمسئولية في جنة عدن. لقد أُعطي الله آدم، والبشرية أيضًا، مهمة زراعة ما أسسه الله وتوسيعه والحفاظ عليه.

أُعطي البشر المسئولية والسلطة لتتميم دعوتهم. في الوقت الذي حصل فيه آدم وحواء

على التكليف الأصلي، حصلا أيضًا على سلطة على الخليقة. كانت مفاتيح الخليقة، السلطة المفوَّضة، هي الجائزة التي أرادها الشيطان بشدة. يبدو أن الشيطان (لوسيفر) أراد أن يكون مثل الله وحاول إثبات وجوده في مقابل سلطة الله. لم تسر الأمور على ما يرام بالنسبة له أو لأتباعه. بدلًا من أن يصبح هو الحاكم، وجد نفسه فجأة وقد أخضعه حاملو صورة الله! لن يسمح الله أبدًا بأخذ سلطته — لكنه شاركها مع البشرية عن طيب خاطر. كانت الطريقة الوحيدة التي يمكن للعدو من خلالها الوصول إلى تلك السلطة هي جعل البشر يمنحوها له. وهكذا أصبح آدم وحواء هدفين في محاولة الشيطان للسيطرة العدائية.

من خلال عصيان الله واختيار الخطية، استسلم آدم وحواء للشيطان. سلَّم البشر سلطتهم التي أعطاها لهم الله إلى نفس الشخص الذي كان يميل إلى إفساد كل ما صممه الله. وجد البشرية أنفسهم مستعبدين للخطية، وتحولت طبيعة العمل من الفرح إلى البؤس. ومن خلال نعمة الله، تحررنا من خلال الإيمان بيسوع والتوبة عن الخطية. انتهى عمل المسيح على الصليب باستعادة سلطاننا على الخليقة وتدشين ملكوت الله.

تم تحرير العمل من لعنة السقوط، واستعدنا تصميمنا الأصلي. لم يَعُدْ العمل لعنة، رغم أن كل الخليقة لا تزال تعاني من آثار السقوط. في الملكوت الذي أتى والذي سيأتي، تمت استعادة طبيعة العمل ذاتها. لقد هُزم الشيطان، وأُبطلت كل لعنة. الآن بعد أن هزم يسوع قوى الظلام واستعاد كل سلطة في السماء وعلى الأرض، أصبحت حرًّا، وعملك هو وسيلة لجلب الحرية لنطاق تأثيرك.

إن جلب الحرية من آثار السقوط هو عمل كل مؤمن. أصبحت استعادة علاقة البشر الرأسية مع الله وعلاقتهم الأفقية مع الخليقة ممكنة بفضل الصليب. تغلب يسوع بشكل رائع على عدو أرواحنا وواصل بنعمته خطته الأصلية للبشرية. عاد التكليف الأصلي من جديد!

من خلال الخلاص، صرنا الآن أحرارًا لنطيع وننفذ التكليف الأصلي. بموجب العهد الجديد، تحررنا من عبودية الخطية واللعنة. إن ذبيحة يسوع تصالح وتسترد كل مَنْ يؤمن ويتوب. من خلال موت المسيح وقيامته، عادت خطة الله الأصلية للعمل مرة أخرى.

عادت جنة عدن! قُدم لنا التكليف الأصلي مرة أخرى لنرى ملكوته يأتي ومشيئته تتحقق، على الأرض كما في السماء، بدءًا من نطاق تأثيرك!

العنصر الأول في الدعوة

"وَأَخَذَ الرَّبُّ الإِلهُ آدَمَ وَوَضَعَهُ فِي جَنَّةِ عَدْنٍ لِيَعْمَلَهَا وَيَحْفَظَهَا." (تكوين ٢: ١٥)

أعتقد أنه يوجد "عنصران" متميزان يتعلقان بالدعوة أو المهمة في تكوين ٢. العنصر الأول للدعوة المشار إليه هو كلمة "لِيَعْمَلَهَا" cultivate أو abad في النص الأصلي. والعنصر الثاني للدعوة والذي نراه متضمنًا هو كلمة " يَحْفَظَهَا". سنلقي نظرة فاحصة على كلمة "يَحْفَظَهَا" لاحقًا في هذه الدراسة، ولكن في البداية، يجب أن نستكشف العنصر الأول في الدعوة وطبيعة الوظيفة الأولى للبشرية.

العمل كعبادة

ما الذي كان من المفترض أن يفعله آدم عندما أعطاه الله التكليف الأصلي؟ ما هو المقصود بتعبير "يَعْمَلَهَا"؟ لاكتشاف هدفنا، نحتاج إلى استكشاف التفويض الخاص بالعمل. تم تصميم العمل ليكون عبادة. هذا المفهوم الأساسي ضروري لهذا الجهد لبناء إطار لاهوتي للعمل. إذا أريد للعمل أن يكون ذا مغزى وأن يحقق نجاحًا إلى الأبد، فيجب أن يكون روحانيًا في الأساس. عندما يتم العمل في العالم المادي مثلما يتم العمل لأجل الرب، فإن العمل يأخذ بعدًا روحيًا، مثله مثل أي عبادة.

العبادة مُصَمَمة لتشق طريقها إلى محضر الله وتجذب حضور الله إلى تلك العبادة. عندما يتم العمل كعبادة، فإنه ينمي الجو الروحي ويجذب حضور الله إلى نطاق تأثيرك. العمل الذي يتم كتعبير عن العبادة ولأجل مجد الله يتحرر من آثار السقوط ويصبح فرحًا لا لعنة. العمل الذي يتم في ظل نظرة خاطئة للعالم والذي لا يجري توجيهه إلى الرب كعبادة يظل خاضعًا للعنة. العمل الخالي من العبادة يتسبب في معاناة العامل ويضعف الخليقة. إذا تم العمل كعبادة، فلن يحقق فقط تصميمه الطبيعي، ولكنه سيحقق أيضًا مقاصد الله في العالم الروحي.

مثلما اكتشفنا في القسم السابق حول لاهوت العمل، فإن كلمة "يَعْمَلَهَا" مشتقة

من الكلمة العبرية abad، وهي تعني حرفيًا "يزرع، يعتني، يخدم، يعبد".

يوجد عنصران متميزان ولكنهما متصلان في الأمر abad.

العنصر الأول هو الإشراف المادي على جنة عدن. تم تكليف آدم، وضمنيًا البشرية، بالإشراف على الحالة المادية للخليقة وإدارتها. كان يجب الاعتناء بجنة عدن والحفاظ عليها ماديًا وروحيًا. صُممت الجنة لتكون مسكنًا لله والإنسان معًا. في الواقع، كان هذا هو الهيكل الذي كان الله والبشر يتواصلون فيه أولًا. نطاق تأثيرك هو أيضًا جنة صممها الله لكي تكون بمثابة هيكل. يريد الله أن يسكن فيك بينما تسكن أنت في نطاق تأثيرك. إنه يستمتع بك، ويستمتع بخليقته. من خلالك، كمدير لنطاق تأثيرك، يريد أن يبارك كل ما تؤثر فيه.

إن عمل الحفاظ على حالة الخليقة وتحسينها بصورة مادية هو تكليف من الله وجزء من التصميم الأصلي للبشرية. كل طاعة هي شكل من أشكال العبادة. إن نشاط العمل هو طاعة وهو في حد ذاته شكل من أشكال العبادة. أصبحت طاعة آدم للعمل هي وسيلته الأساسية في العبادة. من الواضح أن الإشراف والعمل المادي أمران مقدسان، ولكن هناك بُعد آخر لكلمة abad نحتاج أن ننظر فيه. تم تصميم العمل ليكون أكثر من مجرد نشاط لإبقاء البشرية مشغولة. يصبح العمل ما كان مفترضًا أن يكون عليه عند القيام به كعبادة.

سوف يكتسب البشر صفات ما يعبدونه. ما يعبده الإنسان هو ما يشكله. يبدأ العالم من حولنا في أن يشبه العالم بداخلنا. هذه هي طبيعة التأثير. التأثير هو التأثير الخارجي لواقعك الداخلي على العالم من حولك. لإدارة نطاق تأثيرًا جيدًا، تعلَّم أن تفهم كيفية إدارة التأثير. تم تكليفك بالتأثير — للأفضل أو للأسوأ.

هدف جنة عدن هو أيضًا هدف نطاق تأثيرك. إذا كنت تريد إدارة نطاق تأثيرك بشكل صحيح، فأنت بحاجة إلى معرفة ما يُفترض أن تقوم به بالفعل. لفهم الجذور الروحية للتكليف بالعمل، يجب علينا استكشاف البعد الأعمق لكلمة abad (يعمل).

Avad = العبادة

كلمة avad أو abad في النص العبري تعني "عمل الزراعة". إن فهم ترجمة هذه الكلمة أمر بالغ الأهمية لدراستنا. يأتي أصل كلمة cultivate "يزرع" في اللغة الإنجليزية من الكلمة اللاتينية Cultus.

"غالبًا ما تتم ترجمة كلمة cultus إلى cult "عبادة" بدون الدلالات السلبية التي قد تحملها الكلمة في اللغة الإنجليزية، أو إلى الكلمة الإنجليزية القديمة worship "عبادة"، ولكنها تشير إلى ضرورة العناية النشطة التي تتجاوز التقديس السلبي."[12]

بالإضافة إلى فعل الحرث أو الزراعة، فإن أحد المعاني الأساسية لكلمة cultus هو فعل التكريم أو العبادة أو التوقير أو التقديس أو التبجيل؛ الوفاء. والكلمة الأخرى المشتقة من كلمة cultus هي الكلمة الإسبانية cultos، والتي تعني العبادة، أو في الترجمة الشعبية، "خدمة العبادة".

يمكننا أن نرى أن الجانب الأعمق من كلمة cultivate هو مفهوم العبادة. لا يشير تعريف الكلمة إلى الإشراف المادي أو العناية والخدمة فحسب، بل يشير أيضًا إلى جوهر المهمة: العبادة. ويعبّر الاستخدام المتساوي لكلمة cultivate لوصف العمل المادي والعبادة الروحية عن الفهم الأساسي بأن الغرض من العمل هو العبادة. إن الغرض من دعوتك والأنشطة التي دُعيت إليها هو، في الواقع، روحي بحسب التصميم. كان إشراف آدم وعمله الماديين شكلًا من أشكال عبادة الله، لكننا نرى أيضًا أن آدم كان يعمل أو يرعى بعدًا آخر في الجنة.

تم تكليف آدم وحواء بأن يقوما بشكل نشط برعاية وصيانة البيئة التي كانت موجودة في جنة عدن، وهي بيئة العلاقة الخالية من العوائق بالخالق. كان الله والإنسان يسيران ويتحدثان معًا في التصميم الأصلي المثالي. لم تكن جنة عدن مجرد بيئة مادية

12Ando, The Matter of the Gods, pp. 5–7; Valerie M. Warrior, Roman Religion (Cambridge University Press, 2006), p. 6; James B. Rives, Religion in the Roman Empire (Blackwell, 2007), pp. 13, 23.

كاملة ينمو فيها الجنس البشري، بل كانت أيضًا بيئة روحية كاملة كانت فيها العلاقة مع الله في حالة مثالية. كانت حرفيًا الجنة على الأرض. كان العنصر الأعمق في تكليف آدم الأصلي هو أنه سيشرف، ويعتني، ويخدم بطريقة تحافظ على العلاقة مع الله من خلال غرس بيئة العبادة. كما رأينا في التعريف السابق لكلمة cultus، كان هذا شيئًا يجب الحفاظ عليه بنشاط. عمل الزراعة هو تفويض نشط، وليس سلبيًا.

في (متى ٦: ١٠)، صلى يسوع: "لِيَأْتِ مَلَكُوتُكَ. لِتَكُنْ مَشِيئَتُكَ كَمَا فِي السَّمَاءِ كَذَلِكَ عَلَى الأَرْضِ." استنادًا لخلفية قصة عمل الزراعة، يتخذ هذا القسم من الصلاة الربانية بُعدًا مختلفًا. كان هناك وقت كانت فيه مشيئة الله تتحقق على الأرض مثلما كانت تتحقق في السماء. كان هذا في جنة عدن قبل سقوط الإنسان. كان يسوع يصلي: "لتكن مشيئتك كما كانت من قبل." تجلى قلبه الساعي للاسترداد والمصالحة مع البشر مرة أخرى من خلال صلاته التعليمية.

لقد أُعطيت البشرية، من خلال آدم، مسئولية أن ترعى بنشاط البيئة النموذجية للكمال المادي والروحي. مكَّن النظام الروحي الذي كان ثمرة علاقة صحيحة مع الله آدم من إعادة إنتاج النظام الصحيح في العالم الطبيعي. كان هذا هو المثال الأول لمبدأ أن العالم المادي الذي تؤثر فيه مُصَمَم ليشبه الواقع الروحي بداخلك.

يتناول جي. كيه. بيلي G. K. Beale هذه الديناميكية في كتابه The Temple and the Church Mission (الهيكل ورسالة الكنيسة)، حيث يقول: "كان آدم أكثر من مجرد بستاني، لكن كان عليه أن يحافظ على الترتيب الذي خلقه الفضاء المقدس للمَقدس." ويمضي بيلي قائلًا: "كان دور آدم الكهنوتي في الجنة هو ﴿إدارتها﴾ أو ﴿العناية بها﴾ من خلال الحفاظ على نظامها وإبعاد ﴿النجاسة﴾. وقد كان هذا يشمل "البستنة "ولكن من المحتمل أنه تجاوزها ليصل إلى إدارة شئون المكان المقدس الذي كان فيه حضور الله والحفاظ على نظامه في مقابل الفضاء المضطرب بالخارج."(١٣)

١٣G. K. Beale, The Temple and the Church's Mission, Page 84–85.

كان على آدم أن يعمل بالجنة ماديًا وروحيًا ويُخضِع بشكل نشط الخليقة التي كانت خارج الجنة. كان لآدم وحواء وصف وظيفي يشمل كلًّا من الديناميكيات الروحية والديناميكيات الطبيعية. لم يقتصر الأمر على تقليم الأشجار وتطهير الأنهار. كانا يرعيان ويديران بيئة تستضيف حضور الله وشخصه.

كانت جنة عدن نموذجًا عمليًا لتصميم الله للخليقة. أُعطي آدم مثالًا يمكنه من خلاله قياس النجاح أثناء تنفيذ التكليف الأصلي. لو كانت الظروف الروحية والطبيعية خارج جنة عدن هي نفس الظروف داخلها، كان هذا يعني أنه كان يحقق نجاحًا. كانت لدى آدم وحواء مسئولية هائلة ولم يكن بإمكانهما الاضطلاع بها إلا من خلال علاقة متواصلة مع الله. لقد فُقدت هذه المكانة خلال السقوط، لكن في المسيح جرت استعادة مكانتنا. لقد تمت استعادة علاقتنا بالله الآن من خلال الصليب، ويمكننا تنفيذ مهمتنا العظيمة.

كانت جنة عدن هي التجسيد الأصلي لملكوت الله على الأرض. كانت نقطة اتصال السماء بالأرض. كان قصد الله هو أن يحكم ويملك من خلال العمل المشترك مع البشر. تم تكليف البشر برعاية وإخضاع خليقة الملك. كان مفتاح تنفيذ ذلك التكليف هو العمل. كل أبناء آدم وحواء لديهم نفس التكليف الأصلي، وكلهم لديهم نطاق تأثير عليهم إدارته.

جذور الثقافة

تأتي الكلمة الإنجليزية culture "ثقافة" من الكلمة اللاتينية cultus. وكما لاحظنا سابقًا، فإن الكلمة اللاتينية cultus تعني العبادة أو العمل.

كان جزء من تكليف آدم وحواء الأصلي هو تنمية العلاقة مع الله من خلال العمل التعبدي. تم تكليف آدم وحواء ليس فقط برعاية الخليقة ولكن أيضًا بتحديد "البرامج الروحية" التي ستعمل على "جهاز" الله. لقد كانا صانعي الثقافة الأصليين. وهكذا نجد أن محور التكليف الأصلي كان يتعلق بالفعل بالحفاظ على الثقافة الشاملة لجنة عدن وتوسيعها. كانت ثقافة جنة عدن نتاج علاقة رأسية وأفقية مثالية بين الله والبشر والخليقة.

أمسك آدم وحواء بيدي الله وأبقيا أقدامهما في جنتهما. يصف الكتاب المقدس بيئة جنة عدن بأنها المكان الذي كان الله ينزل ويمشي فيه عند هبوب ريح النهار. في الواقع، كثيرًا ما يُشار إلى الله في الكتاب المقدس على أنه "الإله الذي ينزل".

الثقافة فائقة للطبيعة

الثقافة هي ما يتعلق بكل شيء، ولكن ما هي؟ لماذا هي موجودة؟ لماذا هي مهمة؟ كيف تتشكل؟ الثقافة هي في نهاية المطاف مظهر من مظاهر الحقائق الروحية المتشابكة مع سياق العالم الطبيعي. إنها نظام يشكله مَنْ يعبده البشر، في كل الأحوال.

يجب أن نفهم أن الركائز العالمية لما نعرفه بـ "الثقافة" هي في الأصل فائقة للطبيعة. لو لم يكن الأمر كذلك، فعندئذٍ يكون محكومًا علينا بالغرق في المظاهر السطحية لحقائق أعمق بكثير. يمكن فهم كل الارتباك والنزاع والبؤس الذي تواجهه ثقافات العالم بانتظام إذا حافظنا على نموذج روحي. الثقافة هي في الأساس مظهر من مظاهر الحقائق الروحية التي يتبناها البشر.

المشاهد الثقافية هي مظاهر العلاقة الرأسية مع "الآلهة". عندما يتم خداع البشر وقيادتهم إلى علاقة بآلهة كاذبة، فإنهم يعيدون تمكين شيطان ضعيف. نحن نمكّن ما نعبده لأننا مخولون باستخدام سلطتنا التي وهبها لنا الله لتشكيل الخليقة، للأفضل أو للأسوأ.

يعبد الناس ما يقدرّونه. للأسف، غالبًا ما تقدِّر البشرية ما يقدمه عدو أرواحنا أكثر مما تقدِّر ما أمر به الله. الثقافة هي ساحة المعركة النهائية حيث تتصادم القيم، ويتم الكشف عن شخصية وطبيعة الإله الحي الحقيقي وشخصية وطبيعة أعدائه. هذا هو مشهد الحياة والموت والمكان الذي يتم فيه الحكم على الأشجار من خلال ثمارها (لوقا ٦: ٤٣-٤٤).

يزرع الناس ما يقدرّونه. يمكّن التكليف الأصلي البشر من عمل الخير أو الشر لأن الله لم يسحب سلطته المفوَّضة حتى عند تمرد البشر أو الأرواح. يمتلك البشر القوة والسلطة لزراعة نطاق التأثير الخاص بهم للأفضل أو للأسوأ. ما يزرعونه إما أن يؤسس

ثقافة ملكوت الله أو ثقافة مملكة هذا العالم. في النهاية، نشارك جميعًا بنشاط في كتابة شفرة البرنامج الذي يسير نطاق تأثيرنا. نحن نكتب الشفرة باستمرار، ولا نقوم بذلك بمفردنا. الشفرة التي ننتجها شارك في كتابتها إما روح الله أو روح العدو.

الملكوت والثقافة

جوهر التكليف الأصلي هو أنه سيتم إصلاح وتجديد نطاق تأثيرك باستمرار وأنت في أحضان ملك الملوك ورب الأرباب. عندما تقف على الأرض وتتشبث بالسماء، فإنك تصبح قناة لتدفق الثقافة الموجودة في السماء إلى جنة الأرض. أول دليل على هذا التدفق السماوي هو أن إنسانك الداخلي يولد من جديد، والدليل الثاني هو أن نطاق تأثيرك يبدأ في التوهج بحضور الله. لقد صُممت الثقافة لتكون المثال الأساسي المرئي لوجود الله.

يوضح إنجيل لوقا ملكوت الله الذي يتم غرسه ورعايته في جنة الإنسان.

"ثم سأل يسوع: مَاذَا يُشْبِهُ مَلَكُوتُ اللهِ؟ وَبِمَاذَا أُشَبِّهُهُ؟ يُشْبِهُ حَبَّةَ خَرْدَل أَخَذَهَا إِنْسَانٌ وَأَلْقَاهَا فِي بُسْتَانِهِ، فَنَمَتْ وَصَارَتْ شَجَرَةً كَبِيرَةً، وَتَآوَتْ طُيُورُ السَّمَاءِ فِي أَغْصَانِهَا." (لوقا ١٣: ١٨–١٩).

نرى في هذا النص الكتابي أن الإنسان قد أمسك بالملكوت وزرعه في جنته أو في نطاق تأثيره، حيث يزرع ويعمل. نمت بذرة الملكوت هذه وأصبحت شجرة توفر رفاهية للخليقة التي تتجاوزها.

تم تصميم قيم الملكوت لتشكل خلق الثقافة. الأمثال هي أمثلة استخدمها يسوع لوصف ملكوت الله الذي يؤثر في الواقع ويشكله. انظر إلى هذا النص الكتابي من خلال عدسة تشكيل الثقافة بينما يصف يسوع ملكوت الله في (لوقا ١٣: ٢٠–٢١). "وَقَالَ أَيْضًا: بِمَاذَا أُشَبِّهُ مَلَكُوتَ اللهِ؟ يُشْبِهُ خَمِيرَةً أَخَذَتْهَا امْرَأَةٌ وَخَبَّأَتْهَا فِي ثَلاَثَةِ أَكْيَالِ دَقِيق حَتَّى اخْتَمَرَ الْجَمِيعُ."

يوصف ملكوت الله هنا بأنه عنصر تأثير ضئيل يتم إدخاله في كمية هائلة من الدقيق. من خلال عمل المرأة، تم خلط الدقيق وتحويله إلى شيء من شأنه أن يوفر

الرفاهية والقوت. لقد خلق الله كلًا من حبة الخردل والخميرة، لكنهما تتطلبان العمل أو الزراعة بواسطة البشر لكي تؤتيا ثمارهما.

إذا كنت ترغب في تنفيذ تكليفك الأصلي ورؤية ثقافة السماء مترسخة في نطاق التأثير الخاص بك، فقم بتطبيق هذه المعادلة البسيطة:

البذرة + الله + البشر × الغرس = الملكوت.

البذرة = الخليقة

الله = السلطة، والمبدع، والخالق

البشر = الشريك في العمل والإبداع

الغرس = العمل والدعوة

الملكوت = متحول ومثمر وخاضع

الفصل ١٤
تشكيل الثقافة

من المفيد أن تبدأ أي مناقشة لمفهوم ما بتوضيح المصطلحات. التعريف البسيط لكلمة الثقافة culture هو السلوكيات والمعتقدات المميّزة لمجموعة اجتماعية أو عرقية أو عمرية معينة.

هذا تعريف معقول للثقافة الواضحة أو المستوى الأعلى المرئي من الثقافة والذي يمكن للمراقب رؤيته أو اختباره بسهولة. هناك أيضًا جوانب تاريخية وهياكل أساسية كثيرة ومعقدة في كثير من الأحيان تدعم المستوى الأعلى من ثقافة معينة. غالبًا ما تُعرف هذه باسم الثقافة العميقة أو الثقافة الأولية أو الثقافة الضمنية. الثقافة مسألة معقدة، وهناك عدد هائل من الدراسة المخصصة لكشف الألغاز وتشكيل الثقافة. ما نستكشفه هنا هو الأساس الأعمق.

تكمن نقطة بداية أي ثقافة في ولاءاتها الأولية للكيانات الروحية وطقوس العلاقة مع تلك الكيانات التي نشأت. إذا تمكنا من تجنب الغرق في محيط الآراء الموجودة في العديد من دراسات الثقافة وحافظنا على منظور فائق للطبيعة، يمكننا حقًا أن نفهم سبب كون الأشياء على ما هي عليه. الثقافة مهمة لأن العلاقة المتبادلة بين البشر والكائنات الفائقة للطبيعة مهمة. تعتمد الثقافة على كل من المعبود والعابد.

دعونا نوضح ما تعنيه الثقافة وما لا تعنيه لمساعدتنا في توجيه مناقشتنا.

تعريف بسيط للثقافة:

أنماط السلوك المقبول، والمعتقدات والقيم التي تشجعها وتعززها.

الثقافة هي:

- مزيج من سلوكيات ومعتقدات وخصائص وممارسات شعب ما.

- متغيرة ومرنة وقابلة للتشكيل.

- مكتسبة ويشكلها التاريخ والسياق وهياكل النظرة للعالم

- في نهاية المطاف فائقة للطبيعة

الثقافة ليست:

- محددة عرقيًا

- محددة لغويًا

- موروثة بيولوجيًا

- محايدة أخلاقيًا (كل جانب من جوانب الثقافة يأتي من مكان ما ويعني شيئًا ما)

توجد الثقافة كدالة لتصميم الله الأصلي. لقد تم تصميمها لتكون الآلية التي يتم من خلالها التحقق من هويتنا في عائلة الله. كان القصد من الثقافة أيضًا هو أن تشهد على الجمال والنظام اللذين يمكن أن يوجدا عندما يتحقق تصميم الله الأصلي. صَمَمَ الله الثقافة لتكون النظام الذي يمكن للبشرية من خلاله إظهار حقائق السماء في سياق الخليقة.

يمكن النظر إلى الثقافة على أنها نظام تشفير أو لغة برمجية يتم من خلالها جعل الخليقة متوافقة في النهاية مع إرادة الله وقيادتها إلى أفضل وضع ممكن. كان الغرض من هذا النظام هو تعليم العالم لغة السماء لفائدة الأرض. إن أساس هذه النظرة الروحية

أو "السامية" للثقافة هو الاعتراف بأن الثقافة هي في نهاية المطاف فائقة للطبيعة في أساسها، للخير أو الشر. الثقافة هي البصمة التي يتركها أي شعب من خلال ما يعبده. كان تصميم الله الأصلي نظامًا الغرض منه أن يجعل البشر الخليقة متوائمة مع الخالق وحكم الخليقة وفقًا لطرق الله.

نظرة سامية للثقافة

أشير إلى نموذج الثقافة الفائقة للطبيعة على أنه "نظرة سامية". غالبًا ما لا يكون جانب الثقافة الفائق للطبيعة مرئيًا على الفور للمراقب لأنه يتطلب من المراقب أن يكون روحانيًا وعقلانيًا. حتى داخل جسد المسيح، لا يرى معظم المؤمنين بشكل بديهي الطبيعة الروحية للثقافة. إن جانبًا من سعينا كعاملين مع المسيح هو أن نتعلم التعرف على "التشفير" أو "الثقافة" التي وضعها الله الآب وأن نعرف ما إذا كان هذا "التشفير" أو الثقافة ضارًا. هناك سؤال واحد يجب أن تطرحه على نفسك: "هل يمكنني أن أفحص نطاق تأثيري وأكتشف مَنْ قام بكتابة الشفرة الخاصة به وشكَّل نظام التشغيل الذي يحكم نطاق تأثيري؟"

ببساطة، النظرة السامية للثقافة تدرك أن الثقافة هي "البرنامج" الذي تمت المشاركة في كتابته والذي يوجِّه البشرية. الثقافة السامية هي مظهر من مظاهر علاقة البشر مع الإله. الثقافة موجودة لأن العبادة موجودة. نحن نعبد لأن لدينا معتقدات، ولدينا معتقدات لأن هناك العديد من "الآلهة" المزعومة كما قال بولس الرسول في رسالة (كورنثوس الأولى ٨: ٥).

ما رآه آدم في الجنة كان النموذج المثالي لعلاقة فعالة بين الله وخليقته. أنتج هذا الواقع المنظم فيما يخص العلاقات (على الأرض كما في السماء) "البرنامج" المثالي لبرمجة جهاز الله (الخليقة). كان برنامج جنة عدن هو أول مظهر من مظاهر "الثقافة السامية". كانت جنة عدن مثالًا حيًا لما أنتجته ثقافة السماء عندما لامست الأرض. كانت ثقافة الجنة مثالًا فريدًا لما كانت عليه الخليقة عندما كان وجود الله يميِّز البيئة. تم تعريف هذه الحالة

المميَّزة في جنة عدن من خلال علاقة منسجمة تمامًا بين الخالق وخليقته.

ما تغرسه يتلألأ

في البداية، أُعطي آدم (البشر) التكليف الأصلي لزراعة (إخضاع) الخليقة. كانت الثقافة في الأصل هي الآلية التي صممها الله والتي من خلالها ينظم البشر الخليقة ويشرفون عليها. كان تصميم الله الأصلي هو أن آدم سوف يعيد إنتاج الثقافة التي رآها في الجنة في الخليقة.

إن فهم طبيعة الثقافة الفائقة للطبيعة حقًا سيمكِّن المؤمنين من فهم دورهم باعتبارهم مشاركين مع الله في العمل والكتابة. كان تكليفك الأصلي هو نفسه تكليف آدم الأصلي؛ عليك أن تعكس حضور الله وتغيِّر الخليقة من خلال العمل. كان تكليف آدم الأصلي هو غرس الثقافة وحمايتها لأن الثقافة مهمة حقًا.

نظرة متدنية للثقافة

من المفيد أن نوضح في هذه المرحلة أن هناك أيضًا نظرة أو بُعدًا متدنيًا للثقافة. على عكس الثقافة السامية التي توجهها عبادة الله والعلاقة مع ثقافته الفائقة للطبيعة، فإن الثقافة المتدنية هي مجرد ظل لحقائق روحية أخرى. تمامًا مثل ظل السحابة التي تمر أمام ضوء الشمس، فإن الثقافة المتدنية هي مجرد تلوين أو تظليل موجود في الحياة اليومية. قد تكون بعض الأمثلة على الثقافة المتدنية هي تفضيلات شخص أو شعب مثل الطعام وأنماط الملابس والترفيه والتفضيلات والعادات اليومية الأخرى. هذه الجوانب الروتينية للثقافة هي في الأساس ظلال أو انعكاسات لما يتم تأسيسه من خلال معتقداتها وقيمها وعبادتها.

بطريقة منهجية مثيرة للفضول، فإن ما يتم تبنيه على مستوى الثقافة المتدنية يطفو على أنه "عبادة" ويعزز برامج الثقافة السامية. في هذا النظام البيئي للتشكيل الثقافي، نجد أن ما يتم تقييمه في الجوانب المتدنية للثقافة يعزز وظيفيًا الثقافة السامية. نحن نعبد

ما نقدِّره والعبادة تشكل الثقافة. هذا هو السبب وراء كون كل الخيارات مهمة.

يوضح هذا النظام البيئي للتشكيل الثقافي مرة أخرى أن اختيارات البشرية لها أهمية في المعادلة الثقافية. والديناميكية المشجِّعة التي ظهرت للضوء هي أن الثقافة بطبيعتها قابلة للتشكيل والتغيير.

"من الأفضل النظر إلى الثقافات ووجهات نظرها العالمية على أنها أنظمة عضوية دائمة التغير وليست أنظمة ثابتة ومتناغمة يكون التغيير فيها أمرًا سيئًا." (بول هيبرت Paul Hiebert)[14]

لسنا أسرى الثقافة

لا يتعين على الشخص أن تكون له حياة يحددها برنامج ثقافي خارجي. ولا تحتاج أي أمة أو مجموعة من الناس إلى أن تظل حبيسة نظام ساقط ومعيب لا يتواءم مع طرق الله. أنت مصمم لتتواءم مع السماء. لست ضحية لظروفك ولا مرتبطًا بهوية ثقافية بحكم الميلاد. أنت حر في المشاركة في كتابة برنامجك الثقافي من خلال تغيير ما تقدِّره وما تعبده. ستشبه أنت وثقافتك ما تعبده.

بينما نستكشف مفهوم أن الثقافة هي ناتج ثانوي للعبادة، يجب أن ننظر إلى تعريف كلمة "عبادة" worship.

يوضح قاموس ميريام ويبستر Merriam Webster معنى العبادة على النحو التالي:

١. التقديس المقدم لكائن إلهي أو قوة فائقة للطبيعة

٢. فعل من أفعال التعبير عن هذا التقديس

---

[14]Paul Hiebert, "Transforming Worldviews", page 46.

٣. شكل من أشكال الممارسة الدينية مع عقيدتها وطقوسها

٤. الإفراط في الاحترام أو الإعجاب أو التكريس لشيء يحظى بالتقدير

العبادة هي عزو وإدراك القيمة في شخص ما أو شيء ما.

كل من الثقافة السامية وظلها، الثقافة المتدنية، هما مظهر خارجي لما تتم عبادته أو تقديره داخليًا.

إذا أردنا حقًا أن نفهم طبيعة الثقافة والغرض منها، فعلينا أن نتعامل معها بطريقة فائقة للطبيعة. تتم كتابة أو "تشفير" الثقافة بواسطة المعتقدات والممارسات والتفضيلات البشرية. الوكلاء البشريون يقومون بتشفير الثقافة ودائمًا ما تلهمهم كيانات فائقة للطبيعة، عن علم أو بغير علم. هؤلاء الوكلاء يقلدون طرق المعبود ويظهرون طرق ذلك الإله للخليقة. العبادة البشرية إما تعزز طرق الإله الحي الحقيقي أو الآلهة "المفترضين" الساقطين الذين ينوون تحويل العبادة إلى أنفسهم.

برنامج الثقافة

إذا فهمنا الثقافة على أنها نتاج ثانوي للعبادة، فإن استخدام تشبيه البرنامج يساعدنا على تصور أفضل لطبيعة ووظيفة الثقافة. تمامًا كما تحدد البرامج عمل أجهزة الكمبيوتر، كذلك تحدد الثقافة أيضًا الأنشطة التي تصف نطاق التأثير.

يمكننا تصوير الثقافة بأنها برنامج شارك البشر في كتابته لتشغيل الجهاز أو النظام الأساسي لكون الله. يؤدي الجمع بين هذه الشفرة وبين جهاز الله إلى إنشاء نظام يمثل واقعنا اليومي. وهذا النظام هو عالم نطاق تأثيرنا. إن المهمة المتضمنة في التكليف الأصلي هي التأكد من أن الشفرة التي نستخدمها لزراعة نطاق تأثيرنا مكتوبة بلغة البرمجة الخاصة بالسماء.

لإدارة نطاق تأثيرك، يجب عليك كتابة الشفرة باللغة الصحيحة. إذا فعلت الأمور

بطريقة الله في عالم الله، فسترى البركة في حياتك الخاصة وفي نطاق التأثير الذي عُهد به إليك. إن فن إدارة نطاق تأثيرك هو البدء بالشفرة المصدرية الصحيحة، و، من خلال الكتابة المشتركة، التأكد من أن نظامه الثقافي يعمل على الأرض مثلما هو الحال في السماء. هل هذه رؤية مستحيلة؟ لا، أعتقد أنها تصميم الله الأصلي.

"فَنَظَرَ إِلَيْهِمْ يَسُوعُ وَقَالَ لَهُمْ: هذَا عِنْدَ النَّاسِ غَيْرُ مُسْتَطَاعٍ، وَلكِنْ عِنْدَ اللهِ كُلُّ شَيْءٍ مُسْتَطَاعٌ." (متى ١٩: ٢٦).

ربما تتم أو لا تتم دعوتك لتغيير العالم بطريقة تثير إعجاب العالم، ولكنك مدعو ومكلف للتأثير على نطاق تأثيرك بطريقة تثير إعجاب الله. النطاق المثير للإعجاب أو المكانة الدنيوية المرموقة ليسا ما يقدّره الله. إنه يقدّر الإخلاص في العلاقات والولاء لطرقه.

صَمَمَ الله الجهاز المثالي لكنه يمنحنا السلطة والقوة للمشاركة في كتابة البرنامج الذي يعمل على جهازه. البرنامج الذي تكتبه معتقداتنا وممارساتنا وتفضيلاتنا يخلق ثقافة. مثلما يفشل أي برنامج تالف أو مكتوب بشكل سيئ في النهاية في العمل ويمكن أن يتلف الجهاز، كذلك تفشل الثقافة الفاسدة في النهاية في دعم شعب ما. فقط ثقافة السماء تعمل بسلاسة على جهاز الله. تفشل الثقافة المزيفة التي قدمها البشر الخطاة وأصنامهم في نهاية المطاف.

جمال تصميم الله الأصلي هو أن التغيير ممكن! الثقافات يمكن أن تتغير! جانب من الإنجيل، والذي يعني "الخبر السار"، هو أنه يمكنك أن تتغير بتجديد ذهنك.

"وَلاَ تُشَاكِلُوا هذَا الدَّهْرَ، بَلْ تَغَيَّرُوا عَنْ شَكْلِكُمْ بِتَجْدِيدِ أَذْهَانِكُمْ، لِتَخْتَبِرُوا مَا هِيَ إِرَادَةُ اللهِ: الصَّالِحَةُ الْمَرْضِيَّةُ الْكَامِلَةُ." (رومية ١٢: ٢).

الخبر السار هو أنك لست بحاجة إلى أن تعيش كأسير للثقافة، وأن تلك الثقافة

يمكن إصلاحها وتحريرها بشكل رائع من البرنامج الدنيوي التالف.

"عَالِمِينَ أَنَّكُمُ افْتُدِيتُمْ لاَ بِأَشْيَاءَ تَفْنَى، بِفِضَّةٍ أَوْ ذَهَبٍ، مِنْ سِيرَتِكُمُ الْبَاطِلَةِ الَّتِي تَقَلَّدْتُمُوهَا مِنَ الآبَاءِ." (١ بطرس ١: ١٨).

جميع البشر وجميع الثقافات هم نتاج "سيرتنا الباطلة التي تقلدناها من آبائنا". الخبر السار (الإنجيل) هو أنه عندما يفدينا أو يفتدينا المسيح، يمكن تحقيق ملء الحياة، ويمكن استعادة الرجاء. بإمكان الثقافة التي تفيض بالرجال والنساء الملهمين والمخلَّصين أن ترفع مستوى الفرح والصلاح إلى المستوى الذي يمكنك معه أن تشعر به وكأن شواطئ السماء قد وصلت إلى حافة الأرض.

"ذُوقُوا وَانْظُرُوا مَا أَطْيَبَ الرَّبَّ! طُوبَى لِلرَّجُلِ الْمُتَوَكِّلِ عَلَيْهِ." (مزمور ٣٤: ٨).

يحث المرنم أولئك الذين يطلبون الرب على ألا يفوتوا البركات التي تأتي من خلال اختبار حضور الرب.

أكبر خسارة يمكن أن يختبرها أي شخص أو ثقافة هي ألا يذوق أبدًا جود الرب في أرض الأحياء.

أنت تصبح ما تنظر إليه

"أنت تصبح مثل ما تعبده. عندما تحدق في رهبة وإعجاب وتتساءل عن شيء ما أو شخص ما، فإنك تبدأ في اكتساب شيء من طابع موضوع عبادتك." (إن. تي. رايت N. T. Wright)[15]

أنت تصبح ما تنظر إليه.

---

[15]N. T. Wright, Simply Christian: Why Christianity Makes Sense.

أنت تبدو مثل ما تعبده.

أنت تعيد إنتاج ما تزرعه.

لقد صُممت لتبدو مثل أبيك السماوي. بطبيعة الحال، يشبه الأبناء والديهم البيولوجيين. بشكل فائق للطبيعة، يبدأ أبناء الله في أن يشبهوه. التحول هو العملية التي أشار الرسول بولس إلى أنها تعمل بينما ننظر مجد الرب.

"وَنَحْنُ جَمِيعًا نَاظِرِينَ مَجْدَ الرَّبِّ بِوَجْهٍ مَكْشُوفٍ، كَمَا فِي مِرْآةٍ، نَتَغَيَّرُ إِلَى تِلْكَ الصُّورَةِ عَيْنِهَا، مِنْ مَجْدٍ إِلَى مَجْدٍ، كَمَا مِنَ الرَّبِّ الرُّوحِ." (٢ كورنثوس ٣: ١٨).

أولئك الذين ينظرون إلى الرب يتغيرون إلى صورته. كلما نظرنا أكثر، أصبحنا مثله أكثر. ماذا يعني أن تنظر؟ أن تنظر يعني أن تحدق أو تلاحظ أو تركز على شيء ما أو شخص ما، خاصةً إذا كان رائعًا أو مثيرًا للإعجاب.

في العهد القديم، توجد عبارات واضحة حول هذه العملية المتعلقة بكوننا نصبح مثل ما ننظر إليه.

"ابْتَعَدُوا عَنِّي وَسَارُوا وَرَاءَ الْبَاطِلِ وَصَارُوا بَاطِلاً؟" (إرميا ٢: ٥).

"مِثْلَهَا يَكُونُ صَانِعُوهَا، بَلْ كُلُّ مَنْ يَتَّكِلُ عَلَيْهَا." (مزمور ١١٥: ٨)

كان تصميم الله الأصلي للبشر هو أن يكونوا حاملين صورة الآب السماوي وأن يعكسوا صورته في كل الخليقة. هذه هي الوظيفة الأصلية للنظام الذي نسميه الثقافة. كان الغرض من هذا النظام هو السماح لله بأن يتغلغل في كل الخليقة بشكل مرئي من خلال انعكاس صورته في أولاده الذين خلقهم. كانت العملية بسيطة. من خلال عزو القيمة المطلقة إلى الله، يعبده المرء وينظر إليه ويصبح مثله.

الهدف الخلاصي من هذه العملية هو أن ينظر البشر إلى جمال الرب ويتحولوا من

خلال هذه العلاقة الحميمة إلى صورة خالقهم. أراد الله أن يكون أولاده مثله، وأراد أن يظهر من خلالهم لكل الخليقة.

كان التصميم الأصلي الذي قصده الله هو أن تتشكل الحقيقة الداخلية للبشر لتصبح صورة مثالية لأبيهم السماوي من خلال النظر إلى الله.

هناك أسئلة غالبا ما نفشل في طرحها. "ما السبب في أن الأمور على ما هي عليه؟" "لماذا ثقافتي مضَلَلة للغاية؟" "لماذا تبدو حالة نطاق تأثيري أقرب إلى حالة الجحيم وليس ثقافة السماء؟" القضية المركزية هي في الواقع "ما الذي أنظر إليه؟" عند النظر إلى الإجابة على هذا السؤال بأمانة فستعطيك فهمًا لسبب كون الأمور على ما هي عليه.

ستوجه هذه المبادئ تشكيل الثقافة داخل نطاق تأثيرك:

١. أنت تصبح مثل ما تنظر إليه.

٢. ما تعبده يصبح مصدر الثقافة في نطاق تأثيرك.

٣. يبدو العالم من حولك مثل العالم بداخلك.

تذكِّر مبادئ تشكيل الثقافة هذه بأن ما يحدث في روحك مهم تمامًا. عالمك الداخلي يحدد عالمك الخارجي في النهاية. كان تصميم الله الأصلي للخير وليس للضرر. لقد صُممت لتنظر إليه وتعكس طرقه في نطاق تأثيرك. وهكذا يمكنك أن ترى ملكوته وقد تأسس.

<h1 style="text-align:center">الفصل ١٥</h1>
<h1 style="text-align:center">الدمار أو الاسترداد</h1>

"ما نقدسه هو ما نشبهه، إما للدمار أو للاسترداد." (جي. كيه. بيلي G. K. Beal)(١٦)

إن عملية النظر والتحول هي جزء من تصميم الله الأصلي. تتضمن هذه القدرة أيضًا عامل خطر. من خلال نظرنا إلى الرب، نتحول إلى صورته، ولكن إذا نظرنا إلى شيء آخر وأعطيناه قيمة، فسوف نشبه ما ننظر إليه. إن آلية التحول هي فقط كذلك، نظام صممه الله. وعلى هذا النحو، يمكن للعدو اختطافها وإعادة توجيهها بعيدًا عن استخدامها الأصلي المقصود. لقد استخدم الشيطان هذا لإغراء البشر لكي يحولوا أنظارهم بعيدًا عن الله ويوجهوها نحوه.

عندما يتم استدراجنا بعيدًا وخداعنا لعبادة أصنام من أي نوع، ينجح العدو في العثور على عدسة يمكن من خلالها أن يؤثر في نطاق تأثيرك. كانت هذه لعبة الشيطان الأصلية في جنة عدن عندما خدع آدم وحواء. أرادهما أن يستمعا إليه ويشكا في الله. إن الصراع المستمر الذي نشهده في الكتاب المقدس والذي نجد أنفسنا مشاركين فيه هو الصراع بشأن مَنْ الذي سيُعبد. مَنْ الذي سيقدِّره البشر؟ مَنْ الذي سينظر إليه البشر؟ مَنْ الذي سيشبهه البشر؟ مَنْ الذي سوف يؤثر في نطاق تأثيرنا؟ ما الذي سيشكل إنساننا الداخلي؟ كيف ستبدو ثقافة نطاق التأثير بمجرد أن يشبه البشر ما ينظرون إليه؟ ما هي المملكة التي تراها عندما تكون صادقًا بشأن حالة نطاق تأثيرك؟

تم تكليف آدم وحواء في الأصل بتوسيع الواقع السماوي لجنة عدن في الخارج ليشمل

---

¹⁶We Become What We Worship, page 311.

بقية الخليقة. كان بإمكانهما فعل ذلك لأن السماء كانت بالفعل في قلبيهما من خلال علاقة صحيحة مع الله الآب. كانا يسيران مع الله كل يوم. لقد كانا يشبهان ما كانا ينظران إليه في جنة عدن. ما أصبحا عليه شكَّل كل ما كان لما تأثير عليه. بحسب التصميم، كان الغرض هو غرس السماء في الأرض، لكن انتهى بهما الأمر إلى غرس الخطية والدمار في عالمهما.

صدَّق آدم وحواء ونظرا إلهًا آخر بدلًا من الخالق الحقيقي. ثم تم إدخال برنامج تالف إلى جهاز الله المثالي من خلال الشخصين اللذين كانت لديهما كلمة مرور للنظام. إن الشيطان مثل فيروس يبحث باستمرار عن طريقة لإصابة مضيف جديد. لم يكن بإمكانه الوصول إلى نطاق تأثير آدم ما لم يتم السماح له بالدخول. وللأسف، سلَّم آدم وحواء كلمة المرور عن طيب خاطر.

يعتمد العدو على نفس آلية النظر والتحول لإظهار إرادته في الخليقة. الثقافة هي المرحلة التي يقف فيها الشيطان باستمرار ليعيد تأكيد طموحه المليء بالكبرياء بأن "يصير مثل الله". إنه يرغب في رؤية مملكته تأتي ومشيئته تتحقق على الأرض مثلما يود لو أنها تحققت في السماء. نظرًا لأنه لا يستطيع تأكيد إرادته في السماء، فإنه يسعى لخداع البشر واستخدامهم لمساعدته في إعادة كتابة النظام وفقًا لإرادته. في كبريائه، يعتقد العدو أن الشفرة التي يكتبها جيدة بنفس القدر مثل شفرة الله أو أفضل منها.

الكذبة التي يريدك الشيطان أن تصدقها هي أنك إذا فعلت الأشياء بطريقته هو في عالم الله، فسوف يمنحك كل ما تريد. ومثلما جرَّب المسيح في البرية، فهو يقول لك: "أُعْطِيكَ هذِهِ جَمِيعَهَا إِنْ خَرَرْتَ وَسَجَدْتَ لِي." والحافز الذي يضيفه إلى خداعه هو "سأعطيك كل شيء بدون مساءلة وبدون عواقب إذا وضعت الشفرة الخاص بي على جهاز الله." في الحقيقة، لا ينتج قانون العدو سوى البشر الفاشلين والدول الفاشلة والثقافات الفاشلة. إنه المخترق المطلق. تم تصميم برنامجه من أجل لسرقة والذبح والهلاك. يجب أن نتحقق باستمرار من حالة نطاق تأثيرنا بحثًا عن نقاط الضعف والشفرات التالفة. جزء من تكليفنا الأصلي هو إدارة نطاق تأثيرنا عن طريق الفحص

بحثًا عن الفيروسات. إن تركيز عينيك باستمرار على الإله الواحد الحي الحقيقي يغرس في روحك معرفة بما هو كامل ومثالي. من خلال عملية النظر إلى صانع البر، نكتشف بسهولة الشفرة التالفة. إن نطاق تأثيرك يشبه نظام الكمبيوتر، وأنت مكلف بالتعرف على أي شفرة لم تشارك في كتابتها مع السماء.

"لأَنَّكُمْ كُنْتُمْ قَبْلاً ظُلْمَةً، وَأَمَّا الآنَ فَنُورٌ فِي الرَّبِّ. اسْلُكُوا كَأَوْلاَدِ نُورٍ. لأَنَّ ثَمَرَ الرُّوحِ هُوَ فِي كُلِّ صَلاَحٍ وَبِرٍّ وَحَقٍّ. مُخْتَبِرِينَ مَا هُوَ مَرْضِيٌّ عِنْدَ الرَّبِّ. وَلاَ تَشْتَرِكُوا فِي أَعْمَالِ الظُّلْمَةِ غَيْرِ الْمُثْمِرَةِ بَلْ بِالْحَرِيِّ وَبِّخُوهَا." (أفسس ٥: ٨-١١، التأكيد مضاف)

يجب فضح أي ثقافة شخصية أو مؤسسية أو وطنية تظهر خصائص تتوافق مع المملكة الخطأ.

إن تحمل المسئولية الشخصية عن حالة الثقافة هو مسئولية يومية إذا كنت تريد غرس ثقافة السماء في كل زاوية مظلمة في نطاق تأثيرك.

عبادة الأصنام لها تأثير

"... ما يلتصق به قلبك ويتوكل عليه فهو إلهك؛ ثقة وإيمان القلب وحدهما يصنعان الإله والصنم ... " (مارتن لوثر)

"لاَ يَكُنْ لَكَ آلِهَةٌ أُخْرَى أَمَامِي." (خروج ٢٠: ٣).

لماذا تمتلئ الأسفار المقدسة بتصريحات وأحكام الله ضد عبادة الأصنام؟ عبادة الأصنام هي مثال واضح على فساد آلية الله التي من خلالها يصبح شعبه مثله. عندما يتم إغراء البشر للنظر إلى صنم، أي صنم، يتم تحويلهم إلى الصورة والمثال الذي يرونه. يريدنا الله أن ننظر إليه وحده، ونكتسب صفاته، وليس صفات الآلهة الزائفة. إن كراهية أبينا السماوي لعبادة الأصنام هي مظهر من مظاهر دفاعه الأبوي عن أولاده. إنه لا يريد أن يحل أي شيء أو أي إله محل الأب الحقيقي الواحد على عرش قلوبنا. بدافع من الحب والحماية، يتعامل الله مع الأصنام ويدين عبادة الأصنام. لن يتسامح مع الآلهة

الباطلة في حياتنا. إنه يعلم أننا سنصبح مثل ما نراه، وأن الخليقة من حولنا سوف تُزرع وفقًا لما تعبده قلوبنا. يبدو العالم من حولنا مثل العالم بداخلنا. الثقافة ما هي إلا تعبير عن الإله الجالس على عرش قلوبنا.

الثقافة مهمة لأن الثقافة هي مسألة عبادة والعبادة هي مسألة علاقة بالروحانيات. تتشكل سلوكيات ومعتقدات وقيم الشخص أو الأشخاص من خلال العبادة، وهي الأسس التي توجّه الثقافة. يُعتبر تعريف الزراعة بأنها عبادة أمرًا حيويًا لأن العبادة تحدد المصير.

"وَإِنْ سَاءَ فِي أَعْيُنِكُمْ أَنْ تَعْبُدُوا الرَّبَّ، فَاخْتَارُوا لأَنْفُسِكُمُ الْيَوْمَ مَنْ تَعْبُدُونَ: إِنْ كَانَ الآلِهَةَ الَّذِينَ عَبَدَهُمْ آبَاؤُكُمُ الَّذِينَ فِي عَبْرِ النَّهْرِ، وَإِنْ كَانَ آلِهَةَ الأَمُورِّيِّينَ الَّذِينَ أَنْتُمْ سَاكِنُونَ فِي أَرْضِهِمْ. وَأَمَّا أَنَا وَبَيْتِي فَنَعْبُدُ الرَّبَّ." (يشوع ٢٤: ١٥).

في القصة الشهيرة عن رحلة شعب إسرائيل في البرية قديمًا ثم غزو أرض الموعد لاحقًا، نرى تحديًا محددًا قدمه القائد يشوع للشعب. وضع يشوع تحديًا أمام الناس لاختيار إلههم وبالتالي اختيار ثقافتهم ومصيرهم. قال يشوع عن حق: "وَأَمَّا أَنَا وَبَيْتِي فَنَعْبُدُ الرَّبَّ."

لم ينكر يشوع حقيقة وجود آلهة أخرى كانت لها مطالب قانونية في مناطق جغرافية ومناطق تأثير مختلفة. فقط تحدى شعب إسرائيل لاختيار مَنْ يعبده. لقد منحهم الفرصة لاختيار الآلهة المزيفة أو الإله الواحد الحقيقي.

كل يوم نواجه كمؤمنين نفس الاختيار. أي إله نعبد؟ ما هي الثقافة التي ستظهر في منزلنا؟ من أين سنصدر البرنامج الخاص بنطاق تأثيرنا؟ كيف سيظهر العالم من حولنا؟ لا يمكن لأي إنسان تجنب هذه الخيارات. يوميًا، يقرر الناس كيف سيكون العالم من حولهم. غالبًا ما تكون للآثار المتتالية للقرارات الدنيوية البسيطة تداعيات روحية لا تقل أهميةً عن اختيارات الحياة المعقدة. في الحقيقة، لا توجد خيارات لا معنى لها؛ كل شيء له بُعد روحي وكل شيء مهم.

النتيجة المحتملة للسير وراء شيء ما هي أنك قد تلحق به يومًا ما. هذه هي الطريقة التي تتشكل بها الثقافة ويتحدد مصيرها. كما يقول اللاهوتي جي. كيه. بيلي .G K. Beale في دراسته عن عبادة الأصنام: "ما نقدسه هو ما نشبهه، إما للدمار أو للاسترداد."

الثقافة ليست محايدة. انظر إلى ما قاله المسيح في متى ١٢: ٣٠. "مَنْ لَيْسَ مَعِي فَهُوَ عَلَيَّ، وَمَنْ لاَ يَجْمَعُ مَعِي فَهُوَ يُفَرِّقُ." لا يفسح المسيح المجال للحياد في سياق المعتقد والسلوك البشري. نحن نعزز باستمرار نظامًا أو آخر — إما أن نجمع في ملكوت الله أو نشتت من خلال الحياة الدنيوية.

يقدم لنا ديفيد إف. ويلز David F. Wells تعريفًا مفيدًا للعالم في كتابه God in the Wasteland (الله في القفر).[17] يقودنا ويلز إلى فهم أن الدنيوية يجب أن تُفهم على أنها كل ما تفعله أي ثقافة لتجعل الخطية تبدو طبيعية والبر غريبًا. الثقافة التي نخلقها تشكل مشهد المصير. كان النبي إرميا يشعر بالأسف بسبب عبادة الأصنام التي تبناها شعب إسرائيل حين قال: "هَلْ بَدَّلَتْ أُمَّةٌ آلِهَةً، وَهِيَ لَيْسَتْ آلِهَةً؟ أَمَّا شَعْبِي فَقَدْ بَدَّلَ مَجْدَهُ بِمَا لاَ يَنْفَعُ." (إرميا ٢: ١١).

صُممت الثقافة لتكون مجيدة لأنه كان على البشر أن يعكسوا مجد الله من خلالها. عندما ننظر إلى ثقافة أو جوانب من ثقافة بعيدة عن أن تكون مجيدة، فإننا غالبًا ما نرى باطلًا ميئوسًا منه. لقد أصبح البشر مثل الآلهة الباطلة المظلمة التي يعبدوها. كيف انتهى الأمر بالبشر في هذه الحالة؟ يصف الله من خلال النبي إرميا كيف يمكن حتى للأبرار أن ينجرفوا إلى الباطل.

"وَسَارُوا وَرَاءَ الْبَاطِلِ وَصَارُوا بَاطِلاً؟" (إرميا ٢: ٥).

---

[17] "God in the Wasteland: the Reality of Truth in a World of Fading Dreams." God in the Wasteland: the Reality of Truth in a World of Fading Dreams, by David F. Wells, W. B. Eerdmans, 1995, p. 29.

"وَذَهَبُوا وَرَاءَ مَا لاَ يَنْفَعُ." (إرميا ٢: ٨).

ما تسير نحوه ستصل إليه في النهاية. الرجاء الممنوح للبشر من خلال يسوع المسيح هو أنه من خلال الإيمان، يمكنك تغيير الاتجاه. يمكنك أن تتوب وتعود أدراجك وتسير في اتجاه آخر وتطلب الرب. معتقداتك مرنة، وبشكل افتراضي، يمكن تغيير الثقافة التي تخلقها معتقداتك. يمكن للعالم من حولك أن يشبه السماء الموجودة داخلك.

المرونة هي أحد الجوانب الرائعة لكيفية تصميم الله لنظام الثقافة. إنها مثل عمل فني حي يتم تشكيله وصياغته باستمرار بواسطة قوى فائقة للطبيعة تتجلى من خلال الموافقة والمعتقدات والممارسات البشرية. هنا تحدي الثقافة. تتعرض الثقافة لصراع مستمر بين كونها مظهرًا من مظاهر طرق الله أو مظهرًا من مظاهر النظام العالمي المزيف الذي يعلمه العدو. الثقافة ليست جامدة أبدًا لأن حالة الإنسان ليست ثابتة أبدًا. تم تصميم الثقافة بحيث يمكن تشكيلها، وهي تتغير دائمًا في اتجاه أو آخر، وتكتسب خصائص جديدة أو تنبثق منها تعريفات جديدة لما هو "معتاد". التصميم الأصلي لهذه العملية التحويلية هو أن الثقافة الطبيعية على الأرض ستشبه في النهاية الثقافة الطبيعية الموجودة في السماء. ما يراه البشر يصبح هو العالم.

لدينا جميعًا قدرة طبيعية متأصلة على التأثير. كجزء من تصميم الله السيادي، سمح لاختياراتك بأن تكون ذات أهمية وأن يستمر تأثيرك. إن الرب متحمس بشأن هويتك وكل الإمكانات التي أعطاك إياها. كأب واثق، يريد أن يرى ما ستفعله بكل ما قدمه لك. إنه يبتهج بك ومتحمس للعمل معك في الإشراف على الخليقة. والاستجابة الصحيحة لهذه الثقة الكبيرة هي أن تكون مؤثرًا مخلصًا. التأثير هو الكيفية التي سيتغير بها نطاق تأثيرك للأفضل أو للأسوأ.

الفصل ١٦
رسل نطاقات التأثير

أنت رسول إلى نطاق التأثير الخاص بك. هناك العديد من التفسيرات والتصورات المختلفة فيما يتعلق بمصطلح "الرسول" المستخدم في العهد الجديد. لكل منها مستوى من الدقة، وكلها مشتقة من دراسات وتفسيرات صحيحة. أحد الجوانب المتفق عليها بشكل عام بشأن الرسول هو أن جزءًا من وصف وظيفته في الملكوت هو أن يكون "مرسلًا". هؤلاء المرسلون مُنحوا السلطة من خلال المسيح ليخدموا كممثلين للكنيسة، لا سيما من خلال التعامل مع مناطق العالم التي لا تحتوي على كنائس.

أعتقد أن هناك فهمًا واحدًا مفيدًا بشكل خاص للقب الأصلي "رسول" apostle أو apostolos (ἀπόστολος) عندما ننظر إلى الكلمة في السياق التاريخي لزمن وجود يسوع على الأرض. لماذا اختار استخدام كلمة رسول عندما قدم وصفًا وظيفيًا لتلاميذه؟ إن كون الرسول هو شخص مرسل أمر دقيق، ولكن هناك المزيد في التعريف عند النظر إليه من خلال عدسة الإمبراطورية الرومانية التي كانت تتوسع في ذلك الوقت. بالنسبة للشخص العادي في تلك الإمبراطورية، كان لقب "الرسول" مرتبطًا باستخدامه الشائع في الثقافة. غالبًا ما كان المصطلح يُستخدم لوصف "المبعوث". ضع في اعتبارك هذا الوصف الموجز ودراسة الكلمات التي قام بها كاتب مجهول.

ابتكرت الإمبراطورية الفينيقية مفهوم الرسول واستخدمه الرومان بكثرة. عندما كان الجيش الروماني يغزو أمة جديدة، ثقافة جديدة (وهو شيء كانوا يقومون به بانتظام ملحوظ!)، كان الإمبراطور يرسل Apostolos. كان هذا هو الاسم الذي أطلق على

السفينة الرئيسية في أسطول السفن المرسلة من روما إلى الأرض الجديدة، وبشكل خاص كان اسم الشخص — شخص واحد — الذي كان يقود هذا الأسطول. كان الأسطول — والشخص الذي يقوده — يحمل تجسيدًا لروما إلى الإقليم الجديد.

"الوصف الوظيفي للرسول في الثقافة الرومانية هو بشكل عملي الأساس لعمل الرسول في الكنيسة: جلب حضارة الوطن إلى الأرض الجديدة. في أيام روما، كان الرسول يجلب نظام روما القانوني، ونظام التعليم، واللغة، والحكومة، والأنظمة المالية، والترفيه، والثقافة. كانت وظيفته هي جعل الثقافة الجديدة متلائمة مع الإمبراطورية الرومانية، لتصبح رومانية، بحيث أنه عندما يصل قيصر، يشعر بأنه في وطنه في الأرض الجديدة."

يساعدنا هذا الفهم لما كان على الرسول على فهم دورنا داخل نطاق تأثيرنا. بدلًا من محاولة ترسيخ ثقافة الإمبراطورية الرومانية في الأراضي الجديدة، نؤسس ثقافة الملكوت في الأراضي الواقعة في نطاق تأثيرنا. نحن لا نخدم قيصرًا أو كيانًا دنيويًا بل نخدم ملك الملوك ورب الأرباب. إن الحالة المادية والروحية لنطاق تأثيرنا تتأرجح صعودًا وهبوطًا باستمرار وتتطلب زراعة مستمرة حتى تصبح مبتهجة ومرحبة بحضور الله.

في نطاق تأثيرك الذي وهبه الله لك، تعمل العديد من القوى المعادية عمدًا على إحداث الفوضى في النظام البيئي الذي تديره. الخطية، والفساد، وقوى الشر، والإرادة البشرية الخاطئة، وسقوط حالة الخلق كلها عوامل تؤثر في حالة نطاق تأثيرك. تؤثر كل هذه العوامل على مقدار "التوافق" مع الملكوت الذي يمكن أن يصل إليه نطاق تأثيرك. علينا أن نفكر باستمرار في الوعد الذي منحه لنا يسوع بأنه أقوى من العالم وبأننا قادرون على أن نغلبه بسبب قوته فينا.

"أَنْتُمْ مِنَ اللهِ أَيُّهَا الأَوْلاَدُ، وَقَدْ غَلَبْتُمُوهُمْ لأَنَّ الَّذِي فِيكُمْ أَعْظَمُ مِنَ الَّذِي فِي الْعَالَمِ." (١ يوحنا ٤: ٤).

في كثير من الأحيان، عند إدارة نطاق تأثيرنا، حتى عندما يبدو أننا نفعل كل شيء بشكل صحيح، فإن الأمور تأتي بنتائج عكسية. يبدو أن هذا هو الحال عند النظر إلى العالم من حولنا وحتى داخل نطاق تأثيرنا. غالبًا ما يحدث الإحباط وخيبة الأمل إذا لم نهتم أولًا بالصلات الروحية في حديقتنا. إذا لم نتعامل مع العوامل الروحية أولًا، فعندئذٍ، في كثير من الأحيان، لا تتوافق الجوانب المادية أو الطبيعية في نطاق تأثيرنا بشكل صحيح مع ثقافة السماء أبدًا. هذه الحقيقة هي نتيجة تصميم الله الأصلي. في الملكوت، وضع الله تصميمًا بحيث يشبه الخارجي الداخلي. ما هو مرئي سيكون انعكاسًا لما هو غير مرئي. في حين أن الظروف الداخلية والخارجية لنطاق تأثيرك روحية وهامة، فإن هناك ترتيبًا للأحداث أشار إليه يسوع.

"أَيُّهَا الْفَرِّيسِيُّ الْأَعْمَى! نَقِّ أَوَّلاً دَاخِلَ الْكَأْسِ وَالصَّحْفَةِ لِكَيْ يَكُونَ خَارِجُهُمَا أَيْضًا نَقِيًّا." (متى ٢٣: ٢٦).

من أين يبدأ "التنظيف" أو "العمل" في هذه العبارة؟ يشدد يسوع على أن الداخلي يأتي أولًا، وبمجرد أن "يُنَظَّف" فإن ما هو خارجي سوف يصبح متوافقًا معه.

لو كانت السماء في داخلك حقًا، فلا يوجد ما يمنعك من جعل ما حولك "سماويًا". لا تشعر بالإحباط عندما يبدو أنك لا تستطيع إحراز تقدم في الجانب الخارجي لنطاق تأثيرك. استخدم الإحباط والقلق اللذين تشعر بهما للنظر داخل الكأس ومعرفة ما يجب عليك فعله لتصبح أكثر شبهًا بالمسيح. لا يمكنك أن تدخل الجميع إلى السماء، ولكن يمكنك أن تدخل السماء إلى كل مَنْ تؤثر فيهم. تذكَّر أن الأمر يبدأ بعلاقتك مع الله. تحتاج أولًا إلى غرس الثقافة الصحيحة للعلاقة والعبادة فيما يتعلق بأبيك السماوي قبل أن تحاول غرس ذلك في العالم من حولك.

تذكَّر أنك رسول ثقافي حقًا، وقد أرسلك الله إلى نطاق تأثيرك كمبعوث لثقافة السماء. إذا نجحت في تنفيذ التكليف الأصلي، فسوف تجلب حضارة الوطن إلى الأرض الجديدة

التي هي في أشد الاحتياج لذلك. بمجرد أن يختبر الناس الملكوت، فإنهم يريدون مقابلة الملك.

اعمل على تقييم الحالة الداخلية لنطاق تأثيرك كل يوم واسأل هذا السؤال: "يا رب، هل تشعر بالترحيب والراحة عندما نمكث معًا في جنة عدن التي منحتني إياها؟" تتمثل مهمتك وامتيازك في إدارة نطاق تأثيرك بطريقة تجعل يسوع يشعر بالراحة عندما يصل يسوع إلى حديقتك. فجأةً، قد تدرك أن الأشياء على الأرض كما هي في السماء.

مُصَمَم ومُخَصَص

قام الله بتصميم نطاق تأثير مثالي وخصصه لك. حديقتك بحاجة إليك لأنها بحاجة إلى حضور الله. أنت قناة يصل حضور الله من خلالها.

في البداية، كان تصميم الله هو أن يكون النظام المخلوق "على الأرض كما في السماء". أيًّا كانت السماء، فهي بيئة يجمع فيها الله الآب أبناءه، ويمكث البشر مع خالقهم. في المناقشة المتعلقة بما كان يجري بالفعل في جنة عدن، كان التصميم الأصلي هو العلاقة. كان نموذج العلاقة الخالية من العوائق بين الخالق والخليقة هو جوهر خطة الله. تأسس التكليف الأصلي الذي أعطى هدفًا وإرشادًا للبشر على الفرضية القائلة بأنهم سيعيشون في وئام تام مع الله ويخلقون مناخًا من العبادة في بيئتهم. كان هذا المناخ من العلاقة والعبادة الصحيحة هو ما كان على آدم أن يزرعه ليس فقط في جنة عدن ولكن في أجزاء الخليقة التي كان لا يزال يتعين إخضاعها. العبادة هي استجابة الارتباط بالله ودليل العلاقة الصحيحة بين الخالق والمخلوق.

كانت جنة عدن هي نقطة الاتصال الأولية بين السماء والأرض. كان هذا هو المكان الذي كانت مملكة السماء تتدفق منه والذي تتطلع كل الخليقة إليه. هذا هو المكان الذي نرى فيه أن ثقافة العلاقة المستمرة مع شعبه كانت تصميم الله الأصلي. كان هذا هو الهيكل الأصلي، أو "هيكل الحديقة" كما يقول عالم اللاهوت جي. كيه.

بيلي G.K. Beale في كتابه الرائع The Temple and the Church's Mission (الهيكل ورسالة الكنيسة).

"إن كون جنة عدن كانت أول مساحة مقدسة حقيقة تتم الإشارة إليها أيضًا من خلال ملاحظة أن هيكل سليمان قد تم وصفه بالصور النباتية والشجرية التي أعطته مظهرًا يشبه الحديقة." (جي. كيه. بيلي G.K. Beale)(١٨)

لقد قدم ما كان يحدث في جنة عدن نقطة مرجعية وجهت سردًا متكررًا عبر أجزاء الكتاب المقدس وتُوجت بانتصار المسيح النهائي على الصليب. بينما نستكشف هذه اللحظات الحاسمة في التاريخ الروحي، سوف ندرك أعماقًا وأبعادًا جديدة للانتصار الذي حققه المسيح. أكّد موته وقيامته من جديد تصميم الله الأصلي ومنحانا القدرة على تنفيذ التكليف الأصلي في النهاية.

"وَلَمَّا سَأَلَهُ الْفَرِّيسِيُّونَ: ›مَتَى يَأْتِي مَلَكُوتُ اللهِ؟‹ أَجَابَهُمْ وَقَالَ: ›لاَ يَأْتِي مَلَكُوتُ اللهِ بِمُرَاقَبَةٍ، وَلاَ يَقُولُونَ: ‹هُوَذَا هَهُنَا›، أَوْ: ‹هُوَذَا هُنَاكَ!› لأَنْ هَا مَلَكُوتُ اللهِ دَاخِلَكُمْ‹" (لوقا ٧١: ٠٢−١٢).

كان آدم ينمي العلاقة بين جنة عدن وبين السماء من خلال الإشراف على حضور الله. اليوم، يعمل الشخص المؤثر في الملكوت كقناة تمكّن السماء من لمس الأرض. إن الهدف هو أن يتدفق وجود الله وكل ما ينشأ فيه من خلالك إلى العالم من حولك. يوضح يسوع أن ملكوت الله في داخلك، وأنه يؤثر على الواقع المحيط بك.

---

[18] G. K. Beale, The Temple and the Church's Mission, page 71.

الفصل ١٧
التكليف وإعادة التكليف

لم يستثمر الله بشكل كبير في التصميم الأصلي للخليقة فحسب، بل هو مستمر في التنفيذ أيضًا. يقدم الكتاب المقدس وصفًا لتكليف وإعادة تكليف الأشخاص المؤثرين الذين أقامهم الله على مر التاريخ. هناك العديد من صانعي التاريخ الموجودين في جميع أجزاء الخط الزمني الكتابي والتاريخي والذين يُعتبر من المفيد الحديث عنهم. عندما لا نعرف من أين أتينا، يكون من الصعب أن نعرف أين نحن. حيث انتهى بنا المطاف في مسار التاريخ الروحي هو إنجاز رائع لخطط الله ومقاصده الأصلية.

لفهم كيف انتهى بك الأمر بهذه المهمة الخاصة بإدارة نطاق تأثيرك، نحتاج إلى أن نعود لنبدأ من البداية.

نتذكر أن الله أعطى آدم وحواء التكليف الأصلي في جنة عدن. بعد أن أخطأ البشر ولُعنت الخليقة، أعلن الله خطة فداء تمتد من آدم إليك.

"وَبَارَكَهُمُ اللهُ وَقَالَ لَهُمْ: أَثْمِرُوا وَاكْثُرُوا وَامْلَأُوا الأَرْضَ، وَأَخْضِعُوهَا، وَتَسَلَّطُوا عَلَى سَمَكِ الْبَحْرِ وَعَلَى طَيْرِ السَّمَاءِ وَعَلَى كُلِّ حَيَوَانٍ يَدِبُّ عَلَى الأَرْضِ." (تكوين ١: ٢٨).

يستمر الأمر من آدم فصاعدًا. "أَثْمِرُوا وَاكْثُرُوا وَامْلَأُوا الأَرْضَ، وَأَخْضِعُوهَا." لقد كان الله دائمًا ملتزمًا بالاتصال بخليقته وقد اختار دائمًا أن يفعل ذلك من خلال البشر. على الرغم من فشل آدم وحواء في البداية في تنفيذ التكليف الأصلي، إلا أن

الله حافظ على مقاصده بطردهما من الجنة. على ما يبدو، لم يكونا قد غادرا الجنة بعد لتنفيذ تكليفهما. حتى عندما تم إبعادهما عن الجنة، فإن هذا وضعهما في مسار خلاصي للاعتناء بالخليقة. وبطريقة لا يستطيع أن يرتبها سوى الله وحده، نرى أن ما يمكن النظر إليه بسهولة على أنه عقاب تبين أنه طريق للطاعة. في الملكوت، يهدف تأديب الله في حياتنا إلى أن يقودنا إلى مصيرنا.

نوح

أُعطي نوح التكليف الأصلي الذي أُعطي لآدم. في تكوين ٩، نرى أن تصميم الله الأصلي والتكليف الذي أعطاه لآدم قد أعيد ذكرهما لنوح بعد الطوفان. يقول الله في (تكوين ٩: ١) "وَبَارَكَ اللهُ نُوحًا وَبَنِيهِ وَقَالَ لَهُمْ: أَثْمِرُوا وَاكْثُرُوا وَامْلَأُوا الأَرْضَ.".

في (تكوين ٩: ٧)، يكرر الرب هذه الوصية قائلًا: "فَأَثْمِرُوا أَنْتُمْ وَاكْثُرُوا وَتَوَالَدُوا فِي الأَرْضِ وَتَكَاثَرُوا فِيهَا." تقول إحدى ترجمات هذه الآية: "تكاثروا في الأرض!"

يوضح الرب وجهة نظره مرة أخرى في (تكوين ٩: ٨) عن طريق إخبار نوح وعائلته بوضوح أنه يعيد تأسيس عهده الأصلي مع البشر. تقول الآيتان ٨ و٩: "وَكَلَّمَ اللهُ نُوحًا وَبَنِيهِ مَعَهُ قَائِلاً: وَهَا أَنَا مُقِيمٌ مِيثَاقِي مَعَكُمْ وَمَعَ نَسْلِكُمْ مِنْ بَعْدِكُمْ."

أوضح الله أن تفويضه وتصميمه الأصليين لا يزالان قائمين. قصد الله من خلال نوح وعائلته أن يتكاثر البشر وينتشروا ويخضعوا الأرض.

برج بابل

بعد نوح، وصلنا إلى برج بابل. مرة أخرى، نرى أن البشر مدركون تمامًا لأمر الله بالانتشار وملء الأرض، لكنهم يتمردون ويرفضون التفويض الذي أُعطي لنوح. على غرار آدم، لم يرغبوا في ترك جنتهم للانتشار في الأرض وإخضاعها. فتدخل الله مرة أخرى وأدَّبهم حتى يصلوا إلى مصيرهم.

"وَكَانَتِ الأَرْضُ كُلُّهَا لِسَانًا وَاحِدًا وَلُغَةً وَاحِدَةً. وَحَدَثَ فِي ارْتِحَالِهِمْ شَرْقًا أَنَّهُمْ وَجَدُوا بُقْعَةً فِي أَرْضِ شِنْعَارَ وَسَكَنُوا هُنَاكَ. وَقَالَ بَعْضُهُمْ لِبَعْضٍ: هَلُمَّ نَصْنَعُ لِبْنًا وَنَشْوِيهِ شَيًّا. فَكَانَ لَهُمُ اللِّبْنُ مَكَانَ الْحَجَرِ، وَكَانَ لَهُمُ الْحُمَرُ مَكَانَ الطِّينِ. وَقَالُوا: هَلُمَّ نَبْنِ لأَنْفُسِنَا مَدِينَةً وَبُرْجًا رَأْسُهُ بِالسَّمَاءِ. وَنَصْنَعْ لأَنْفُسِنَا اسْمًا لِئَلاَّ نَتَبَدَّدَ عَلَى وَجْهِ كُلِّ الأَرْضِ." (تكوين ١١: ١–٤).

أحد الدروس العميقة الموضحة في قصة بابل هو أن طبيعة الإنسان، ونية (أو ميول) قلب الإنسان شريرة منذ صباه. انظر (تكوين ٨: ٢١). يكمن في طبيعتنا الإدراك العميق بأننا خُلقنا على صورة الله وأن هويتنا الحقيقية توجد في محضر أبينا الذي خُلقنا على صورته. إن خطية أهل بابل تشبه إلى حد كبير خطية الشيطان. ينقل (إشعياء ١٤: ١٣–١٤) عن الشيطان قوله: "أَصْعَدُ إِلَى السَّمَاوَاتِ. أَرْفَعُ كُرْسِيِّي فَوْقَ كَوَاكِبِ اللهِ، وَأَجْلِسُ عَلَى جَبَلِ الاجْتِمَاعِ فِي أَقَاصِي الشَّمَالِ. أَصْعَدُ فَوْقَ مُرْتَفَعَاتِ السَّحَابِ. أَصِيرُ مِثْلَ الْعَلِيِّ."

كان الشيطان هو الذي قال: "أَصْعَدُ إِلَى السَّمَاوَاتِ." مع مَنْ كان أهل بابل متحالفين في اعتقادك؟ كان عهد الله وتفويضه وأمره للبشر هي: "أَثْمِرُوا وَاكْثُرُوا وَامْلأُوا الأَرْضَ، وَأَخْضِعُوهَا." كان هدف الشيطان هو الوصول إلى الأعلى ومحاولة إخضاع السماء وجعل نفسه مثل "الْعَلِيِّ". لذلك انحاز شعب بابل إلى مخططات عدو الله الباطلة وحاولوا الصعود إلى السماء عبر برج عملاق. في تمردهم وإرادتهم الذاتية، تخيلوا أنهم سيكونون قادرين على فعل الأشياء على طريقتهم. كان هدفهم هو البقاء معًا في أرض شنعار وتجنب مخطط الله الأصلي للانتشار وملء الأرض.

أراد كل من الشيطان وأهل بابل الوصول إلى السماء بشروطهم وبقوتهم. لقد أرادوا أن يفعلوا الأشياء بطريقتهم في عالم الله. كان هذا مسعى نتج عن التمرد والإرادة الذاتية. قال شعب بابل: "إننا بحاجة لأن نصل إلى السماء بمفردنا وأن نصنع اسمًا لأنفسنا لِئَلاَّ

نَتَبَدَّدَ عَلَى وَجْهِ كُلِّ الأَرْضِ."

لم يكن التمرد في بابل متوافقًا مع أهداف الشيطان فحسب، بل أظهر أيضًا فهمًا خاطئًا تمامًا لتصميم الله الأصلي فيما يخص كيفية اختياره للتواصل مع الإنسان. أظهر الله نفسه في جنة عدن على أنه "الإله الذي ينزل". كان ينزل ويلتقي بآدم. مرة أخرى، نرى الله في هذا السيناريو في بابل يظهر نفسه على أنه الإله الذي ينزل ويلتقي بالإنسان.

"فَنَزَلَ الرَّبُّ لِيَنْظُرَ الْمَدِينَةَ وَالْبُرْجَ اللَّذَيْنِ كَانَ بَنُو آدَمَ يَبْنُونَهُمَا. وَقَالَ الرَّبُّ: هُوَذَا شَعْبٌ وَاحِدٌ وَلِسَانٌ وَاحِدٌ لِجَمِيعِهِمْ، وَهَذَا ابْتِدَاؤُهُمْ بِالْعَمَلِ. وَالآنَ لاَ يَمْتَنِعُ عَلَيْهِمْ كُلُّ مَا يَنْوُونَ أَنْ يَعْمَلُوهُ. هَلُمَّ نَنْزِلْ وَنُبَلْبِلْ هُنَاكَ لِسَانَهُمْ حَتَّى لاَ يَسْمَعَ بَعْضُهُمْ لِسَانَ بَعْضٍ. فَبَدَّدَهُمُ الرَّبُّ مِنْ هُنَاكَ عَلَى وَجْهِ كُلِّ الأَرْضِ، فَكَفُّوا عَنْ بُنْيَانِ الْمَدِينَةِ، لِذَلِكَ دُعِيَ اسْمُهَا ﴿بَابِلَ﴾ لأَنَّ الرَّبَّ هُنَاكَ بَلْبَلَ لِسَانَ كُلِّ الأَرْضِ. وَمِنْ هُنَاكَ بَدَّدَهُمُ الرَّبُّ عَلَى وَجْهِ كُلِّ الأَرْضِ." (تكوين ١١: ٥- ٩).

الفرص الثانية

الملاحظة الجانبية المثيرة للاهتمام على التكليف الأصلي هي التأكيد المتكرر على "التبدد على وجه كل الأرض". تستحضر كلمة "بَدَّدَهُمْ" صورة ذهنية لمزارع يرمي حفنة من البذور في حقله. يبدو أن الكلمة تحمل فكرة الإجبار والتشتيت القسري. في سياق تصميم الله الأصلي الخلاصي للإنسان، وُضعت المبادرة على عاتق آدم لـ "الانتشار" و"ملء الأرض". لقد أُعطيت للبشر لكي يطيعوا، لكن عندما استمروا في المقاومة والتمرد، تبددوا وأجبروا على ملء الأرض.

سيحقق الله إرادته في النهاية، لكن غالبًا ما يُنظر إلى شراكة البشر وتعاونهم في الكتاب المقدس على أنهما متغير. لو كان البشر قد أطاعوا الله عن طيب خاطر وشاركوا معه عن طريق الانتشار في الأرض وملئها وإخضاعها، فهل كان سيوجد تشتيت وبلبلة

للألسنة في بابل؟ خيار الطاعة يجلب البركة بينما يتم التقويم من خلال التأديب. اختار البشر خيار التقويم من خلال تمردهم. منذ هذه اللحظة المحورية في التاريخ الروحي، نرى ظهور ما يُعرف تقنيًا باسم "المجموعات العرقية–اللغوية" أو المجموعات العرقية. على الرغم من أنه قبل التشتت في بابل، كانت هناك إشارات قليلة إلى مجموعات عرقية–لغوية أخرى متميزة، فإنه يبدو أنها لم تكن القاعدة. يذكر الكتاب المقدس بوضوح في (تكوين ١١: ٦) "... هُوَذَا شَعْبٌ وَاحِدٌ وَلِسَانٌ وَاحِدٌ لِجَمِيعِهِمْ." تم تحديد الحالة العامة للبشر من خلال الهوية واللغة الموحدتين. ويشير الكتاب المقدس أيضًا إلى أنهم اتحدوا أيضًا في تمردهم على الله.

البؤس الرحيم

يؤدبنا الرب حتى نصل إلى مصيرنا. تشكلت اللغات والمجموعات العرقية من هذا التأديب الجماعي في بابل. لم يكن الله مصممًا فقط أن ينفذ الإنسان تكليفه الأصلي بالانتشار وملء الأرض، لكنه كان يفكر أيضًا في البركة والمصالحة. يبدو أن التشتيت الذي فرضه الله في بابل كان شكلًا من أشكال العقاب للوهلة الأولى، لكنه في الواقع خلاصي في غرضه النهائي. نرى هذا في كتابات بولس الرسول.

في (أعمال الرسل ١٧: ٢٦-٢٧)، قال بولس، بينما كان يكرز في أريوس باغوس في أثينا: "وَصَنَعَ مِنْ دَمٍ وَاحِدٍ كُلَّ أُمَّةٍ مِنَ النَّاسِ يَسْكُنُونَ عَلَى كُلِّ وَجْهِ الأَرْضِ، وَحَتَمَ بِالأَوْقَاتِ الْمُعَيَّنَةِ وَبِحُدُودِ مَسْكَنِهِمْ، لِكَيْ يَطْلُبُوا اللهَ لَعَلَّهُمْ يَتَلَمَّسُونَهُ فَيَجِدُوهُ، مَعَ أَنَّهُ عَنْ كُلِّ وَاحِدٍ مِنَّا لَيْسَ بَعِيدًا."

عبَّر بولس بلطف عن مقاصد الله الخلاصية عندما تحدث مع شعب أثينا عن تصميمهم الأصلي ومقاصد الله. النتيجة الخلاصية الأولى التي تم التعبير عنها في هذا الحوار هي أن الله خلق البشر في النهاية "عَلَى كُلِّ وَجْهِ الأَرْضِ"، لينتشروا ويملأوا الأرض. كان الهدف الخلاصي الثاني وراء تشتت الأمم أو الأعراق ethne هو أن تتاح

لهم الفرصة، الفرصة الحقيقية، للبحث عن المصالحة والعلاقة مع خالقهم.

في قصة بابل، لاحظ الله أنهم لو استمروا كـ "شَعْبٌ وَاحِدٌ وَلِسَانٌ وَاحِدٌ"، فإن البشر سوف يتحدون في التمرد وإرادة الذات ضد الرب. من خلال تنويعهم وتشتيتهم لملء الأرض، قام الله في الواقع بإيقاف تمردهم الموحد وأنقذهم من الدينونة. ما قد يبدو شكلًا من أشكال الدينونة أصبح في الواقع تأديبًا رحيمًا. لقد طبَّق الله إستراتيجية "فرق تسد" القديمة، ليس بالمعنى العسكري ولكن بهدف هزيمة قلب البشرية من خلال المحبة. بالحكمة الإلهية لتأدييه، جعل الرب البشر بائسين ويائسين بشكل أساسي عن طريق تقسيمهم إلى أمم.

كان الغرض من هذا النظام هو أن يكونوا بائسين لدرجة أن "يَطْلُبُوا اللهَ" وأن يحصلوا على الدافع لكي "يَتَلَمَّسُونَهُ فَيَجِدُوهُ". هدف الرب دائمًا هو استعادة العلاقة مع الإنسان. من خلال تكوين وتشتيت الأعراق أو الأمم، وضع الله الإنسان في أفضل طريق ممكن للتصالح معه.

في بابل، وجد الله البشر متوافقين مع مبتدع التمرد، الشيطان. تمامًا مثل "إلههم" الجديد، يعمل البشر لمحاولة خلق خلاصهم. إنهم يحاولون الصعود إلى السماء بوسائلهم الخاصة. الشيطان يريد دائمًا أن يصعد؛ الله دائمًا يتضع وينزل. بشكل مأساوي، عندما يتوافق البشر مع النظام العالمي، نرى محاولة مستمرة من خلال جهودنا الخاصة لكي "نصير مثل العلي". مثل شعب بابل، نحاول الوصول إلى السماء بشروطنا، وخلق خلاصنا. في النهاية، هذا هو الخداع الذي يقوم عليه كل دين باطل. يتطلب كل مظهر من مظاهر مملكة الظلمة من الإنسان "القيام" بشيء ما أو دفع "تكلفة" لكي يخلص نفسه أو ينشئ هويته الخاصة. حتى الإنسانية، الدين المفضل للعالم المتقدم، تتطلب منك تحقيق الخلاص من خلال الجهد البشري لتكون إله نفسك. كل إله شيطاني في قلب كل دين باطل يؤسس نظامًا يتطلب جهدًا بشريًا ويفرض تكلفة بشرية.

هناك شعور حقيقي بالأبدية متأصل في كل شخص. يتوق كل قلب بشري إلى المعنى والغفران والقداسة والسلام والأمل والسماء والهدف والانتماء. دائمًا ما تفرض أنظمة الشيطان ثمنًا وتطلب العبادة. يدفع الإله الحقيقي الثمن دائمًا وينزل ليدعوك لتصعد. عندما نقابله حقًا نريد أن نمنحه كل شيء. هو يدعوك لعلاقة رائعة تلبي كل الاحتياجات وتجيب على كل الأسئلة الموجودة في قلب البشر. يقول العدو: "افعل هذا، ضح بذلك، قدم هذه، تسلق هذا الجبل، ثم ربما سأفعل هذا من أجلك." تقود مطالب مملكة الظلمة إلى نير العبودية، لكن عطية المسيح المجانية تحرر الأسير.

اتضع يسوع نفسه وصار إنسانًا. لقد وضع إلوهيته جانبًا من أجل استعادة المفاتيح (السلطة والوصول) إلى كل الخليقة. جاء كآدم الثاني ليخلص ما فقده آدم الأول.

صلى يسوع قائلًا: "لِيَأْتِ مَلَكُوتُكَ. لِتَكُنْ مَشِيئَتُكَ كَمَا فِي السَّمَاءِ كَذلِكَ عَلَى الأَرْضِ." التركيز والهدف اللذان يجب أن يعرِّفانا الآن هما تنفيذ ما جاء في الصلاة الربانية. لو أننا فعالون في التعبير عن ملكوته وإرادته على الأرض، فإن النتيجة الإلهية ستكون أن البشر سيذهبون إلى السماء. إن طبيعة تفاعل الله مع البشر متأصلة في الصلاة الربانية. الله ينزل حتى نتمكن من الصعود.

نزل يسوع لكي نصعد. في (يوحنا ٦: ٥١) يقول يسوع: "أَنَا هُوَ الخُبْزُ الحَيُّ الَّذِي نَزَلَ مِنَ السَّمَاءِ. إِنْ أَكَلَ أَحَدٌ مِنْ هذَا الخُبْزِ يَحْيَا إِلَى الأَبَدِ..... " (التأكيد مضاف).

في (مزمور ١٨: ٦-٩)، نرى كيف يستجيب الرب عندما يصرخ الملك داود إلى الرب في وقت ضيقه.

"فِي ضِيقِي دَعَوْتُ الرَّبَّ، وَإِلَى إِلهِي صَرَخْتُ، فَسَمِعَ مِنْ هَيْكَلِهِ صَوْتِي، وَصُرَاخِي قُدَّامَهُ دَخَلَ أُذُنَيْهِ. فَارْتَجَّتِ الأَرْضُ وَارْتَعَشَتْ، أُسُسُ الجِبَالِ ارْتَعَدَتْ وَارْتَجَّتْ لأَنَّهُ غَضِبَ. صَعِدَ دُخَانٌ مِنْ أَنْفِهِ، وَنَارٌ مِنْ فَمِهِ أَكَلَتْ. جَمْرٌ اشْتَعَلَتْ مِنْهُ. طَأْطَأَ السَّمَاوَاتِ

وَنَزَلَ، وَضَبَابٌ تَحْتَ رِجْلَيْهِ."

عندما صرخ داود إلى الرب، "طأطأ الله السموات." إنه الإله الذي ينزل! إن القوة التي تتجلى من خلال التواضع هي طبيعة ملكوت الله. تُعرَّف الوداعة في ملكوت الله بأنها "القوة تحت السيطرة". في ملكوت الله، القوي يخدم الضعيف، في مملكة هذا العالم (وكل دين باطل) الضعيف يخدم القوي.

بينما نريد أن يشعر الملك بالراحة عندما يزور نطاق تأثيرنا، فإن واقع عالمنا الساقط هو أنه لا يمكنك التحكم في جميع الخيارات والعوامل التي تؤثر على حالة نطاق تأثيرنا، ولكن يمكنك التأثير عليها. يمكنك "امتلاك" نطاق تأثيرك كحارس أو مراقب روحي. الثقافة التي تعمل في نطاق تأثيرك منشأها روحي وهي مستدامة روحيًا. تمكِّنك السلطة المفوضة لك من المشاركة في كتابة نظام التشغيل الروحي الذي يعمل في نطاق تأثيرك. إذا كنت تدير نطاق تأثيرك روحيًا، فسيتم كبح جماح الكثير من الفوضى الخارجية أو الطبيعية في عالمك. يمكِّنك هذا الفهم من العمل كحاكم وخادم. تتطلب منك إدارة نطاق تأثيرك أن تحكم روحيًا وأن تخدم بشكل طبيعي.

إعادة الاتصال

بعد نوح بعدة أجيال، وبعد التشتت الكبير في برج بابل، اختار الله سليل نوح الكوشي ليصبح نقطة الاتصال التالية بين السماء والأرض. كان أبرام شيخًا اختاره الله ليكون "أَبًا لِجُمْهُورٍ مِنَ الأُمَمِ" مثلما يصرح الكتاب المقدس. من خلال مسار علاقة أبرام بالله، حصل على اسم جديد، إبراهيم، وحصل على التكليف مرة أخرى. أمر الله إبراهيم بالخروج وتقديم البركة لجميع مجموعات البشر على الأرض.

(تكوين ١٢: ١-٣) يقول: "وَقَالَ الرَّبُّ لأَبْرَامَ: اذْهَبْ مِنْ أَرْضِكَ وَمِنْ عَشِيرَتِكَ وَمِنْ بَيْتِ أَبِيكَ إِلَى الأَرْضِ الَّتِي أُرِيكَ. فَأَجْعَلَكَ أُمَّةً عَظِيمَةً وَأُبَارِكَكَ وَأُعَظِّمَ اسْمَكَ،

وَتَكُونَ بَرَكَةً. وَأُبَارِكُ مُبَارِكِيكَ، وَلاَعِنَكَ أَلْعَنُهُ. وَتَتَبَارَكُ فِيكَ جَمِيعُ قَبَائِلِ الأَرْضِ."

جوهر التكليف الأصلي

هذا هو كشف الله عن قصده الأعمق من التكليف الأصلي. قصد الله إعادة الاتصال بخليقته، ولكي يفعل ذلك، وعد إبراهيم بأن تتبارك فيه جميع الأمم. يتم التأكيد من جديد على الغرض من التكليف الأصلي باعتباره الاتصال، الاتصال بين السماء والأرض، من خلال نقطة اتصال يمثلها رجل اسمه إبراهيم. أصبح إبراهيم جنة جديدة يسكنها شخص واحد من خلالها يستطيع الله وضع بصمة السماء على أركان الأرض المظلمة. وعد الله إبراهيم بأنه سينتج "أمة السماء" — إسرائيل. حمل إبراهيم ونسله نفس التكليف الأصلي بالتكاثر، وملء الأرض، وإخضاعها.

كان القصد من الانتشار والإخضاع من خلال العمل، أي الزراعة والعبادة والاتصال، هو جلب البركة لجميع جوانب الخليقة. ما هي البركة التي تم التنبؤ بها لإبراهيم؟ قيل له: "وَيَتَبَارَكُ فِي نَسْلِكَ جَمِيعُ أُمَمِ الأَرْضِ". من خلال نسل إبراهيم، سيأتي يسوع المسيح، وستكون بركة الخلاص الشخصي متاحة لجميع الذين يتوبون ويقبلون ملكوته. يعيد الرسول بولس النظر في التكليف الذي أعطاه الله لإبراهيم ويوضح بالضبط ما هي "البركة" التي ستأتي من خلاله.

"وَالْكِتَابُ إِذْ سَبَقَ فَرَأَى أَنَّ اللهَ بِالإِيمَانِ يُبَرِّرُ الأُمَمَ، سَبَقَ فَبَشَّرَ إِبْرَاهِيمَ أَنْ فِيكَ تَتَبَارَكُ جَمِيعُ الأُمَمِ." (غلاطية ٣: ٨).

نزل الله إلى إبراهيم ليبدأ عملية إعادة الاتصال بالبشر. كان الإنجيل أو "الخبر السار" هو الوعد بتصميم الله للمصالحة والغفران والاسترداد. تشير الكثير من نصوص العهد القديم إلى مجيء المسيا، المخلص والملك الآتي. أكد النبي إشعياء مجددًا بشارة البركة وطبيعة ملكوت الله الآتي عندما تنبأ في (إشعياء ٩: ٦-٧) قائلًا: "لأَنَّهُ يُولَدُ لَنَا وَلَدٌ

وَنُعْطَى ابْنًا، وَتَكُونُ الرِّيَاسَةُ عَلَى كَتِفِهِ، وَيُدْعَى اسْمُهُ عَجِيبًا، مُشِيرًا، إِلَهًا قَدِيرًا، أَبًا أَبَدِيًّا، رَئِيسَ السَّلَامِ. لِنُمُوّ رِيَاسَتِهِ، وَلِلسَّلَامِ لاَ نِهَايَةَ."

تجلى الاتصال الذي أقامه الله من خلال علاقته بإبراهيم ووعوده له في أمة إسرائيل بعد ذلك. جاء شعب إسرائيل من نسل إبراهيم، وكانوا يحملون نفس التفويض الذي حصل عليه إبراهيم. أصبح الهيكل وخيمة الاجتماع بمثابة القناة الجديدة التي يربط حضور الله من خلالها بين السماء والأرض. ظهرت أمة إسرائيل كجنة جديدة. لقد تباركوا بحضور الله وحملوا تكليفًا بنشر تلك البركة في جميع الأمم.

تذكَّر أن البركة التي وعد بها الله إبراهيم هي إعادة الاتصال والعلاقة بين الله والإنسان. في الكتاب المقدس، غالبًا ما تظهر علاقة الله بإسرائيل من خلال خيمة أو هيكل يشبه بشكل مثير للاهتمام جنة عدن والتي كان يحاكيها في تصميمه. اختار الله إقامة كل من خيمة الاجتماع والهيكل في إسرائيل كمكان يسكن فيه مجده.

مثلما كانت جنة عدن نقطة اتصال مركزية بالله، كانت في خيمة الاجتماع والهيكل نقطة اتصال مركزية و"محمية". كانت الغرفة الداخلية تسمى "قدس الأقداس". خارج هذا المكان كان "القدس"، وخلف القدس كانت هناك "الدار الخارجية" أو "دار الأمم". من خلال مخطط البناء المتكرر هذا، يوجهنا الله إلى بداية التصميم الأصلي. حملت جنة عدن والهيكل بصمة السماء المميَّزة والتي ترشدنا بشأن الواقع الحالي للملكوت على الأرض.

الفصل ١٨

بصمة السماء

"وَغَرَسَ الرَّبُّ الإِلهُ جَنَّةً في عَدْنٍ شَرْقًا، وَوَضَعَ هُنَاكَ آدَمَ الَّذِي جَبَلَهُ." (تكوين ٢: ٨).

كان هناك نموذج مكون من ثلاثة أجزاء جرى تصويره بوضوح في التصميم الأصلي للخليقة: الأرض، وعدن، والجنة. لاحقًا في الكتاب المقدس، نرى أن الجنة أصبحت نموذجًا لهياكل إسرائيل. تم تصميم كل من الحديقة والهياكل التي تلتها كأماكن تلتقي فيها السماء والأرض.

كانت الهياكل وأماكن خيمة الاجتماع التي نراها في تاريخ إسرائيل بمثابة بصمات للسماء على صفحة الأرض. في قصة بناء الهيكل الأول في إسرائيل، هناك أوصاف رائعة تجعل الهيكل متوائمًا مع جذوره في جنة عدن. نقرأ في (ملوك الأول ٦: ٣٢)، "وَالْمِصْرَاعَانِ مِنْ خَشَبِ الزَّيْتُونِ. وَرَسَمَ عَلَيْهِمَا نَقْشَ كَرُوبِيمَ وَنَخِيلٍ وَبَرَاعِمِ زُهُورٍ، وَغَشَّاهُمَا بِذَهَبٍ، وَرَصَّعَ الْكَرُوبِيمَ وَالنَّخِيلَ بِذَهَبٍ."

هناك إشارات متكررة في النحت إلى الكروبيم والنخيل والزهور وكميات وفيرة من الذهب والمجوهرات. تم ذكر كل هذه العناصر في سفر التكوين باعتبارها موجودة في الجنة وحولها وفي عدن أيضًا.

يقول سفر (الملوك الأول ٧: ٤٢) إن الرمان كان من أهم معالم تاريخ الجنة، وقد ظهر بشكل بارز كزينة في الهيكل!

لا يمكن لأي هيكل مادي "احتواء" الله، ولكن جزءًا من تصميمه الأصلي هو إنشاء

نقاط اتصال مع شعبه يمكنه من خلالها إدارة الخليقة بشكل تعاوني. يبدأ الاتصال دائمًا بغرس حديقة — بيئة مقيَّدة من النظام والعلاقة مع خليقته. قد يعتقد المرء أنه بما أن الله كلي الوجود، فلن تكون لديه حاجة لنقطة اتصال معينة في العالم المادي. لكن البشر بحاجة إلى نقطة مرجعية. سواء نجم الشمال للملاحة أو الحديقة كنقطة مرجعية، فنحن بحاجة إلى المساعدة ليس فقط من أجل التنقل جغرافيًا، ولكننا نحتاج أيضًا إلى المساعدة من أجل العثور على الله.

يجعل الله نفسه متاحًا بسهولة للشخص الذي يبحث عنه.

استخدم الله نقاط الاتصال المحددة هذه ليكون متاحًا وليخلق تباينًا بين المكان الذي يسكنه مجده والعالم الساقط من حولنا. لابد أن التناقض بين حالة جنة عدن المزروعة بجو العبادة المتواصلة والخليقة التي تتم إدارتها فيها بشكل مثالي وبين العالم خارج الحديقة كان ملحوظًا. كانت جنة عدن مُرتبة بشكل جميل، في حين لم يكن العالم خارجها كذلك. تم إخضاع جنة عدن من خلال الزراعة، لكن هذا لم يحدث بالنسبة للعالم خارجها. كانت جنة عدن تضم البشر، وكان العالم خارجها في انتظار أن يتكاثر نسل آدم ويملأوا الأرض. وبالمثل، كانت حالة قدس الأقداس داخل خيمة الاجتماع ثم الهيكل مختلفة عن العالم الخارجي. في نقاط الاتصال المحددة جغرافيًا، كانت هناك "جنة" إذا جاز التعبير، اختار مجد الله أن يسكن فيها ويتفاعل مع البشر.

يوجد ارتباط مثير للاهتمام في الأسفار المقدسة فيما يتعلق بحضور الله الظاهر في الهيكل ووجود الله في الجنة. وقد علق عالم اللاهوت جي. كيه. بيلي G. K. Beale على هذا قائلًا: "كان هيكل إسرائيل هو المكان الذي اختبر فيه الكاهن حضور الله الفريد، وكانت عدن المكان الذي سار فيه آدم وتحدث مع الله. نفس الصيغة اللفظية العبرية mithallek والمستخدمة لوصف الله "مَاشِيًا" في الجنة (تكوين ٣: ٨) تصف أيضًا حضور الله في خيمة الاجتماع (لاويين ٢٦: ١٢؛ تثنية ٢٣: ١٤ [١٥]؛ ٢ صموئيل ٧: ٦–٧)".[19]

---

[19] G. K. Beale, The Temple and the Church's Mission, p. 66.

في الملكوت، تبدأ نقاط الاتصال دائمًا في الحديقة، ولكن ليس الهدف أبدًا هو احتواؤها. إن طبيعة ملكوت الله هي أنه يتقدم ويتحرك للإمام. الامتداد هو الهدف الرئيسي الموجود في التصميم الأصلي للحديقة والهيكل، والآن نراه فينا أنا وأنت أيضًا. تم تكليف آدم بالتوسع وملء الأرض، وتم تكليف نوح بالتوسع وملء الأرض، وبالمثل تم تكليف شعب إسرائيل بالتوسع واستخدام البركة الإبراهيمية ليكون بركة لكل الخليقة. والآن لقد ورثنا أنت وأنا التكليف الأصلي. لقد جعل الله حضوره الآن متنقلًا. لا يزال يختار التواصل مع الخليقة من خلال حديقة، ولكن هذه الحديقة الآن في داخلك.

عند قيامة المسيح، أصبحت الأمور مثيرة حقًا. لم يَعُدْ حضور الله محددًا جغرافيًا ولم يَعُدْ موجودًا في حديقة طبيعية أو مبانٍ مصنوعة بأيدي بشرية. بموجب العهد الجديد، أنت، نسل إبراهيم الروحي، الجنة الجديدة. أنت، يا مَنْ تؤمن بالمسيح، هيكله الجديد، لكنك تحمل تكليفًا قديمًا. لقد هزم موت يسوع الانفصال الذي خلقته الخطية بين الله وأولاده. اقتُلعت العلاقة المقطوعة بين الله والبشر بالقوة وأُعيد تأسيس الاتصال.

"فَصَرَخَ يَسُوعُ أَيْضًا بِصَوْتٍ عَظِيمٍ، وَأَسْلَمَ الرُّوحَ. وَإِذَا حِجَابُ الْهَيْكَلِ قَدِ انْشَقَّ إِلَى اثْنَيْنِ، مِنْ فَوْقُ إِلَى أَسْفَلُ. وَالأَرْضُ تَزَلْزَلَتْ، وَالصُّخُورُ تَشَقَّقَتْ... " (متى ٢٧: ٥٠-٥١).

عندما "أسلم يسوع الروح"، انشق الحجاب الذي كان يفصل قدس الأقداس عن سائر الخليقة من أعلى إلى أسفل؛ كان الله يتحرك. لا يزال يستخدم تصميمه الأصلي باعتباره الإله الذي ينزل ويتواصل ويمتلك وينتشر. هذه المرة كانت طبيعة مسكنه مختلفة تمامًا؛ وضع مسكنه فيك، وأنت تتحرك.

الهياكل المتنقلة

عند الصليب، تغيَّر كل شيء، ولا يزال نموذج الحديقة قائمًا. من خلال موت يسوع وقيامته، أنشأ الله نقطة الاتصال النهائية والدائمة بين السماء والأرض. بدأت ديناميكية جديدة في ملكوت الله. وقريبًا، سيتم إنشاء الملايين من الحدائق-الهياكل المتنقلة من

خلال الإيمان بالمسيح. اكتمل إنشاء نقطة اتصال السماء بالأرض تمامًا. أصبح هذا العدد الهائل من نقاط الاتصال المتنقلة بمثابة قناة لا يمكن إيقافها يتدفق من خلالها ملكوت الله، حضور الله ذاته، مثل أنهار المياه الحية.

"مَنْ آمَنَ بِي، كَمَا قَالَ الْكِتَابُ، تَجْرِي مِنْ بَطْنِهِ أَنْهَارُ مَاءٍ حَيٍّ." (يوحنا ٧: ٣٨).

كانت هناك أربعة أنهار تتدفق من جنة عدن الأصلية لتروي الأرض. الآن أنهار الماء الحي تتدفق من داخلك (يوحنا ٧: ٣٨). الملكوت بداخلك، لكن الله قصد أن يُزرع كل شيء ويخضع لملك الملك. في تصميم الله، نجد أن ما بداخلك يتدفق إلى كل شيء من حولك. كمؤمن، أنت الآن خط أنابيب للماء الحي الذي يأتي من السماء ويجلب الحياة إلى الخليقة. إذا كانت أنهار الماء الحي تتدفق حقًا من كيانك الأعمق، فلا يسعك إلا أن تسترد نطاق تأثيرك وتنعشه. نطاق تأثيرك متعطش بشدة لماء الحياة الذي يتدفق منك. لكي تكون واثقًا من دعوتك لإدارة نطاق تأثيرك، يجب أن تكون مقتنعًا بهويتك، وبأن لديك ما تقدمه. ما عليك أن تقدمه هو كل ما أعطاه لك الله. مكانك في الملكوت مضمون.

"أَمَا تَعْلَمُونَ أَنَّكُمْ هَيْكَلُ اللهِ، وَرُوحُ اللهِ يَسْكُنُ فِيكُمْ؟" (١ كورنثوس ٣: ١٦).

"أَمْ لَسْتُمْ تَعْلَمُونَ أَنَّ جَسَدَكُمْ هُوَ هَيْكَلٌ لِلرُّوحِ الْقُدُسِ الَّذِي فِيكُمْ، الَّذِي لَكُمْ مِنَ اللهِ، وَأَنَّكُمْ لَسْتُمْ لِأَنْفُسِكُمْ؟" (١ كورنثوس ٦: ١٩).

أنت مخوَّل ومفوَّض لجلب حقائق السماء إلى نطاق تأثيرك. هذه هي الاستجابة الحقيقية للصلاة التي علَّم يسوع لتلاميذه أن يصلوها في (متى ٦: ١٠). "لِيَأْتِ مَلَكُوتُكَ. لِتَكُنْ مَشِيئَتُكَ كَمَا فِي السَّمَاءِ كَذلِكَ عَلَى الْأَرْضِ." السماء ليست مجرد وجهة مستقبلية، ولكنها حقيقة حاضرة لأن روح الله يحيا في داخلك حقًا.

عندما تتحقق مشيئته فيك، سوف يغمر الماء الحي نطاق تأثيرك. هويتك في المسيح هي هيكل—حديقة حي تعمل فيه مع الله لتنفيذ التكليف الأصلي.

داخل هذا التكليف، أنت تخطط عبر هذه الخطوط.

- تزرع
- تحفظ
- تتكاثر
- تنتشر
- تملأ الأرض
- تخضعها

قد لا تعتبر نفسك مهتمًا بالبستنة بصورة جدية، ولكن عندما تصبح من أتباع المسيح، لا تحصل فقط على التكليف الأصلي لزراعة حديقة والحفاظ عليها، بل تصبح أنت أيضًا حديقة. لقد وصلت جميع النماذج السابقة لتصميم الله الأصلي في الكتاب المقدس الآن إلى ذروتها فيك. بشكل أكثر تحديدًا، تم تلخيص كل شيء في المسيح كما هو موضح في (أفسس ١: ١٠) "... لِتَدْبِيرِ مِلْءِ الأَزْمِنَةِ، لِيَجْمَعَ كُلَّ شَيْءٍ فِي الْمَسِيحِ، مَا فِي السَّمَاوَاتِ وَمَا عَلَى الأَرْضِ، فِي ذَاكَ."

روح المسيح يسكن فيك الآن. جسدك الآن هو هيكل- جنة الروح القدس، وحضور الله يتدفق الآن منك مثل الأنهار التي كانت تتدفق من جنة عدن. لقد روت الحديقة العالم، والآن أنت أيضًا مكلف بالمثل بأن تروي نطاق تأثيرك.

قال يسوع إن "مَلَكُوتُ اللهِ دَاخِلَكُمْ". أنهار الماء الحي في داخلك تنبع من ملكوته. عندما تصبح حقًا "خليقة جديدة في المسيح يسوع" (٢ كورنثوس ٥: ١٧)، تفيض روحك بالحياة والأمل والجمال والفرح ... تمامًا مثل جنة عدن. عندما يسود يسوع عليك، وتؤثر روحيًا نطاق تأثيرك، يكون الملكوت قد أتى حقًا، وتم تفعيل حكم يسوع البار.

قال يسوع إن الملكوت بداخلك. روحه فيك. يبدأ العالم من حولك في أن يصبح مشابهًا للعالم بداخلك. أنت تشكل نطاق تأثيرك من خلال الأفكار والكلمات والأفعال التي تنبع من الحديقة الموجودة في قلبك. بينما تزدهر ثقافة السماء في قلبك، سيختبر الحطام الموجود في نطاق تأثيرك رحمة الرب.

إدخال السماء إلى الأرض

"فَإِنَّ الرَّبَّ قَدْ عَزَّى صِهْيَوْنَ. عَزَّى كُلَّ خِرَبِهَا، وَيَجْعَلُ بَرِّيَّتَهَا كَعَدْنٍ، وَبَادِيَتَهَا كَجَنَّةِ الرَّبِّ. الْفَرَحُ وَالابْتِهَاجُ يُوجَدَانِ فِيهَا. الْحَمْدُ وَصَوْتُ التَّرَنُّمِ." (إشعياء ٥١: ٣).

أنا أحب هذا المقطع الكتابي. هناك رجاء لكل شخص وكل نطاق تأثير وكل أمة. هناك وعد أعطاه الله باسترداد كل ما فُقد بسبب الخطية. يعطي هذا الوعد لمحة عن مظهر جنة عدن وكيفية عمل الاسترداد في المسيح. هذا انعكاس لصلاة "كَمَا فِي السَّمَاءِ كَذلِكَ عَلَى الأَرْضِ".

بالنظر إلى نطاق تأثيرك في الحياة، غالبًا ما نرى نفس الأحوال التي نقرأ عنها في (إشعياء ٥١).

نرى أرواحًا محطمة، ونرى صحاري في مجتمعاتنا، ونرى أراضي قاحلة في دولنا. يجب أن تكون لدينا نفس الاستجابة التي قدمها أبونا السماوي في هذا المقطع الكتابي للانكسار من حولنا. يعد الرب بإعادة الحطام إلى حالة الحديقة الأولى. يعطينا المقطع أمثلة للظروف في الحديقة وما أعتقد أنه خبر سار لنطاق تأثيرنا.

"الْفَرَحُ وَالابْتِهَاجُ" موجودان في الحديقة التي تم استردادها. يُسمع في الحديقة "الْحَمْدُ وَصَوْتُ التَّرَنُّمِ". هذه هي ثمار الإنجيل. هذا هو معنى "لِيَأْتِ مَلَكُوتُكَ". عندما يتم استرداد نطاق تأثيرك على نحو فعال، فإنه سيبدأ في الازدهار في وجود الله. مثلما وعد الرب بتعزية صهيون، فأنت تحمل رسالة البشارة بالخلاص والراحة والرحمة والرجاء. هذه هو إنجيل الملكوت. تذكَّر أنك من خلال العمل المشترك مع الله تعمل بنشاط لمحو آثار السقوط من نطاق تأثيرك.

الفصل ١٩
نطاقات التأثير مهمة

لقد جعل الله لك مكانًا وأراد منك حقًا أن تعمل معه في أعمال العائلة. إنه يثق بك. إن تصميمه الأصلي هو أن تؤثر على نطاق تأثيرك وتشرف عليه. يتم تحديد الطريقة التي تؤثر بها على نطاق تأثيرك من خلال ما يجب عليك تقديمه. ما عليك أن تقدمه هو فقط ما يملأ قلبك. إذا كان قلبك مليئًا بحضور الله، فسيكون تأثيرك مليئًا بالحكمة والفهم. من خلال العمل المشترك مع المسيح لإدارة نطاق تأثيرك، فإنك تمنح الحياة والبركة من خلال قيمك ومعتقداتك وروحك وشخصيتك.

إن إحدى النتائج المهمة لسماح الله لك بالتعاون معه في إدارة نطاق تأثيرك هي إذلال العدو وتقويض مزاعم الشيطان. عندما يعمل أحد أتباع المسيح كنقطة اتصال مع السماء، فإن البركة هي النتيجة الحتمية. أعتقد أن الله يحب أن يقارن طرقه بطرق هذا العالم. إحدى الوسائل الأساسية التي يفعل بها الله ذلك هي السماح لقرارات كل من البشر والكائنات الروحية بأن تكون لها نتائج. هذه القرارات مهمة حقًا لأن النتائج مهمة.

إذا فعلت الأمور بطريقة الله في عالم الله، فستكون مباركًا. إذا فعلت الأمور بطريقة العدو، أو بطريقتك، في عالم الله، فلن تكون مباركًا. النتائج ليست دائمًا سلبية. نتائج العلاقة الصحيحة مع الله جيدة وتغرس العبادة والتسبيح لملك الملوك. نتائج التمرد والإرادة الذاتية تقود دائمًا إلى الموت والدمار.

"تُوجَدُ طَرِيقٌ تَظْهَرُ لِلْإِنْسَانِ مُسْتَقِيمَةً وَعَاقِبَتُهَا طُرُقُ الْمَوْتِ." (أمثال ١٦: ٢٥).

إن العدو يريد بشدة أن يثبت أنه ذكي وأنه يستحق العبادة والتسبيح مثل الله.

أرى أن الرب على استعداد للسماح للبشر والعالم الروحي بالتعرف على الحكمة والمعرفة الفائقتين بشكل غير محدود واللتين تنشآن من خلال العلاقة الصحيحة مع الله. النتائج هي المؤشرات الرئيسية التي توضح للجميع أن كلمة الرب وطرقه لا تفشل أبدًا. يفعل العدو كل ما في وسعه لتجنب النتائج بحيث لا يمكن أبدًا تقييم مزاعمه بالتساوي مع الله. إنه يبشر بإنجيل حياة كاذب بلا نتائج. يقود هذا الإنجيل الكاذب إلى الإباحة وليس إلى الحرية التي تأتي من خلال الإيمان بالمسيح.

يبشر يسوع بإنجيل الحياة الحقيقي الذي يؤدي إلى النتائج الصحيحة. هذه هي الحرية. المؤشر الرئيسي الذي يفضح كل نظام اعتقاد باطل أو نظرة عالمية خاطئة هو أنك يجب أن تكون قادرًا على فعل ما تريد. يجب أن تكون حرًا في التصرف كيفما تشاء، وتجنب أي نتائج سلبية. يضمن الله وجود نتائج في النظام الذي خلقه هو لخيرك ومجده. في كل مرة تقوم فيها بالأمور بطريقة الله في عالمه، فإن النتائج الإيجابية ستذكِّر الرؤساء والسلاطين في السماويات بأن يسوع هو المسيطر على مجريات الأمور.

عليك أن تنقل إلى نطاق تأثيرك نهرًا من الماء الحي. هذا الماء الحي هو حضور الله وهو مليء بالحكمة والفهم اللذين يمكن أن يفيضا في نطاق تأثيرك وأن يحلا محل أعمال الظلمة. أنهار الماء الحي التي تتدفق من داخل المؤمن (يوحنا ٧: ٣٨) تزيل مخططات الظلمة وتجلب الحياة لكل شيء في نطاق تأثيرك. هكذا صممك الله لتؤثر وتنمي الملكوت. النتيجة التراكمية لجميع المؤمنين الذين يديرون نطاقات تأثيرهم مثلما أدار آدم الحديقة هي تحقيق ما جاء في صلاة المسيح: "لِيَأْتِ مَلَكُوتُكَ. لِتَكُنْ مَشِيئَتُكَ كَمَا فِي السَّمَاءِ كَذلِكَ عَلَى الأَرْضِ." نجد المعنى الحقيقي للحياة عندما نسمح لأنفسنا بأن نكون ممتلئين روحيًا وأن نعمل بمثابة قناة للحياة، ونجلب الماء الحي من السماء ليفيض في الصحاري الروحية للأرض.

قال يسوع إنه جاء لينقض أعمال الشيطان، وأعطانا كل السلطان لنفعل الشيء نفسه. في (متى ٢٨: ١٨)، قال يسوع لتلاميذه: "دُفِعَ إِلَيَّ كُلُّ سُلْطَانٍ فِي السَّمَاءِ وَعَلَى الأَرْضِ."

يتعلق كل من التكليف الأصلي لآدم والإرسالية العظمى بنقض أعمال الظلمة

وإعادة التوافق مع تصميم الله الأصلي.

الحرب الثقافية الحقيقية

"فَإِنَّ مُصَارَعَتَنَا لَيْسَتْ مَعَ دَمٍ وَلَحْمٍ، بَلْ مَعَ الرُّؤَسَاءِ، مَعَ السَّلاَطِينِ، مَعَ وُلاَةِ الْعَالَمِ عَلَى ظُلْمَةِ هذَا الدَّهْرِ، مَعَ أَجْنَادِ الشَّرِّ الرُّوحِيَّةِ فِي السَّمَاوِيَّاتِ." (أفسس ٦: ١٢).

عندما تدخل ملكوت الله، يدخلك الملكوت أيضًا. عندما يدخلك الملكوت، بحكم طبيعة العملية ذاتها، فإنه يزيح الكثير مما سُمح له بتعريفك. عندما تحدث عملية الإزاحة هذه، عليك أن تستعد لزلزال.

سوف تواجه تأثيرات الاهتزاز الناتجة عن عملية الإزاحة عندما يمكّنك الله من إعادة كتابة الشفرة المصدرية التالفة في نطاق تأثيرك؛ غالبًا ما تتم إزاحة الشر بالقوة. عندما تتم إزاحة شيء ما في نطاق تأثيرك، تكون هناك مساحة تم إنشاؤها لإدخال نظام تشغيل السماء إلى نقطة الاتصال التي تم إنشاؤها حديثًا.

هناك طريقة أخرى للتفكير في الإزاحة وهي مقارنتها بالأمر الموازي بـ "الإخضاع" والذي أعطاه الله لآدم في التكليف الأصلي. لو كان آدم قد أطاع تمامًا هذا الجزء من تكليفه الأصلية، لكان قد أزاح الاضطراب خارج عدن وأخضع ثقافة الفوضى التي كانت موجودة خارج نطاق تأثيره الأولي.

تُعرف إعادة تكليف الله لنا من خلال العهد الجديد باسم الإرسالية العظمى، وهي في الأساس إعادة تأكيد لتكليف آدم الأصلي. بموجب العهد الجديد، الطريقة التي نُخضِع بها هي أننا نتلمذ؛ "نتلمذ جميع الأمم". بقوة الروح القدس وبموجب سلطة التفويض التي أعطانا إياها يسوع، نحن مدعوون لأن نزيح الظلمة.

"لأَجْلِ هذَا أُظْهِرَ ابْنُ اللهِ لِكَيْ يَنْقُضَ أَعْمَالَ إِبْلِيسَ." (يوحنا الأولى ٣: ٨).

جاء يسوع لينقض أعمال إبليس، ونحن قد أُعطينا القوة والسلطان لنحذو حذوه. لدينا امتياز إكمال ما كلف الله به آدم في البداية. بموجب العهد الجديد، يتم إخضاع

قلوب الرجال والنساء ورعايتها من خلال الخلاص والتلمذة. عملية الإزاحة هذه مستمرة في ثقافة نطاق التأثير، وهي غالبًا ما تعطل النمط الطبيعي المقبول للوجود والذي اعتاد عليه الناس في تلك الثقافة.

فكِّر في قصتك الشخصية الخاصة بلقاء المسيح والتوبة عن خطاياك. بالنسبة لمعظمنا، عندما أصبحنا أتباع المسيح، غالبًا ما كان هناك تغيير مفاجئ وعنيف في ثقافة حياتنا. اهتزت خياراتنا ومعتقداتنا وسلوكياتنا وجرت غربلتها كما لو كانت ضحية لزلزال روحي. لم يتبق سوى ما أقره الرب. ما انهار وسقط هو ما وجد الرب أنه ناتج عن الشفرة المصدرية التي وضعها الشرير.

أي "شفرة" لم يكتبها الله سيقوم بحذفها. هذه هي عملية الإزاحة وهي أيضًا طبيعة التلمذة. إذا كنت جزءًا من ملكوت الله، فعليك أن تتوقع حدوث زلازل تهز الروح وتعيد كتابة الشفرة. وفقًا للكتاب المقدس، هذا يحدث فعلًا.

"الَّذِي صَوْتُهُ زَعْزَعَ الأَرْضَ حِينَئِذٍ، وَأَمَّا الآنَ فَقَدْ وَعَدَ قَائِلاً: 'إِنِّي مَرَّةً أَيْضًا أُزَلْزِلُ لاَ الأَرْضَ فَقَطْ بَلِ السَّمَاءَ أَيْضًا.' فَقَوْلُهُ 'مَرَّةً أَيْضًا' يَدُلُّ عَلَى تَغْيِيرِ الأَشْيَاءِ الْمُتَزَعْزِعَةِ كَمَصْنُوعَةٍ، لِكَيْ تَبْقَى الَّتِي لاَ تَتَزَعْزَعُ." (عبرانيين ١٢: ٢٦-٢٧).

ويمضي كاتب العبرانيين ليقول في الآيتين ٢٨-٢٩: "لِذلِكَ وَنَحْنُ قَابِلُونَ مَلَكُوتًا لاَ يَتَزَعْزَعُ لِيَكُنْ عِنْدَنَا شُكْرٌ بِهِ نَخْدِمُ اللهَ خِدْمَةً مَرْضِيَّةً، بِخُشُوعٍ وَتَقْوَى. لأَنَّ 'إِلهَنَا نَارٌ آكِلَةٌ.'"

إلهنا نار آكلة، وهو عازم على إثبات أن ملكوته لا يتزعزع. إنه أبدي، ووفقًا لهذا المقطع الكتابي، الملكوت لك. نحن نحصل عليه.

هناك قسم آخر مثير للفضول في الكتاب المقدس يوضح أنه من بين تأثيرات رؤية الملكوت يأتي على الأرض كما هو في السماء المعاناة والانقسام والألم. يوضح هذا المقطع الكتابي آثار مواجهة جانب "النار الآكلة" في صفات الله وطبيعته.

"جِئْتُ لِأُلْقِيَ نَارًا عَلَى الأَرْضِ، فَمَاذَا أُرِيدُ لَوِ اضْطَرَمَتْ؟ وَلِي صِبْغَةٌ أَصْطَبِغُهَا، وَكَيْفَ أَنْحَصِرُ حَتَّى تُكْمَلَ؟ أَتَظُنُّونَ أَنِّي جِئْتُ لِأُعْطِيَ سَلاَمًا عَلَى الأَرْضِ؟ كَلاَّ، أَقُولُ لَكُمْ: بَلِ انْقِسَامًا. لِأَنَّهُ يَكُونُ مِنَ الآنَ خَمْسَةٌ فِي بَيْتٍ وَاحِدٍ مُنْقَسِمِينَ: ثَلاَثَةٌ عَلَى اثْنَيْنِ، وَاثْنَانِ عَلَى ثَلاَثَةٍ. يَنْقَسِمُ الأَبُ عَلَى الابْنِ، وَالابْنُ عَلَى الأَبِ، وَالأُمُّ عَلَى الْبِنْتِ، وَالْبِنْتُ عَلَى الأُمِّ، وَالْحَمَاةُ عَلَى كَنَّتِهَا، وَالْكَنَّةُ عَلَى حَمَاتِهَا." (لوقا ١٢: ٤٩-٥٣).

العملية المذكورة هنا لا تدعو إلى الخلافات العائلية والتفكك الأسري. هذا يعني أن مملكة النور ومملكة هذا العالم لا يمتزجان. مثل الزيت والماء اللذين يدخلان في نفس البيئة، سيكون هناك فصل وانقسام وتمييز وإزاحة. يمكن أن يكون تأثير الفصل أو الإزاحة هذا مكلفًا ومؤلمًا ولكنه دليل في حد ذاته على أن مملكة الله مقدسة ومنفصلة عن طرق أو ثقافة العالم. لا يمكن أن تكون المملكتان متزامنتين أو ممتزجتين ولن تكونا كذلك. ستصطدم محاولات توفيق أو مواءمة النظام العالمي وأي جانب من ثقافته بوعد الزلزلة والنار المطهّرة.

نظرًا لأننا نتغير في المسيح وتتغير الحديقة أو نطاق التأثير من حولنا، يمكننا فقط أن نتوقع أن يثبت صدق هذا المقطع الكتابي. السلام ليس غياب الصراع بل هو حضور الله. الهدف هو حضور الله في نطاق تأثيرنا — كما في السماء كذلك على الأرض.

يوضح يسوع أن هناك زلزلة مؤلمة ونارًا مطهّرة عندما تواجه ثقافة شخصية أو مؤسسية قوة الله. الإزاحة هي عملية تحويلية. توقيت هذه العملية والسياق التاريخي الذي ألمح إليه يسوع في لوقا ١٢ قابلين للتأويل. لكن الفهم الأساسي الذي يمكن أن يكون مفيدًا في مناقشتنا الحالية هو أن الاضطراب الهائل بطبيعته يحدث عندما نلتقي نحن وثقافتنا بملكوت الله.

يجب أن تكون آثار اللقاء المزلزل مع المسيح أمرًا نتوقعه بحماس! على الرغم من وجود ألم في هذه العملية، إلا أن الجائزة الموضوعة أمامنا تستحق التكلفة تمامًا. يجب أن يكون سؤالنا دائمًا في هذه الأوقات التحويلية هو: "ما هو الشيء الرائع الذي سيحققه الله

من خلال عملية الزلزلة هذه في حياتي أو في ثقافة نطاق تأثيري؟"

كما رأينا في هذه المناقشة، لا يوجد سبب للخوف من التحول الثقافي! إنه متأصل في تأسيس الملكوت. مهمة كل واحد من أولاد الله هي تشكيل الثقافة داخل نطاق تأثيره. أنت أحد أدوات الله للتغيير، وقد تم تكليفك كرسول ثقافي. مهمتك هي التواؤم مع تفويض التكليف الأصلي وغرس حضور الله في نطاق تأثيرك. سيبدو العالم من حولك مثل العالم بداخلك. إذا كنت حقًا تلميذًا للمسيح، فهذا هو "الخبر السار" أو "الإنجيل" لأي نطاق تأثير لأنه "ستجري من بطنك أنهار ماء حي." بغض النظر عن مدى صغر أو اتساع مجال تأثيرك، فإنه يريد سماع نفس "الإنجيل" أو "الخبر السار" الذي شاركه يسوع مع المرأة السامرية عند البئر.

"أَجَابَ يَسُوعُ وَقَالَ لَهَا: كُلُّ مَنْ يَشْرَبُ مِنْ هذَا الْمَاءِ يَعْطَشُ أَيْضًا. وَلكِنْ مَنْ يَشْرَبُ مِنَ الْمَاءِ الَّذِي أُعْطِيهِ أَنَا فَلَنْ يَعْطَشَ إِلَى الأَبَدِ، بَلِ الْمَاءُ الَّذِي أُعْطِيهِ يَصِيرُ فِيهِ يَنْبُوعَ مَاءٍ يَنْبُعُ إِلَى حَيَاةٍ أَبَدِيَّةٍ." (يوحنا ٤: ١٣-١٤).

كل العطشى يريدون "الماء الحي" لإرواء عطش أرواحهم. كان يسوع يعقد مقارنة مميَّزة بين الماء الذي يروي فقط العطش الطبيعي والماء الذي يقدمه المسيح — الماء الذي يحقق اشتياق النفس البشرية.

عندما تتدفق أنهار الماء الحي من داخلك، فإن النتيجة هي أن كل شيء من حولك سوف يزدهر. تصميم الله الأصلي هو أن تتغير وأن يبدو العالم من حولك وكأنه هو العالم بداخلك. ستزدهر حديقتك أو نطاق تأثيرك وتنمو بينما يجلب الماء الحي بداخلك الحياة إلى كل ما هو حولك. لا يجلب تدفق هذا الماء الحي الحياة فحسب، بل يعمل أيضًا على التخلص من التلوث الذي جلبته الخطية والعدو. الماء الحي الذي يتدفق من داخلك سيحل محل أعمال الظلمة. يجب أن يشع نطاق تأثيرك بالقداسة والحياة بينما تنظف أنهار الماء الحي الثقافة بداخله وتعيد تشكيله.

أحثك، يا مدير نطاق تأثيرك، على أن تفكر في الرجاء الذي وُضِع أمامك وأن

تقوي نفسك في الرب. أعتقد أن العبارات التالية هي حقائق الرجاء.

- إذا كان هناك رجاء في داخلك، فهناك رجاء للأمم.

- إذا كان هناك سلام في داخلك، فهناك هدوء لكل صراع.

- إذا كانت هناك حكمة من أعلى في داخلك، فهناك حل لكل مشكلة.

- إذا كانت هناك نعمة في داخلك، فهناك استرداد لكل نفس.

- إذا كان هناك نور في داخلك، فهناك إرشاد للتائهين.

- إذا كان الملكوت في داخلك، فيمكن أن تكون الأرض مثل السماء.

طرق الملكوت

كيف يبدو الأمر حين تؤثر على نطاق تأثيرك بثقافة الملكوت؟ تأثير الملكوت هو إظهار طرق الله من خلال كلمته عن طريق أفكارك وأفعالك. لقد تم تصميمك لكي تؤثر على ما تلمسه وتقوم بتشكيله. هذا هو السبب في أن العالم من حولك يشبه العالم بداخلك.

ما هي بعض طرق الله؟ الحكمة والتمييز والفهم كلها تفيض من فيض بره. طرقه مستقيمة. شخصيته وطبيعته هما التعريف الدقيق لما هو صحيح وحقيقي. أي مجموعة أخرى من الطرق التي لا تتماشى مع شخصية وطبيعة الله هي بحكم تعريفها ضد المسيح، أي أنها مظهر من مظاهر التمرد ضد الله.

تذكَّر أن "الطرق" و "الثقافة" يعنيان نفس الشيء، وكلا الواقعين ينبعان من جذور روحية. الطرق أو الثقافة هي البرامج التي شارك البشر في كتابتها وهي السلطة الروحية التي يتوافق البشر معها — إما مع الإله الواحد الحقيقي أو مع الآلهة "الأصغر" في هذا العالم. هناك مملكتان تتنافسان على نحو فعال للحصول على مشاركتك.

"... الَّتِي سَلَكْتُمْ فِيهَا قَبْلاً حَسَبَ دَهْرِ هذَا الْعَالَمِ، حَسَبَ رَئِيسِ سُلْطَانِ الْهَوَاءِ، الرُّوحِ الَّذِي يَعْمَلُ الآنَ فِي أَبْنَاءِ الْمَعْصِيَةِ." (أفسس ٢: ٢).

يذكر بولس في رسالته إلى أهل أفسس "سلطان (مملكة) الهواء" الذي يعمل ببرنامج يسمى "طرق هذا العالم". هذه المملكة هي المكان الذي اعتدنا أن نعيش فيه. في المقابل، نحن نعيش الآن في ملكوت الله كما أشار الرسول في هذين المقطعين الكتابين.

"... وَأَقَامَنَا مَعَهُ، وَأَجْلَسَنَا مَعَهُ فِي السَّمَاوِيَّاتِ فِي الْمَسِيحِ يَسُوعَ" (أفسس ٢: ٦).

عندما نصبح أتباع المسيح، فإننا نتمركز في مكاننا الأبدي مع المسيح حتى ونحن نعيش حياتنا على الأرض والتي نمتلك فيها تفويضًا. كمؤمنين، فإن واقعنا الجديد هو أننا ندير نطاق تأثيرنا من مركز سلطة ومن موقع نفوذ. نحن نؤثر إيجابيًا لأنه بإمكاننا الدخول إلى محضر الله. ثقافة السماء الآن قادرة على التدفق من خلالك إلى نطاق تأثيرك على الأرض دون عوائق. لقد أصبحت قناة البركة المرتبطة بمصدر الحياة.

"الَّذِي أَنْقَذَنَا مِنْ سُلْطَانِ الظُّلْمَةِ، وَنَقَلَنَا إِلَى مَلَكُوتِ ابْنِ مَحَبَّتِهِ." (كولوسي ١: ١٣).

عندما خضعت لسيادة المسيح، جرى نقل روحك على الفور. من المحتمل أنك لم تتحرك جغرافيًا عندما أصبحت مسيحيًا، لكن الجغرافيا داخل نطاق تأثيرك أصبحت تخضع لسلطة قانونية جديدة. المزيد سيأتي من ملكوت الله مع تطور المسار الروحي للتاريخ، لكن في الوقت الحالي، لم تَعُدْ ضحية للظلمة بل صرت نائب الملك الآتي من السماء.

أنت تعيش في ملكوت الله الآن، وملكوت الله يسكن فيك. حتى عودة المسيح، هناك مملكة ظلمة تعمل بكامل طاقتها، "سلطان (مملكة) الهواء" الذي يعمل من خلال العصيان. تعمل كل الأفكار والأفعال إما على تعزيز ملكوت الله أو مملكة الهواء. تتم صياغة الثقافة في نطاق تأثيرك، وستأتي "الطرق" التي تشكل نظام التشغيل الخاص به من المملكة التي ترتبط بها.

إن تحديد أي الطرق ستسود في نطاق تأثيرك هو الوصف الوظيفي الأساسي لكل مؤمن. إقامة الملكوت هي مسألة تتعلق بالإشراف على خط أنابيب أو مجرى مائي مملوء بحضور الله في نطاق تأثيرك.

الفصل ٢٠
التنقل في مهمتك

إذا أردنا أن نفهم هدفنا، فعلينا أن نقبل هويتنا باعتبارنا مكلفين.

التكليف: عملية منح أو إسناد صلاحية أو سلطة إشرافية لشخص أو مجموعة أو الخ.

لقد أُسند لنا أبونا السماوي صلاحية وقوة إشرافية من أجل التأثير على خليقته وتحقيق أهدافه. لسنا وحدنا في هذا، لكننا شركاء في العمل مع المسيح. نحن في مهمة مع ربنا ومخلصنا، وبالتالي فإن التعبير المستخدم هو co-missioned :co- (معًا) mission (إرسال لأجل واجب أو هدف ما).

إن قبول حقيقة أننا أبناء وبنات الملك وإخوة وأخوات للمسيح يتطلب أن نضطلع بدورنا كمؤثرين. يمكنك القول بأن التأثير متوارث في العائلة. إن طبيعة التأثير، كما هو محدد في القاموس، هي "القدرة على إحداث تغيير في شخصية أو نمو أو سلوك شخص أو شيء ما، أو التغيير نفسه." التأثير هو القدرة على التغيير. يتم تعريف التغيير بأنه "التسبب في شيء ما أو إحداثه". إذا نظرنا إلى مستوى أعمق، فإننا ندرك أن التأثير، في حد ذاته، محايد أخلاقيًا كقدرة أو آلية. جزء من طبيعة التأثير أنه يتم تشكيله أو يصبح ممكنًا عن طريق شيء أو شخص ما. التأثير هو آلية الخلق المشترك التي يجب أن يستخدمها المكلفون. أدرج الله هذا في تصميمه الأصلي للخليقة. ما يهم هو نوع "التأثير" الذي سيحدثه المؤثر في نطاق تأثيره. ما الذي سوف "تحدثه" أو "تجلبه"؟

غالبًا ما تبدو الحياة محبطة وغير مُرضية، وهو ما نلوم الله عليه. عادةً ما ترتبط خيبة الأمل هذه ارتباطًا مباشرًا بنمط الحياة الذي نعيشه والذي يتسم بالانحراف والتبديد بسبب الافتقار إلى الهدف. من السهل أن تركز بشكل كبير على ما يمكن رؤيته بصعوبة

فقط من خلال منظار مفاهيمنا اللاهوتية الأكاديمية بحيث يتم إغفال الجمال الموجود على بُعد سنتيمترات. الغرض والمعنى في متناول يدك. في أعماقنا، نعلم أننا خُلقنا ولدينا دافع للبناء والتحسين والإنجاز. إن إدراك أن لدينا نطاق تأثير هو إدراك متجذر بعمق في تصميمنا الأصلي، ولدى البشر جميعًا دافع داخلي لتشكيل العالم من حولهم.

يبدأ الإحباط إذا وجدنا أنفسنا غير قادرين على إحداث فرق في العالم. نصارع من أجل السير بحكمة وفهم في العالم الساقط والمكسور من حولنا. غالبًا ما يبدو سعينا وراء الهدف والمعنى، حتى كمسيحيين، مظلمًا ومربكًا. نضع قدمًا أمام الأخرى، على أمل أن الأمور ستنجح ببساطة، ونتبنى شكلًا مسيحيًا من القدرية. هذا أقرب إلى النظرة الإسلامية للحياة منه لملكوت الله. يقول المسلمون: "إن شاء الله"، وغالبًا ما يقول المسيحيون: "لو كانت هذه مشيئة الله."

بالنسبة للمسيحي، هذه العبارة ليست تعبيرًا عن الاستسلام للظروف والتنازل عن المسئولية الشخصية. إنها طريقة للتعبير عن الاعتماد المتبادل والاحترام لخالقنا. إنها اتضاع للذات أمام الله. نحن عاملون مع المسيح يسوع. نجد في عملنا المشترك هدفًا، ولكن ليس بأن نقول: "إن شاء الله." نسأل الرب: "ماذا نفعل؟" نسعى مع أبينا المحب إلى تشكيل حديقتنا، وزراعتها لتتواءم مع ملكوته.

ولأن طرق الله تغير الوجود الداخلي، لدينا امتياز بأن نعكس حضور الله مثل أنهار الماء الحي في نطاق تأثيرنا. الماء الحي هو قوة الروح القدس التي تتدفق من خلالك لتعيد الحياة إلى أرض جافة ومنهكة. لإدراك قدرة الإنجيل على إحداث تحول، يجب أن نقف في مكان الرؤية والرجاء والشراكة الفعالة مع الله. في هذا النمط من العمل المشترك، يمكننا أن نرى ملكوته آتيًا، ومشيئته تتحقق، على الأرض كما في السماء.

من خلال تحمل مسئولية نطاق تأثيرنا والعمل المشترك مع المسيح، لا يكون لدينا ما نخسره في حين أننا نربح كل شيء. إذا كنا لنفعل شيئًا في الحياة، فمن الأفضل أن نكون خدامًا مسئولين وأن نوجد أمناء للغاية لممتلكات أبينا ومصالحه. إن يجد السيد أنك وكيل أناني وكسول هو خطأ لا يمكنك تجاوزه.

إذا كنت تؤدي دورك حقًا في التكليف الأصلي، فيجب أن يتوهج نطاق تأثيرك بشكل متزايد بحضور الله. هذا التوهج هو حضور الله بداخلك والذي لا يجب أن يُخفى.

"أَنْتُمْ نُورُ الْعَالَمِ. لاَ يُمْكِنُ أَنْ تُخْفَى مَدِينَةٌ مَوْضُوعَةٌ عَلَى جَبَلٍ، وَلاَ يُوقِدُونَ سِرَاجًا وَيَضَعُونَهُ تَحْتَ الْمِكْيَالِ، بَلْ عَلَى الْمَنَارَةِ فَيُضِيءُ لِجَمِيعِ الَّذِينَ فِي الْبَيْتِ. فَلْيُضِئْ نُورُكُمْ هكَذَا قُدَّامَ النَّاسِ، لِكَيْ يَرَوْا أَعْمَالَكُمُ الْحَسَنَةَ، وَيُمَجِّدُوا أَبَاكُمُ الَّذِي فِي السَّمَاوَاتِ." (متى ٥: ١٤-١٦).

كل شخص في "منزلك" يحتاج إلى النور. قال يسوع إنك يجب أن تقدم هذا النور للبشر حتى يمجدوا الله في النهاية. أنت نور العالم، مدينة موضوعة على جبل، زارع للأعمال الصالحة التي تشهد لرجاء السماء.

لقد تم تصميمك ووضعك بحيث تزيح الظلمة وتستبدلها بنور الله. يبدأ العالم من حولك في أن يبدو مثل العالم بداخلك، ومثل أبيك السماوي، فإن كلماتك تحمل قوة. الطريقة العملية الأولى التي يضيء بها نورك هي من خلال الكلمات التي تخرج من فمك. كلماتك لها قوة وسلطان. تكلم الله فجاء بالعالم إلى حيز الوجود، ومثل أبيك، لديك السلطة المفوَّضة للبناء أو الهدم من خلال كلماتك.

"الْمَوْتُ وَالْحَيَاةُ فِي يَدِ اللِّسَانِ، وَأَحِبَّاؤُهُ يَأْكُلُونَ ثَمَرَهُ." (أمثال ١٨: ٢١).

كل ما هو غزير في القلب سيشكل في نهاية المطاف نطاق تأثير المرء، وهذا التشكيل يبدأ بشكل عام بالكلمات.

"اَلإِنْسَانُ الصَّالِحُ مِنْ كَنْزِ قَلْبِهِ الصَّالِحِ يُخْرِجُ الصَّالِحَ، وَالإِنْسَانُ الشِّرِّيرُ مِنْ كَنْزِ قَلْبِهِ الشِّرِّيرِ يُخْرِجُ الشَّرَّ. فَإِنَّهُ مِنْ فَضْلَةِ الْقَلْبِ يَتَكَلَّمُ فَمُهُ." (لوقا ٦: ٤٥).

في كل الأحوال، مثل آدم، سوف تؤثر على نطاق تأثيرك.

سواء كنت ترغب في ذلك أم لا، فأنت تشكل للعالم، ومثل آدم، لا أحد يخرج من هنا دون تسمية بعض الحيوانات. هل هناك حيوانات تحتاج لأسماء في نطاق تأثيرك؟ ما يحدد حياتك وما يهم الله هو كيفية إدارتك لنطاق تأثيرك وعملك المشترك معه من أجل استرداد كل الأشياء. نطاق مسئوليتك موجود هنا والآن. أيًّا كانت البيئة التي تؤثر فيها فهي المكان الذي يجب أن توجد فيه أمينًا ومثمرًا. هناك العديد من وجهات النظر والتفسيرات الصحيحة

للكتاب المقدس فيما يتعلق ببداية ونهاية كل شيء. لكن يبدو أن يسوع أوضح شيئًا واحدًا في الكتاب المقدس — علينا أن نكون وكلاء أمناء بين الماضي والمستقبل الذي سيتكشف.

"لِتَكُنْ أَحْقَاؤُكُمْ مُمَنْطَقَةً وَسُرُجُكُمْ مُوقَدَةً، وَأَنْتُمْ مِثْلُ أُنَاسٍ يَنْتَظِرُونَ سَيِّدَهُمْ مَتَى يَرْجِعُ مِنَ الْعُرْسِ، حَتَّى إِذَا جَاءَ وَقَرَعَ يَفْتَحُونَ لَهُ لِلْوَقْتِ. طُوبَى لأُولئِكَ الْعَبِيدِ الَّذِينَ إِذَا جَاءَ سَيِّدُهُمْ يَجِدُهُمْ سَاهِرِينَ. اَلْحَقَّ أَقُولُ لَكُمْ: إِنَّهُ يَتَمَنْطَقُ وَيُتْكِئُهُمْ وَيَتَقَدَّمُ وَيَخْدُمُهُمْ. وَإِنْ أَتَى فِي الْهَزِيعِ الثَّانِي أَوْ أَتَى فِي الْهَزِيعِ الثَّالِثِ وَوَجَدَهُمْ هكَذَا، فَطُوبَى لأُولئِكَ الْعَبِيدِ." (لوقا ١٢: ٣٥-٣٨).

سمعتُ ذات مرة أن "نهاية الزمان الوحيدة التي يجب أن تقلق بشأنها هي نهاية الزمان الخاص بك." سوف نحاسب في "نهاية الزمان" الخاص بنا بالطريقة التي تتم بها محاسبة الخدام الساهرين والمستعدين في لوقا ١٢: ٣٩-٤٠. "وَإِنَّمَا اعْلَمُوا هذَا: أَنَّهُ لَوْ عَرَفَ رَبُّ الْبَيْتِ فِي أَيَّةِ سَاعَةٍ يَأْتِي السَّارِقُ لَسَهِرَ، وَلَمْ يَدَعْ بَيْتَهُ يُنْقَبُ. فَكُونُوا أَنْتُمْ إِذًا مُسْتَعِدِّينَ، لأَنَّهُ فِي سَاعَةٍ لاَ تَظُنُّونَ يَأْتِي ابْنُ الإِنْسَانِ."

إن مَثَل الخدام الساهرين مفيد لنا ونحن نشق طريقنا في الحياة في نطاق تأثيرنا.

"وَأَمَّا ذلِكَ الْيَوْمُ وَتِلْكَ السَّاعَةُ فَلاَ يَعْلَمُ بِهِمَا أَحَدٌ، وَلاَ مَلاَئِكَةُ السَّمَاوَاتِ، إِلاَّ أَبِي وَحْدَهُ." (متى ٢٤: ٣٦).

بمجرد أن نفهم تصميم الله الأصلي، سنجد فرحًا لا يُصدَّق في الرحلة. إذا استطعنا التحرر من الانشغال بـ "اليوم والساعة" التي يقول الكتاب المقدس بوضوح إنه لا أحد يعرفهما، فيمكننا أن نكون أحرارًا في أن نكون في ما لأبينا.

"فَقَالَ لَهُمَا: لِمَاذَا كُنْتُمَا تَطْلُبَانِنِي؟ أَلَمْ تَعْلَمَا أَنَّهُ يَنْبَغِي أَنْ أَكُونَ فِي مَا لأَبِي؟" (لوقا ٢: ٤٩).

عبارة "فِي مَا لأَبِي" تعني حرفيًا "معنيًا بشئون أبي" أو "أمور أبي". مثل يسوع، بصفتنا "إخوته وأخواته"، يجب أن نكون أيضًا "معنيين بأمور أبينا السماوي".

أنت مدعو ومجهز لإدارة أي نطاق تأثير يرى أبوك السماوي أنه من المناسب تفويضك فيه.

الفصل ٢١
تشفير نطاق تأثيرك

فكِّر في ما هو مكتوب في (أفسس ٣: ١٠)، "لِكَيْ يُعَرَّفَ الآنَ عِنْدَ الرُّؤَسَاءِ وَالسَّلاَطِينِ فِي السَّمَاوِيَّاتِ، بِوَاسِطَةِ الْكَنِيسَةِ، بِحِكْمَةِ اللهِ الْمُتَنَوِّعَةِ."

يعرِّف القاموس كلمة "متنوعة" ببساطة بأنها تعني "كثيرة ومتباينة". وتحمل الكلمة أيضًا معنى "متعددة الألوان" أو "متعددة الأوجه". إن حكمة الله المتنوعة هي الجوانب العديدة والمتباينة لـ "كلية معرفة" الله. حكمة الله المتنوعة متاحة لك من خلال علاقتك مع الله وفهمك لكلمة الله. لا يوجد شيء في نطاق تأثيرك لن تكون قادرًا على إدارته عندما تتبع طرق حكمة الله التي تقود إلى الحلول السماوية.

أحد الأدوار الرئيسية للكنيسة هو تقويض مزاعم الظلمة بطريقة رائعة. يأتي هذا التقويض للخداع من خلال حكمة الله المتنوعة التي تُعلن من خلال الكنيسة. تنطبق هذه الوصية على كل مؤمن، كل مَنْ هو جزء من الكنيسة. قد يبدو هذا التكليف نظريًا وبعيدًا عن خبرة الحياة اليومية للمؤمن، لكنه ليس كذلك. كما هو الحال مع كل الأشياء التي صممها الرب، هناك توجيه موجود في الكتاب المقدس.

كيف يتم التفويض الممنوح للكنيسة في (أفسس ٣: ١٠) عمليًا؟ كيف تُعرَّف حكمة الله المتنوعة من خلال شعب الله؟ حكمة الله هي مصدر شفرة السماء، برنامج البركة الذي خلقه الله لينظم خليقته. رسم إشعياء النبي صورة للعملية التي يشترك الله من خلالها مع شعبه في إحضار الشفرة المصدرية للسماء ليبارك نطاقات التأثير في الأرض.

الشفرة المصدرية
"وَتَسِيرُ شُعُوبٌ كَثِيرَةٌ، وَيَقُولُونَ: هَلُمَّ نَصْعَدْ إِلَى جَبَلِ الرَّبِّ، إِلَى بَيْتِ إِلهِ يَعْقُوبَ،

فَيُعَلِّمَنَا مِنْ طُرُقِهِ وَنَسْلُكَ فِي سُبُلِهِ." (إشعياء ٢: ٣).

هنا نجد نموذجًا بسيطًا للعمل المشترك والتعاون الذي يشكل العالم من حولنا. تبرز ثلاثة عناصر متميزة في هذا النموذج.

١. "نَصْعَدْ". الخطوة الأولى الحيوية هي أن نقترب من الرب. "فَلْنَتَقَدَّمْ بِثِقَةٍ إِلَى عَرْشِ النِّعْمَةِ..." (عبرانيين ٤: ١٦). من خلال عمل المسيح، يمكننا أن نقترب بجرأة وثقة من الرب.

٢. "فَيُعَلِّمَنَا مِنْ طُرُقِهِ". هذه الخطوة التالية هي حيث تصبح الأشياء مثيرة حقًّا. في العرش أو في محضر الله، يعلّمنا الرب طرقه. حكمة الله المتنوعة متاحة لنا نحن أبناء الملك المفديين. إن تعلُّم "طرقه" هو النتيجة الطبيعية للثبات في الله. هذا هو عالم العلاقة الشخصية مع الله. هذا هو المكان الذي تبدأ فيه دراسة الكلمة والمشاركة الفعالة مع الروح القدس في توجيه كل فكر وعمل خاص بك. تبدأ حقًّا في أن تتغير من خلال تجديد ذهنك، كما يقول الكتاب المقدس.

٣. "نَسْلُكَ فِي سُبُلِهِ". بمجرد أن نجلس عند قدمي الرب ونتعلم طرقه، ندرك أننا يجب أن نزرع في حديقتنا. نصبح مثل ما نراه، وعندما نثبت في الرب، نتعلم طرقه. يبدو العالم من حولنا مثل العالم بداخلنا، وتبدأ حديقتنا أو نطاق تأثيرنا في أن يبدو مثل السماء.

السماء التي يعيشها كل مؤمن يوميًا في محضر الرب تظهر بعد ذلك في نطاق تأثير كل شخص. فجأة، قد تجد نفسك "تمشي عند هبوب ريح النهار" (تكوين ٣: ٨) جنبًا إلى جنب مع الرب. الآن تتم زراعة نطاق تأثيرك على الأرض كنموذج للملكوت، ويبدأ حضور الله في توسيع نطاق السماء لتصل إلى أقاصي الأرض.

هذا النموذج البسيط الموضح في إشعياء هو حقًّا جوهر تصميم الله الأصلي لكيفية الإشراف على كل نطاق تأثير وزراعة كل حديقة. كما رأينا في نموذج الحديقة، أراد الرب أن يكون هذا مشروعًا عائليًا يعكس الحميمية والمحبة. إنه يتوق لأن نعيش هذا النموذج كل يوم وفي كل سياق. من خلال العلاقة الشخصية، ينقل الله حكمة الله المتنوعة إلى الأبناء القابلين للتعلم والمتضعين. من خلال كنيسته وعائلته وعروسه، لا يهدف فقط إلى أن يبارك

الأمم ولكنه يهدف أيضًا إلى أن يبارك كل مجال من مجالات المسئولية الموكلة للبشرية. إن الشخص الذي يتعلم "طرق" الرب قد أصبح حاملًا للشفرة المصدرية للسماء.

حكمة الله المتنوعة هي مصدر الشفرة المصدرية الحقيقية للسماء والتي تتسم بأنها سليمة ونقية ومصممة بشكل مثالي لتعمل على جهاز الله. مهمتك هي أن تنظر إلى الرب، وتتعلم حكمة الله المتنوعة، ثم توجه وتشكل حديقتك بشكل جميل. صلى يسوع: " لِيَأْتِ مَلَكُوتُكَ. لِتَكُنْ مَشِيئَتُكَ كَمَا فِي السَّمَاءِ كَذلِكَ عَلَى الأَرْضِ." (متى ٦: ١٠) ستتمتع الحديقة أو نطاق التأثير الخاضع للإشراف الجيد بشرف أن تكون جزءًا من استجابة صلاة يسوع. تذكَّر: في تصميم الله الأصلي، أنت تشبه أباك السماوي، وحديقتك تشبهك.

الشفرة التالفة

كل شخص، كل مترون، وكل ثقافة مصابة بشفرة مصدرية تالفة. الشفرة المصدرية هي التصميم الأصلي أو الأساس الذي يتم منه بناء جميع طبقات البرنامج في نظام الكمبيوتر. الثقافة هي البرنامج، والخليقة هي جهاز الله. بصفتنا جسد المسيح، نحن مدعوون للمشاركة مع الله لنرى برنامج السماء يعمل في جهاز الخليقة. إن حكمة الله المتنوعة هي مصدر الشفرة المصدرية للسماء. تعمل هذه الشفرة المصدرية على تغيير الأمم بحيث يصبح واقعها أشبه بواقع السماء — كما في السماء كذلك على الأرض.

تتمثل إحدى طرق توضيح هذا التفويض التحويلي في النظر إلى وضعك في معادلة الملكوت باعتبارك أحد مبرمجي الله. التفويض الممنوح للكنيسة هو أن يصبح أعضاؤها "كاتبي الشفرات" الرئيسيين الذين يمكنهم إعادة تشفير كل منطقة مكسورة في نطاق تأثيرهم. نحن مكلفون بالكتابة فوق الشفرة الحالية التي اخترقتها الخطية وصارت الآن مليئة بالفيروسات. لقد تسبب مزيج الخطية والدمار اللذين أدخلهما الإنسان الساقط والملائكة الساقطين إلى منصة الله المثالية الخاصة بالخليقة في أكبر اختراق في التاريخ. إن الشفرة أو "الفيروس" التالف الذي تم إدخاله من خلال الخطية والذي لا يزال يتم به كان مدمرًا لتصميم الله الأصلي. لأن التمرد والدمار لا يزالان يعملان، فنحن منشغلون بأعمال أبينا المتمثلة في المصالحة والاسترداد.

إن الآثار المدمرة للشفرة التالفة واضحة منذ خطية آدم وحواء الأصلية. أدى الباب الذي فتحته الخطية في نظام الله المثالي إلى تردي الخليقة وموت كل شيء. السلطة التي سلَّمتها البشرية للعدو أعطته القدرة على تغيير الشفرة المصدرية وجعل الأمور على الأرض مختلفة عن الأمور في السماء. بدأ الشيطان في الكتابة فوق شفرة السماء باستخدام حلفائه الجدد.

ثم بدأ البشر في تطبيق نظام التشغيل الخاص به، والذي يسمى "سُلْطَانِ الْهَوَاءِ" في (أفسس ٢: ٢). تم إدخال الفساد والخطية والموت والدمار مثل الفيروس في خليقة الله المصممة تمامًا بشكل مثالي، وذلك لأن البشر اصطفوا مع العدو. لكن كان لدى الله خطة كاملة لتحقيق "استرداد كل الأشياء".

إصلاح الشفرة

إن إصلاح شفرة هذا العالم التالفة هو عملية مركبة لكنها خلاصية. تحصل على امتياز الكتابة فوق "الشفرة" التالفة التي أدخلها العدو في الخليقة، جنبًا إلى جنب مع أبيك السماوي.

"وَأَمَّا اللهُ فَمَا سَبَقَ وَأَنْبَأَ بِهِ بِأَقْوَاهِ جَمِيعِ أَنْبِيَائِهِ، أَنْ يَتَأَلَّمَ الْمَسِيحُ، قَدْ تَمَّمَهُ هكَذَا. فَتُوبُوا وَارْجِعُوا لِتُمْحَى خَطَايَاكُمْ، لِكَيْ تَأْتِيَ أَوْقَاتُ الْفَرَجِ مِنْ وَجْهِ الرَّبِّ. وَيُرْسِلَ يَسُوعَ الْمَسِيحَ الْمُبَشَّرَ بِهِ لَكُمْ قَبْلُ.الَّذِي يَنْبَغِي أَنَّ السَّمَاءَ تَقْبَلُهُ، إِلَى أَزْمِنَةِ رَدِّ كُلِّ شَيْءٍ، الَّتِي تَكَلَّمَ عَنْهَا اللهُ بِفَمِ جَمِيعِ أَنْبِيَائِهِ الْقِدِّيسِينَ مُنْذُ الدَّهْرِ." (أعمال الرسل ٣: ١٨–٢١)

يوضح (أعمال الرسل ٣) عملية خلاصية رائعة أمر بها الله لتحقيق الاسترداد الكامل لكل الأشياء.

١. تألم المسيح ومات من أجل خطايانا (الكفارة).

٢. يمكننا "التوبة والعودة" (الخلاص – المصالحة).

٣. حتى "تُمحى خطايانا" (التبرير).

٤. "تَأْتِيَ أَوْقَاتُ الْفَرَجِ مِنْ وَجْهِ الرَّبّ" (الإصلاح).

٥. "أَزْمِنَةِ رَدّ" (عملية التغيير).

٦. "كُلِّ شَيْءٍ" (الذروة — في اليوم العظيم المجيد لعودة المسيح).

تجد جميع الشعوب والأمم وكل جوانب نطاق تأثيرك أيضًا نفسها في مكان ما في هذه العملية الخلاصية. يدرك غالبية المؤمنين إلى حد ما النقاط الثلاث الأولى في هذه العملية ويسعون بنشاط أو على الأقل يدعمون رؤية هذه العمليات تتحقق في العالم من حولهم. لا يمتلك الكثيرون نموذجًا يمكنه أيضًا استيعاب النقطتين ٤ و٥. لقد دفعنا التعليم الروحي واللاهوتي الحديث إلى التركيز على النقاط ١ و٢ و٣ ثم الانتقال إلى النقطة ٦. إذا كنا نحن جسد المسيح لنرى فعليًا إلى الاستجابة اليومية للصلاة الربانية "لِيَأْتِ مَلَكُوتُكَ. لِتَكُنْ مَشِيئَتُكَ كَمَا فِي السَّمَاءِ كَذلِكَ عَلَى الأَرْضِ" فإننا نحتاج أيضًا إلى التركيز على النقطتين ٤ و٥.

كيف سيبدو الأمر عند تضمين النقطتين ٤ و٥ أيضًا؟ دعونا نلقي نظرة على التأثير الذي يمكن أن يحدثه أي مؤمن ذي عقلية متكاملة وقادرة على التغيير على نطاق تأثيره.

إن عملك المشترك مع المسيح هو نفسه عمل إعادة كتابة البرنامج الذي يدير نطاق تأثيرك. الحكمة المتنوعة التي تكتسبها في محضر الله ومن كلمته هي شفرة مصدرية نقية لا تشوبها شائبة. حتى لو كنت فقط في البداية فإن نطاق تأثيرك في حاجة ماسة إلى الاسترداد.

من خلال الكنيسة (أنت)، هناك رجاء لكل نظام معطل. هناك رجاء لكل فرد مخدوع. هناك رجاء في التغيير لكل ثقافة منغمسة في شفرة مصدرية أفسدها إلهها الزائف.

يجب على الكنيسة إظهار ثقافة السماء في كل مجال من مجالات التأثير بطريقة تجعل حتى السلاطين في العوالم السماوية، أي العدو وقواته، مجبرين على أن يروا أن حكمة الرب أعلى من كل شيء. لا يوجد سوى إله واحد حقيقي. إن التصميم الذي يحقق الانتصار في كل شيء هو جسد مؤمنين خاضع يسعى وراء الله، ويتعلم طرقه، ويكتسب الحكمة، ثم ينتشر و"يحول" فضاءه، أو حديقته، أو نطاق تأثيره "إلى سماء". لقد عُهِد إلى جسد المؤمنين بشفرة السماء المصدرية من خلال قدرتنا على الدخول إلى عرش الله. نحن نتواصل بشكل هادف مع الرب ونحصل على مواهب الحكمة والفهم كما وعدنا

الكتاب المقدس. يقول الكتاب المقدس إننا إذا طلبنا الحكمة والفهم فسنجدهما. تنبع الحكمة والفهم من العلاقة مع الله، وهما يمنحاننا القدرة والتفويض لكتابة الشفرة بشكل مبدع وفقًا لثقافة السماء.

سيؤدي حضور الله وقوته وحكمته التي تتدفق عبر المؤمن مثل أنهار الماء الحي في النهاية إلى إسكات مزاعم الشيطان المتعجرفة. بينما قوم أتباع المسيح عن قصد بربط نطاق تأثيرهم بعرش الله، فإن رحمة وبركات الرب سوف تهزم كل حجة بشرية ضد شخص الرب وطبيعته. سنرى العدو يُجبر على الاستسلام. سوف يسلم في النهاية بأن يسوع المسيح هو الرب وبأن طرق الله هي الأفضل بلا حدود. سيقر بأن الرب صاحب حكمة لا مثيل لها.

نهاية اللعبة

"وَبَعْدَ ذلِكَ النِّهَايَةُ، مَتَى سَلَّمَ الْمُلْكَ للهِ الآبِ، مَتَى أَبْطَلَ كُلَّ رِيَاسَةٍ وَكُلَّ سُلْطَانٍ وَكُلَّ قُوَّةٍ. لأَنَّهُ يَجِبُ أَنْ يَمْلِكَ حَتَّى يَضَعَ جَمِيعَ الأَعْدَاءِ تَحْتَ قَدَمَيْهِ. آخِرُ عَدُوٍّ يُبْطَلُ هُوَ الْمَوْتُ." (١كورنثوس١٥: ٢٤-٢٦).

بعد قيامة المسيح، دعانا لنحكم ونملك معه. في الوقت المناسب، يصل مشروع الملكوت إلى ذروته عندما يتم القضاء على كل أعداء المسيح بعد إخضاعهم. النهاية الحقيقية للعبة هي عندما يسلم المسيح مشروع الملكوت المكتمل للآب.

يتم تمكين الناس عندما يكون لديهم هدف. يلعب جسد المسيح دورًا أساسيًا في خطة الله الخلاصية لكل الخليقة. يوجد إدراك كبير للهدف في هذه العملية، عندما يكون رجاؤنا في انتصار الله النهائي. كل مؤمن مكلف بغرس ثقافة السماء في نطاق تأثيره. كل منطقة في نطاق تأثيرك يمكن أن تلمسها السماء فتنبض بالحياة، وترويها أنهار الماء الحي التي تتدفق من روحك. يمكن أن يصبح كل نطاق تأثير مثل جنة عدن التي تستضيف حضور الله، حيث يستطيع الناس أن يروا الخالق ويصبحوا مثله.

في هذه المرحلة من دراستنا، بدأنا في الكشف عن فهم أوسع للإنجيل والخلاص. تذكَّر: لم تخلص فقط من شيء ما، ولكنك أيضًا قد خلصت لأجل شيء ما. أنت مهم ونطاق تأثيرك مهم.

الفصل ٢٢
امتلك

"وَأَخَذَ الرَّبُّ الإِلهُ آدَمَ وَوَضَعَهُ فِي جَنَّةِ عَدْنٍ لِيَعْمَلَهَا وَيَحْفَظَهَا." (تكوين ٢: ١٥).

لقد رأينا قصة أساسية في الكتاب المقدس تسمى التكليف الأصلي. قُدمت الدعوة للعمل إلى آدم وحواء في هذا التكليف. يتم تأكيد هذا التكليف الأصلي باستمرار باعتباره مصدر هوية البشر وهدفهم عبر التاريخ. لقد استكشفنا بالتفصيل العنصر الأول في الدعوة والموجود في (تكوين ٢: ١٥)، كلمة abad أو "اعمل". ومن هذا يأتي فهم أن العمل هو أساسًا روحي؛ إنه عبادة وله قيمة أبدية جوهرية. اكتشفنا أيضًا كيف تشكل العبادة الثقافة في نهاية المطاف وكيف أننا نمتلك تفويضًا لجلب ثقافة السماء إلى مناطق تأثيرنا على الأرض. بصفتنا جزءًا من عمل عائلة الله، نقبل تكليفنا جنبًا إلى جنب مع آدم وحواء ونوح وإبراهيم وإسرائيل ويسوع.

لكي نعمل في ما لأبينا، علينا أن نكثر وننتشر ونخضع (ندير) الخليقة. يصبح العمل المشترك مع الروح القدس في نطاق تأثيرك جزءًا من استجابة الصلاة التي علمنا يسوع أن نصليها: "لِيَأْتِ مَلَكُوتُكَ. لِتَكُنْ مَشِيئَتُكَ كَمَا فِي السَّمَاءِ كَذلِكَ عَلَى الأَرْضِ." وبهذا يصبح لدينا دافع للعمل.

اكتشفنا أننا، مثل آدم وحواء، لدينا جميعًا حديقة أو نطاق تأثير. يعيد الرسول بولس التأكيد على هذا المفهوم في رسالة (كورنثوس الثانية ١٠: ١٣) عندما يشير إلى أن له نطاق تأثير محدد. وبالمثل، فقد توصلنا إلى فهم أن لدينا سلطة ومسئولية مفوَّضة فيما

يخص نطاق تأثيرنا. وفي ذلك، نحن نشارك مع الله في كتابة البرنامج أو الثقافة التي تميز نطاق التأثير. بعد فحص كلمة abad، والتي تمثل العنصر الأول للعمل في التكليف الأصلي، يمكننا تحويل تركيزنا إلى العنصر الأساسي الثاني في التكليف، وهو كلمة "احفظ". إن استكشاف هذه الوصية المهمة بنفس القدر، "أحفظ"، سيقود العديد من المؤمنين إلى نقلة نوعية تجيب على سؤالين: "ماذا أفعل الآن بعد أن صرتُ مؤمنًا؟" و"ما هو معنى الحياة في هذا الزمان والمكان؟"

العنصر الثاني في الدعوة

غالبًا ما يجد الناس أن الحصول على شيء ما أسهل من الاحتفاظ به. في الحرب، الاستيلاء على الأراضي أسهل بشكل عام من إعادة تشكيل الأرض أو الاحتفاظ بما تم الحصول عليه. والأمر ذاته ينطبق على الزراعة في نطاق تأثيرنا. الحفاظ على ما تم الحصول عليه يتطلب الإشراف. بينما نسعى لإطاعة الأمر "احفظ"، نكتشف تفويض الامتلاك. إن النجاح في إطاعة أمر الله بالانتشار وملء الأرض يتطلب إشرافًا فاعلًا إذا كان ليتم إخضاع الأرض والحفاظ على التقدم. في ملكوت الله، يحدث الإخضاع والحفظ من خلال عمل أيدينا في نطاق التأثير الذي أعطاه لنا الله. نحن مدعوون للزراعة والحفظ.

"العمل هو دعوة من الله في حياة الفرد. يصبح العمل هو المجال الذي يخدم المسيحي من خلاله، وليس فقط فيه، المسيح وملكوته. إنه المهنة — العمل الرئيسي في حياة المرء — التي يمتلك المرء من خلالها أرضًا أو منطقة نفوذ (لوقا ١٩: ١٣) لصالح يسوع المسيح." (دارو ميلر Darrow Miller)[20]

"فَدَعَا عَشَرَةَ عَبِيدٍ لَهُ وَأَعْطَاهُمْ عَشَرَةَ أَمْنَاءٍ، وَقَالَ لَهُمْ: 'تَاجِرُوا حَتَّى آتِيَ.'" (لوقا ١٩: ١٣).

---

[20]Darrow Miller, LifeWork, page 9 Developing a Biblical Theology of Vocation Copyright © 2002 by Darrow L. Miller Published by the Disciple Nations Alliance.

عندما يعود الملك، فإنه يتوقع منا عائد استثماره. تذكَّر أن الأمر لا يتعلق بحجم أو مواصفات العمل الذي نقوم به في نطاق تأثيرنا ولكن بالإخلاص الذي به نشرف أو نحافظ على ممتلكات سيدنا. لقد حصلنا جميعًا على مورد لإدارته. قد يكون حكومة أمة أو قلوب أطفالك أو الجو الروحي لسجن تجد نفسك محبوسًا فيه. كل واحد منا مسئول عن نطاق التأثير الذي يشغله.

الغرض من الدعوة

"الله لا يدعو شعبه لأن يكونوا رائعين أو مؤثرين بشكل مذهل. أي شيء يتسم بالإبداع أو الاسترداد أو الحماية هو جانب من صورة الله فينا ومن الطريقة التي خلقنا الله وجهزنا بها بشكل فريد لنخدم ونبارك العالم." (سكوت سولز Scott Sauls)[21]

يشير هذا الاقتباس لسكوت سولز Scott Sauls إلى نقطة مهمة. لسنا بحاجة إلى أن نكون رائعين أو مدهشين. نحن فقط بحاجة إلى أن نكون مطيعين وأمناء. ومع ذلك، مثل أي أب، فإن الله له آمال وأحلام في حياتك. يهدف الله إلى القيام بأشياء رائعة ومدهشة من خلالك. كل ما تمتد إليه يدك مهم للغاية لخليقة الله. بغض النظر عن مدى كون شيء ما يبدو غير مهم، فإن القصد هو أن تكون كل دعوة بشرية مملوءة بالكرامة. كل نشاط هو فرصة لعبادة الله. لا تشعر بعدم الكفاءة أو عدم الثقة بالنفس بشأن مقدار المسئولية التي أوكلها الله إليك. من الواضح أن الله يختار عمدًا الضعفاء والجهال في هذا العالم ليحير الحكماء.

"فَانْظُرُوا دَعْوَتَكُمْ أَيُّهَا الْإِخْوَةُ، أَنْ لَيْسَ كَثِيرُونَ حُكَمَاءَ حَسَبَ الْجَسَدِ، لَيْسَ كَثِيرُونَ أَقْوِيَاءَ، لَيْسَ كَثِيرُونَ شُرَفَاءَ، بَلِ اخْتَارَ اللهُ جُهَّالَ الْعَالَمِ لِيُخْزِيَ الْحُكَمَاءَ. وَاخْتَارَ اللهُ ضُعَفَاءَ الْعَالَمِ لِيُخْزِيَ الْأَقْوِيَاءَ. وَاخْتَارَ اللهُ أَدْنِيَاءَ الْعَالَمِ وَالْمُزْدَرَى وَغَيْرَ الْمَوْجُودِ لِيُبْطِلَ

---

[21]Scott Sauls, Irresistible Faith: ChristianPost.com January 6th, 2019.

الْمَوْجُودَ، لِكَيْ لاَ يَفْتَخِرَ كُلُّ ذِي جَسَدٍ أَمَامَهُ." (١ كورنثوس ١: ٢٦-٢٩).

عندما يدعوك الله فإنه يجهزك. عندما يفعل الله أمورًا لا تصدق من خلال أشخاص عاديين، فإنه يحصل على المجد، ويتم التسليم بأن طرقه أعلى من كل طرق أخرى. هو مصدر القوة والحكمة والموارد، لكنه يختارك للقيام بالمهمة.

دعوتك هي الوسيلة التي يستخدمها الله للحفاظ على أرض الملكوت. لقد قمت أنت والآخرون الذين جاءوا قبلك بزراعة وتوسيع أراضي الملك، لكن هذه الأراضي بحاجة إلى الحفظ. يجب حراستها وحمايتها ومراقبتها.

أبونا السماوي محب وهو يعطي المواهب الصالحة. يريد أن يبارك عمل يديك. الآن وقد استكشفنا لمحة عامة عن التكليف الأصلي، أصبح المثل الوارد لوقا ١٩ أكثر وضوحًا. يخبر الرجل النبيل عبيده بأنه ذاهب لتأسيس مملكته وأنهم يجب أن يتعاملوا مع موارده حتى يعود. عندما يعود بعد تأسيس مملكته، فإنه يطلب حسابًا عما فعله عبيده بكل ما أعطاه لهم. يريد أن يرى عائد استثماره، كما يريد تحديد مَنْ الذي يمكنه أن يعهد إليه بالمسئوليات الأكبر في مملكته. أعتقد أن النقطة الأهم في المثل هي أن الله يبحث عمن يثق بهم ويكافئهم.

هؤلاء الخدام الذين أظهروا الطاعة والاجتهاد قاموا بتوسيع نطاق تأثيرهم. لقد عملوا بأمانة مع سيدهم وزادوا موارد مملكته. تمت مكافأتهم على أفعالهم بمزيد من المسئولية والثقة بقدر نسبي. الخادم الذي زاد استثمار سيده عشر مرات عُيّن مسئولًا عن عشر مدن، والخادم الذي كان غير مسئول فيما يتعلق بممتلكات سيده وأساء تمثيل شخصية وطبيعة سيده عوقب بشدة. لن نعرف بالضبط ما هي المكافأة المذخرة في الأبدية لأولئك الذين يديرون نطاق تأثيرهم بأمانة حتى يوم الرب. لكننا نعلم أن لنا أبًا صالحًا وهو يسعى لمكافأة أولاده.

من خلال العمل المشترك مع الله، يتم منحك امتياز رؤية النظام والبركة يُغرسان في الخليقة. جزء كبير من التفويض للعمل abad هو ما يمكن أن نصفه بأنه نشاط قابل

للعد أو نشاط كمي داخل نطاق تأثيرك. ربما تقوم ببناء أو تصميم أو إنشاء شيء لم يكن موجودًا من قبل. من خلال التواصل مع حكمة الله، يمكنك طرح قيادة فكرية وحلول في الحكومة. قد تنتج علاقتك بالمبدع الأصلي، من خلالك، جمالًا ومعنىً يذكران الناس بجمال الله.

قد يجلب عمل شخص ما في المجالات العلمية والطبية الأمل والحلول للمناطق المعطلة في نطاق تأثيرك. يمكن أن تكون القرارات التي تتخذها كقائد مليئة بالحكمة والمعرفة القادمتين من السماء. يمكن أن تجلب دعوتك كأب أو كزوج الماء الحي الذي يتمثل في المحبة غير المشروطة والقبول والثقة إلى عائلتك. أنت مكلف بغرس الشفرة المصدرية للسماء في فوضى الخلق. أنت تحمل السلطان والتفويض لإزاحة الفوضى والقمع والظلمة في نطاق تأثيرك. لا يوجد عمل من أعمال الظلمة بمنأى عن المؤمن الذي يعرف سلطانه ويعمل بناءً على تفويضه في الملكوت.

بغض النظر عن نطاق أو طبيعة دعوتك، فإن المؤمن مدعو أيضًا لحفظ ما تم غرسه. بحسب (تكوين ٢: ١٥)، هناك تفويض للحراسة والحماية والمراقبة. تفويض الحفظ متوازن بشكل جيد مع تفويض الزراعة. تجري استعادة المعنى والعظمة في دعوتك عندما يتم قبول الأمر بالحفظ. من خلال استكشاف كلمة shamar، سيتم توسيع مجال رؤيتنا على نطاق واسع.

مدعو لتحفظ

"وأخذ الرب الإله آدم ووضعه في جنة عدن ليعملها ويحفظها." (تكوين ٢: ١٥).

كلمة "يحفظ"، المترجمة من الكلمة العبرية shamar، تعني "يحرس ويحمي ويراقب."[22] من خلال استكشاف المعاني المتضمنة في كلمة shamar، تصبح الأمور مثيرة حقًا! هنا نتعمق في أبعاد جديدة لما يعنيه لما تكون مسيحيًا يقبل التكليف الأصلي!

---

[22]Strong's Concordance #H8104.

تم تقديم الكثير من الأفكار المفيدة والتفسيرات الكتابية فيما يتعلق بمفهومي الدعوة والعمل باعتباره عبادة. عادةً ما يركز النهج الأولي على بلورة أنظمة روحية جيدة وتنمية الشخصية، ويكون ناجحًا روحيًا وشخصيًا. يميل المستوى التالي من التركيز بشكل صحيح نحو تمثيل الله بشكل جيد في الحياة الشخصية والعملية للفرد. أرى أن هذين الأسلوبين تكتيكيان وعمليان. هدفت هذه الدراسة إلى النظر عن كثب في الإطار الفائق للطبيعة الذي يقوم عليه ما هو تكتيكي وما هو عملي. استكشفنا المنظور الاستراتيجي والشامل للدعوة. في الجزء الأول من هذه الدراسة، استكشفنا مفهوم العمل باعتباره عبادة والجذور الروحية للثقافة. وقد رأينا أن العمل والعبادة وإدارة الثقافة هي مسئوليات أساسية لكل مؤمن، والهدف هو إنشاء إطار لاهوتي لدعم كل شيء في الحياة.

في هذه الرحلة لفهم تكليفنا الأصلي، نضيف الآن حجر أساس آخر أو مفتاحًا آخر لهذا الفهم. يُعتبر مفهوم shamar أساسيًا للقيام بهذا التكليف، وبشكل خاص لفهم عمق الثقة التي وضعها الله فيك. لقد رأيتُ أنه لم يول سوى القليل من الاهتمام لهذا المفتاح الثاني — shamar. تُعرِّف هذه الفكرة التكليف الأصلي بقدر متساوٍ. في التكليف الأصلي، كلمة abad أو "اعمل" هي الأمر الأول. الأمر الثاني هو "احفظ"، وهو الأمر الذي غالبًا ما يتم تجاهله.

إن اكتساب فهم جيد لكيفية استخدام كلمة "احفظ" أو shamar في الأصل سيفتح عينيك لترى ضخامة مشروع ملكوت الله. توسع الآثار المترتبة على هذه الفكرة أيضًا الويف الوظيفي لنطاق تأثيرك، كما توسع نطاق العمل ليصل إلى ما هو أبعد مما يدركه معظم المؤمنين. إلى جانب هذا العمق الجديد في الفهم فيما يتعلق بتكليفك، يأتي إدراك عميق بأن الله يريد أن يثق بك. هو يريدك أن تسير معه وتعمل معه كل يوم في كل شيء في ملكوته.

لقد استكشفنا العنصر الأول في الدعوة وهو زراعة نطاق تأثيرك. لكن كيف يحفظ المرء نطاق تأثيره؟

shamar فعل حركة. كانت كلمة shamar أيضًا جانبًا وظيفيًا للوصف الوظيفي لما كان يقوم به الكاهن في التقليد اليهودي وفي الكتاب المقدس بأكمله. إن دراسة جيدة لكلمة shamar تكشف عن معناها: "أن تبدي عناية شديدة بشيء ما". وهي تحتوي أيضًا على أفكار إنشاء سياج حول شيء ما لحمايته، والتصدي بشكل فعال للمتسللين. العناية هي أيضًا جانب محدد من جانب المعنى. يتماشى مفهوم العناية بشيء ما بشكل وثيق مع فهمنا للإدارة أو الإشراف.

دُعي آدم وحواء ليكونا كاهنين ملوكيين في هيكل حديقتهما. ونحن الآن، بصفتنا كهنوت المؤمنين الجديد، مدعوون للعمل ككهنة في هياكل حدائقنا. يكتب الرسول بطرس عن هذه الدعوة السامية وعن هويتنا ككهنة ملوكيين بموجب العهد الجديد.

"وأما أنتم فجنس مختار، وكهنوت ملوكي، أمة مقدسة، شعب اقتناء، لكي تخبروا بفضائل الذي دعاكم من الظلمة إلى نوره العجيب." (١ بطرس ٢: ٩).

قد تكون لديك صورة ذهنية معينة عن الكاهن وما يفعله. غالبًا ما نفكر في أنهم يرتدون الأردية ويؤدون الطقوس. كان لكهنوت العهد القديم دور خاص هدفه التوسط وإدارة العلاقة ثنائية الاتجاه بين الله والإنسان. كان الكاهن مسئولًا عن خدمة الرب من خلال العبادة والطقوس. كان الكهنة يتوسطون أيضًا في علاقة البشر بالله من خلال التعليم والتوجيه وإدارة نقطة الاتصال. بموجب العهد القديم، كانت نقطة الاتصال في داخل الهيكل — في قدس الأقداس.

والآن، في العهد الجديد، يجب أن نفكر في الكهنة باعتبارهم يرتدون أحذية العمل والسترات والمعاطف، ويحملون أجهزة الكمبيوتر أو صناديق المؤن. هذه الأشياء مهمة وفائقة للطبيعة تمامًا مثل أوريم وتميم الكهنة القدماء. لست فقط كاهنًا ملوكيًا في نطاق تأثيرك كما هو موضح أعلاه، ولكنك أيضًا هيكل متنقل!

ماذا يوجد داخل الهيكل؟ حضور الله ذاته، الروح القدس. إن روح الله يتوق إلى

الظهور من خلالك مع كل ضربة بمطرقة أو نقرة على الكمبيوتر. لا يمكن لنطاق تأثيرك الهروب من تأثيرك. السؤال الوحيد هو: ما هو مصدر الشفرة التي تستخدمها لتشكيل ما تؤثر عليه؟ تذكَّر أن ما بداخلك سيشكل العالم من حولك. هذا هو تصميم ملكوت الله؛ من الداخل إلى الخارج. إنه تأثير وليس فرض. مَنْ الذي سيُعبد؟ وما هي الثقافة التي سيتم إرساؤها داخل نطاق تأثيرك؟ تقع الإجابة على هذا السؤال ضمن نطاق مسئوليتك.

في العهد الجديد، لا يزال الكهنوت الملوكي يعمل على غرس العبادة كنقطة اتصال بين السماء والأرض. ولكن الآن أصبحت الأردية ملابس عمل، وأصبحت الطقوس مهنًا. يعمل هذا الاقتباس من أبراهام كويبر Abraham Kuyper على تعزيز حجم مكانتنا كشركاء في العمل مع الله في ملكوته.

"أينما يقف الإنسان، مهما كان ما يفعله، في أي شيء قد تمتد إليه يده، في الزراعة، أو في التجارة، أو في الصناعة، أو في عقله، في العمل الفني والعلمي، أيًا ما كان، فهو دائمًا يقف أمام وجه الله، ويعمل في خدمة إلهه، وعليه أن يطيع إلهه طاعة تامة، وقبل كل شيء، عليه أن يستهدف مجد إلهه."[23]

دعونا نعود لاستكشاف العنصر الثاني في الدعوة — احفظ. من المهم أن نلاحظ الموضع الأول لهذه الكلمة في سفر التكوين. في الكتاب المقدس، تُعتبر المرة الأولى التي يتم فيها استخدام كلمة أو مفهوم ما أمرًا حيويًا لكيفية تفسيره أو ظهوره في الاستخدامات الكتابية اللاحقة.

يصبح أول ذكر وسياق لكلمة shamar بمثابة عدسة تفسيرية نفهم من خلالها معنى الكلمة أو المفهوم حين يظهر لاحقًا في الكتاب المقدس. عندما يعطي الله

---

[23] Abraham Kuyper. Lectures on Calvinism, (Grand Rapids, Mich.:Wm. B. Eerdmans Publishing Co., 1983) 53.

التكليف الأصلي ويوجه آدم بأن يزرع الحديقة ويحفظها، فهو يستخدم كلمة shamar. حصل آدم وحواء على تكليف من جزأين، وتلقيا نفس التفويضات. لقد وصفت هذه التفويضات بالعنصرين الأول والثاني في الدعوة. ونظرًا لأن الفهم الصحيح لكلمة shamar حيوي بالنسبة لمحاولتنا بناء إطار لاهوتي للعمل، فنحن بحاجة إلى إلقاء نظرة أعمق على هذا التفويض. دعونا ننظر في الخطوط العريضة للاستخدامات والمعاني الموجودة في قاموس براون-درايفر-جيسينيوس Brown–Driver–Briggs.

تعريف Shamar

١. يحفظ، يحرس، يراقب، يهتم
٢. يحفظ، يكون مسئولًا عن؛ يحفظ، يحرس، يراقب ويخفر، يحمي، ينقذ الأرواح
يحرس، حارس.
١. يلاحظ، ينتظر.
٢. يشاهد، يراقب.
٣. يحفظ، يبقي، يحتفظ (في الذاكرة).
٤. يبقي (في حدود)، يكبح.
٥. يحترم، يحتفل، يحفظ (السبت أو العهد أو الوصايا)، يوفي (النذر).
٦. يحفظ، يحافظ، يحمي.
٧. يحفظ، يدخر.

لأجل أهدافنا، ألخص هذا في تعريف عملي لكلمة shamar: يحرس، ويحمي، ويراقب.

مقاييس الملكوت

يمكنك أن ترى من المعنى المتضمن في كلمة shamar أن التكليف الأصلي كان تفويضًا قويًا ومفتوحًا. عندما أمر الله آدم وحواء بالتكاثر، وملء الأرض وإخضاعها، كان هناك جانب روحي وطبيعي للتكليف. كان من الضروري غرس وحفظ الظروف

الروحية والطبيعية الموجودة في الحديقة.

نتوق جميعًا لخدمة الله الآب وإرضائه؛ ولكي نحقق هدفنا في الملكوت، يجب أن نفهم تفويضنا الكامل. كما هو الحال مع أي وصف وظيفي، نحتاج إلى معرفة نطاق العمل المتوقع، وإلا كيف سنعرف ما إذا كنا ناجحين؟

وبينما ننظر إلى التفويضات الواردة في التكليف الأصلي، أقترح أن نرى عناصر كمية ونوعية متساوية في نطاق العمل. من الممكن تحديد مقياسين في التكليف الأصلي. مقاييس التكليف الأصلي هي التوسع أو النمو وضمان الجودة. هذه هي المسئوليات الرئيسية في إدارة نطاق تأثيرك.

دعونا نلقي نظرة على تعريف مقياسي الملكوت:

كمي: تتعلق هذه الكلمة بقياس الكمية أو المقدار أو تتضمن ذلك. يكون شيء ما كميًا عندما يمكن عده. (التوسع والنمو)

نوعي: هذه الكلمة تتعلق بالجودة أو تتضمنها. يكون الشيء نوعيًا عندما يكون مرتبطًا بالنوعية أو الطابع أو الطبيعة. (ضمان الجودة)

في إطار تفويضنا، لا يتعين علينا فقط أن نمتلك الأرض من خلال التكاثر والإخضاع والزراعة، ولكن علينا أيضًا أن نحافظ على الأرض. جودة البناء في الملكوت مهمة.

نحن لا نتحدث بالضرورة عن فهم طبيعي لأخذ الأرض أو الاحتفاظ بها بالمعنى المادي. يتوسع ملكوت الله إلى الخارج من خلال الوجود الداخلي لكل شخص يخضع عن طيب خاطر لسيادة المسيح. تبدأ سيادته في حياتك كـ "حبة خردل" ثم تنمو لتصبح شجرة حياة هائلة. تكون أصغر البذور مصدر بركة لنطاق تأثيرك. ينتج عن التوافق الروحي الصحيح داخلك حتمًا توافق متزايد داخل نطاق تأثيرك بين السماء والأرض. ملكوت الله داخلك. أنت هيكل متنقل يملؤه الروح القدس. إن كان المسيح قد ملك

وحكم داخلك، فهذا يعني أن الملكوت قد أتى وسيأتي؛ لا يفلت أي جزء في نطاق تأثيرك من أنهار الماء الحي. تنمو بذور الخردل وتتوسع وفقًا لتصميم الله الأصلي. سيتم التخلص من الظلمة الموجودة حولك في نهاية المطاف من خلال تدفق وضغط الماء الحي. بما أن إنسانك الداخلي يتتلمذ ويتواءم مع ملكوت الله، فلا يسعك إلا أن تفيض بأجواء السماء.

ضمان الجودة

تمامًا مثل آدم وحواء، نحن مدعوون للإشراف على كل ما خلقه الله وكل ما تمت زراعته. علينا أن نتمسك بالأرض ونحمي الثقافة التي تستضيف حضور الله في حديقتنا. علينا أن نحرس، ونحمي، ونراقب كل ما تم تأسيسه من خلال عملنا المشترك مع المسيح. واحدة من الوسائل الأساسية التي نحافظ بها على الأرض في نطاق تأثيرنا هي قبول تفويض ضمان الجودة. تقييم الجوانب النوعية أكثر صعوبة من تقييم الجوانب الكمية.

غالبًا ما يرتبط النجاح فيما يتعلق بما هو نوعي بإدارة العمليات والممارسات. وغالبًا ما تُعتبر إدارة العمليات والممارسات جانبًا أقل روعةً وإثارةً في عمل الفرد. يميل الناس إلى الحصول على نتائج مرئية أو ملموسة مثل منتج مكتمل أو محصول تم حصده أو درجة جرى الحصول عليها. ولكن في الملكوت، فإن كيفية وصول المرء إلى النتيجة تهم الله تمامًا مثلها مثل الإنجاز النهائي. تُعتبر عمليات الحراسة والحماية والمراقبة من العمليات والممارسات التي تقع إلى حد كبير ضمن تفويض shamar في الملكوت. إنها ليست وصية لمسيحيين "معينين" أو لمن لهم دعوة دينية معينة. "احفظ" هو أمر مساوٍ لجميع الذين يزرعون.

فيما يلي بعض المؤشرات الرئيسية التي قد تساعدك على تقييم عملك فيما يتعلق بعنصر shamar:

• هل تحمي العمليات والممارسات التي تتم في جهاز نطاق تأثيرك؟

- هل حضور الله واضح في جهود عملك الفعلية؟

- هل تراقب الشفرة المصدرية ونظام التشغيل اللذين يديران نطاق تأثيرك؟

- هل ثقافة السماء واضحة فيك دائمًا لأولئك الذين تؤثر عليهم؟

- هل تقدِّر جودة عملك بقدر إنجاز المهام التي يمكن عدها؟

- هل أنت أمين في المسئولية الصغيرة بنفس القدر مثلما هو الحال في المسئولية الكبيرة؟

- هل تقدِّر صلاح الوسيلة بنفس القدر مثل الغاية نفسها؟

- هل تبقى على وعي دائم روحيًا بحراسة بوابات حديقتك؟

- هل تسعى لإبقاء أنهار الماء الحي تتدفق بحرية من داخلك إلى نطاق تأثيرك؟

- هل تقيِّم حالة نطاق تأثيرك بانتظام وفقًا للمعايير الموجودة في كلمة الله المكتوبة؟

- هل يختبر الناس السماء عندما يتفاعلون مع نطاق تأثيرك على الأرض؟

• هل ترى توسعًا ونموًّا داخل نطاق تأثيرك؟

هناك طريقة أخرى جيدة لفهم أمر "احفظ" وهي استخدام كلمة "اعتن". العناية هي الإدارة المستمرة التي ترتبط ارتباطًا كبيرًا بجودة النتائج النهائية. الأرقام مهمة، وهناك الكثير من التضاريس التي يجب إخضاعها وزراعتها، لكن يجب علينا أيضًا تقدير العناية التي تضمن الجودة. إن العناية بالأرض التي يتم الحصول عليها روحيًا وماديًا أو إدارتها جزء من معادلة الطاعة. النتائج النوعية مهمة بنفس القدر مثل النتائج الكمية في الملكوت. يجب أن نعمل ونحفظ على حد سواء.

دور حراسة ما تمت زراعته وحمايته ومراقبته هو بيت القصيد في الإشراف. داخل التكليف الأصلي، كان هناك جانب يمكن قياسه عن طريق العد وجانب يمكن قياسه من خلال الجودة. لقد أعطى الله تفويضًا شاملًا للبشر للتوسع ولكن أيضًا للتعمق. يتعلق البعد الأعمق لإدارة نطاق التأثير بالجودة. وجد معظم الناس أن بناء شيء غالبًا ما يكون أسهل من الحفاظ على ما تم بناؤه.

كثيرًا ما انتصرت جيوش كثيرة في المعركة لكنها خسرت الحرب لأنها لم تستطع الاحتفاظ بالأرض التي استولت عليها. كان هذا درسًا قاسيًا تعلمته الإمبراطورية الرومانية وأدى إلى تكليف "الرسل" الأصليين بوظيفة عسكرية. لقد اكتشفنا هذا المفهوم الأصلي لمصطلح "رسول" وكيف استخدمت الكنيسة المصطلح في العهد الجديد كلقب وظيفي رئيسي. تاريخيًا، كان رسول الجيش الروماني مهتمًا بجودة واستمرارية توسع روما بقدر اهتمامه بحجم الأرض التي تم إخضاعها. وبالمثل، يجب علينا نحن الرسل الذين نعمل في نطاق تأثيرنا أن نقبل التكليف الخاص بحفظ الملكوت ورعايته. للقيام بذلك، يجب أن نضع في اعتبارنا يوميًا أننا مدعوون لإدارة كلا المؤشرين الرئيسيين في نطاق تأثيرنا. يشمل نطاق عملنا كلا العنصرين الأول والثاني من الدعوة المتضمنة في التكليف الأصلي. والعنصر الثاني للدعوة هو أن تعمل كحارس للملكوت أو تقوم بالعمل الذي ينطوي عليه الأمر "احفظ" shamar.

مثلما احتاجت حديقة آدم إلى العمل الذي ينطوي عليه الأمر "احفظ" shamar، فإن نطاق تأثيرك يتطلب ضمانًا للجودة. اكتشف آدم وحواء أن هناك تهديدات حقيقية لخليقة الله. في الحديقة، كانت هناك حية حقيقية، وهناك حياة حقيقية في نطاق تأثيرك. إلى أن يعود المسيح ويؤسس حكمه بالكامل، ستستمر هذه التهديدات. ستواجه عائلتك، وعملك، ومجتمعك، وبيئتك، وصحتك، وعلاقتك بالله، والرفاهية الاقتصادية، والشخصية، وكل جانب آخر يشمله نطاق تأثيرك تهديدات.

تذكّر أننا مدعوون لـ "محو آثار السقوط"، كما يعلق دارو ميلر Darrow Miller فيما يخص غرض الدعوة. إن محو آثار السقوط يعني التصدي بفاعلية للعدو الذي يهدف لأن "يَسْرِقَ وَيَذْبَحَ وَيُهْلِكَ".

نحن مدعوون لأن نكون وكلاء فعالين. تتضمن إدارة نطاق تأثيرك الحراسة والحماية من التهديدات حتى يحصل الرب على عائد استثمار. سنحاسَب على الاستثمار الذي أوكله إلينا الملك. عندما تعمل abad وتحفظ shamar، فإنك تبقي الشيطان بعيدًا

عن طريق ملء كل المساحة المتاحة في نطاق تأثيرك بحضور الله وطرقه. عملك هو الوسيلة الأساسية التي يمكنك من خلالها تشكيل العالم من حولك. كعضو في جسد المسيح، الكنيسة، يمكنك أن تفعل هذا! لقد وُعِدت بالوصول إلى حكمة الله المتنوعة! والهدف هو أن تكون هويتك وموارد السماء التي حصلت عليها بمثابة حلول للخليقة. عندما تصعد إلى جبل الرب (إشعياء ٢: ٣) يكون لديك ما تقدمه للعالم المحطم من حولك.

الفصل ٢٣
احفظ نطاق تأثيرك

هناك صراع مستمر في العالم الروحي محوره مَنْ الذي سيتحكم في نطاق تأثيرك. جزء من فن إدارة نطاق تأثيرك هو الحفاظ على سلطتك الروحية المفوَّضة على ما ائتمنك عليه الله. تأمل في قصة تجربة يسوع في البرية. نريد أن نفهم بشكل أفضل عواقب إعطاء آدم وحواء سلطتهما المفوَّضة إلى الشيطان.

"ثُمَّ أَصْعَدَهُ إِبْلِيسُ إِلَى جَبَلٍ عَالٍ وَأَرَاهُ جَمِيعَ مَمَالِكِ الْمَسْكُونَةِ فِي لَحْظَةٍ مِنَ الزَّمَانِ. وَقَالَ لَهُ إِبْلِيسُ: لَكَ أُعْطِي هذَا السُّلْطَانَ كُلَّهُ وَمَجْدَهُنَّ، لأَنَّهُ إِلَيَّ قَدْ دُفِعَ، وَأَنَا أُعْطِيهِ لِمَنْ أُرِيدُ. فَإِنْ سَجَدْتَ أَمَامِي يَكُونُ لَكَ الْجَمِيعُ.' فَأَجَابَهُ يَسُوعُ وَقَالَ: اذْهَبْ يَا شَيْطَانُ! إِنَّهُ مَكْتُوبٌ: لِلرَّبِّ إِلهِكَ تَسْجُدُ وَإِيَّاهُ وَحْدَهُ تَعْبُدُ" (لوقا ٤: ٥-٨).

يبدو الشيطان مدركًا تمامًا لهدف المسيح لاستعادة سيادته ومُلكه على العالم. إنه يجرِّب يسوع بأهدافه الخاصة. يعرض على يسوع في الأساس طريقة لاستعادة مملكته بدون عنصري الألم والموت. يغري الشيطان يسوع بأن يسلك الطريق السهل بشرط أن يحني ركبته لعبادة الشيطان. يوضح الشيطان أن كل سلطة على الخليقة قد سلَّمها إليه آدم، وأن لديه السلطة لإعطائها لمن يريد. لاحظ حقيقة أن يسوع لم يجادل في ادعاءات الشيطان.

كان من شأن الشيطان أن يكون راضيًا تمامًا بإعطاء يسوع كل هذه الممالك ومجدها طالما أنه سيحتفظ بجائزته النهائية. كان يريد أن يُعبد مثل الله. بالنسبة للشيطان، فإن فرصة أن يعبده الله تستحق أي مقايضة. كانت خطيته الأصلية هي كبرياؤه، وقد طُرد

من السماء لأنه قال إنه سيكون مثل الله. توبيخ يسوع للشيطان يدور حول مَنْ الذي سَتُقدَّم له العبادة. يقول يسوع بشكل أساسي: "لا، شكرًا" عندما يجيب: "لِلرَّبِّ إِلهِكَ تَسْجُدُ وَإِيَّاهُ وَحْدَهُ تَعْبُد."

هذه الاستجابة للتجربة تعني أن وحده الله هو الذي سيُعبد. كان للعدو ما أراده لوقت طويل، وهو غاضب لأنه فقده. في اندفاعه لتدمير ابن الله، انتهى به الأمر إلى الظهور كأحمق على الملأ. يذكر الإصحاح الثاني من رسالة كولوسي ببساطة: "إِذْ جَرَّدَ الرِّيَاسَاتِ وَالسَّلَاطِينَ أَشْهَرَهُمْ جِهَارًا، ظَافِرًا بِهِمْ فِيهِ."

عندما تدير نطاق تأثيرك، ستجد أن العدو يريد خداعك لكي تخدمه. إنه يريد استعادة نطاق تأثيرك ويريد خداعك لكي تسلمه له.

"لِأَنَّهُ يَجِبُ أَنْ يَمْلِكَ حَتَّى يَضَعَ جَمِيعَ الْأَعْدَاءِ تَحْتَ قَدَمَيْهِ." (١كورنثوس١٥: ٢٥).

الملكوت هنا الآن حقًّا ولكنه رغم ذلك سيكتمل في المستقبل.

لقد حدث هذا بالفعل، وهو يحدث لنا، ونجاح مشروع ملكوت المسيح سيزيد من إذلال الشيطان. إننا نتعاون مع الله لإخضاع "أعداء" الملك. غالبًا ما تشبه إدارة نطاق تأثيرك كونك مأمورًا روحيًا على ولاية مليئة بالحيات والعقارب. نحن نعلم أن معركتنا ليست ضد لحم ودم بل ضد القوى والسلطات الروحية في السماويات. إن الأعداء الروحيين هم أول مَنْ يجب أن نبقيه خارج حديقتنا. عندما نرتب البيئة الروحية بشكل صحيح، نجد أن بيئتنا الطبيعية تصبح مُرتبة بشكل صحيح بسهولة.

لا تزال هناك حيات تحاول إفساد ملكوت الله، لكن يجب عليها أن تتجاوز أولئك الذين يحفظون ملكوته. لكن تشجَّع. يؤكد لنا الكتاب المقدس أن يسوع يعمل فينا ومن خلالنا حتى مجيء ملكوته.

"... وَبَعْدَ ذلِكَ النِّهَايَةُ، مَتَى سَلَّمَ الْمُلْكَ لِلهِ الآبِ، مَتَى أَبْطَلَ كُلَّ رِيَاسَةٍ وَكُلَّ سُلْطَانٍ وَكُلَّ قُوَّةٍ." (١كورنثوس١٥: ٢٤).

ستكون عودته حقًّا يوم الرب العظيم المجيد! وحتى ذلك الوقت، نقاتل ونعمل ونحفظ.

إنها الرؤية بعيدة المدى التي تعطينا الرجاء. نحن مرتبطون ارتباطًا وثيقًا للغاية بقصة ملكوت الله الخلاصية. تنفيذنا لتكليفي العمل abad والحفظ shamar يجلب لنا المعنى والهدف. تمنحنا العملية الخاصة بالملكوت والتي دعينا إليها بوصفنا وارثين مع المسيح يسوع حقًّا فرصة للسير في الحديقة مع الرب.

في رحلة الملكوت هذه، نبني ما يدوم. نحن نخضع الفوضى الموجودة في كل مكان من حولنا من خلال إعادة إنتاج الثقافة السماوية التي تتجلى في قلوبنا. لا يتطلب الإشراف الفعال على نطاق تأثير الفرد فقط العمل الكمي الموجود في التكليف الأصلي ولكن أيضًا العمل النوعي الخاص بالحفظ shamar.

تذكّر أنه، في التكليف الأصلي، أعطى الله لآدم وحواء السلطة وكذلك المسئولية. يتطلب ضمان الجودة الناجح منا فهم السلطة المفوَّضة لنا. علينا أن نمارس هذه السلطة الروحية باستمرار لتنظيم التأثيرات المسموح بها في نطاق تأثيرنا. يُعتبر فشل قايين ابن آدم قصة تحذيرية لنا جميعًا. من خلال حديث الله مع قايين، نتذكر أن هناك دائمًا حية تحاول إدخال شفرة فاسدة إلى العلاقة بين الله وخليقته.

انظر إلى ما قاله الله لقايين في سفر التكوين عندما حذَّره من سلوكه وخياراته.

"وَإِنْ لَمْ تُحْسِنْ فَعِنْدَ الْبَابِ خَطِيَّةٌ رَابِضَةٌ، وَإِلَيْكَ اشْتِيَاقُهَا وَأَنْتَ تَسُودُ عَلَيْهَا." (تكوين ٤: ٧).

هذه حكمة قيّمة لجميع الذين يهدفون إلى الإشراف على نطاق تأثيرهم بشكل جيد.

تذكّر، بصفتك مَنْ فوَّضه الله سلطة الحفظ shamar، تصبح حارس بوابة نطاق تأثيرك. تم تكليف آدم بحراسة بوابة الحديقة، وتم تكليفك بحراسة بوابة نطاق تأثيرك.

تترتب على الفشل في حفظ shamar حديقتنا تداعيات هائلة كان آدم وحواء أول مَنْ اكتشفها.

لحماية جنة عدن من الشفرة المصدرية المظلمة للظلمة، طُرد آدم وحواء من نطاق تأثيرهما. يهتم الله بالخليقة، وقد تحرك فورًا ليضع ملاكًا ولهيب سيف متقلب لمنع البشر الفاسدين من الوصول إلى شجرة الحياة في الجنة.

لقد تعرَّض تأثير البشر للخطر، وتحرك الله على الفور للحد من تأثيرهم.

لكي يكون النجاح حقيقيًا، يجب أن تكون هناك فرصة للفشل الحقيقي. يبدو أن الفشل دائمًا خيار. عندما أخطأ آدم وحواء، طُردا من الجنة. انقطعت العلاقة العميقة السابقة مع الله، وأصبحت مهمتهما المتمثلة في غرس ثقافة السماء وإبقائها مرتبطة بالأرض أكثر صعوبة. لم يعودا قادرين على الوصول إلى شفرة السماء المصدرية النقية وإظهار ذلك على الأرض. لقد أخضعتهما خطاياهما للملكة الخطأ، وسُلمت سلطتهما التي منحها لهما الله إلى العدو.

أنت تعمل في عمل العائلة سواء كنت تعرف ذلك أم لا. عمل أبينا هو عمل المصالحة واسترداد كل الأشياء. العمل المشترك مع المسيح هو جوهر دعوتنا اليومية ومصدر الهدف والمعنى في الحياة. نحن مدعوون إلى التحرك بروح مضادة لأعمال الظلمة والسعي لتقوية الأمم من خلال دعوتنا.

يبحث الله عن رجال ونساء يأخذون دعوتهم على محمل الجد. أي شخص يحتقر العمل الطبيعي داخل نطاق تأثيره باعتباره غير روحي يتوافق مع مَنْ يضعف الأمم. سوف توسّع نطاق تأثيرك إلى الدرجة التي تعامل بها كل ما تفعله على أنه عمل ذو أهمية في تشكيل الأبدية. تصبح قصة العهد القديم قصة بحث الله عن رجال ونساء يعيدون الاتصال بالله ثم يحكمون على الأرض بناءً على علاقة صحيحة. أوضح الله أنه إذا تاب البشر وابتعدوا عن إتباع الأصنام، أصبح هناك رجاء في الاسترداد والفداء.

في وقت سابق، لاحظنا أنه كانت هناك لحظات تاريخية عمل فيها الله مع أشخاص

أبرار. أشارت هذه اللحظات في التاريخ الروحي إلى ملكوت الله الآتي. أصبح آدم وحواء ونوح وإبراهيم وداود وآخرون كثيرون بمثابة مؤشرات رائدة على تصميم الله الأصلي. إلى حد ما، قبلوا جميعًا التكليف الأصلي.

عندما دشّن يسوع ملكوته على الأرض، كان تحرير كل الخليقة متاحًا. عندما التقى يسوع بتلاميذه قبل صعوده مباشرةً، أوضح نتيجة موته وقيامته.

"فَتَقَدَّمَ يَسُوعُ وَكَلَّمَهُمْ قَائِلاً: دُفِعَ إِلَيَّ كُلُّ سُلْطَانٍ فِي السَّمَاءِ وَعَلَى الأَرْضِ." (متى ٨٢: ٨١).

الملكوت هنا. اذهب الآن واعمل على بناء الملكوت.

نطاق تأثير مرن روحيًا

"... وَلاَ تُعْطُوا إِبْلِيسَ مَكَانًا." (أفسس ٤: ٢٧).

أفضل طريقة لإبعاد الحيات عن نطاق تأثيرك هي عدم ترك مساحة لها في المقام الأول. من خلال الحفاظ على المساحة الروحية داخل قلبك ونطاق تأثيرك، فإنك تملأ الفراغ بحضور الله وطرقه بحيث لا يجد العدو أي فرصة.

بشكل مثالي، في اللحظة التي يحاول فيها رفع رأسه أو التحدث بكلمة خادعة، يتم التعرف على أكاذيبه، وسحقه بالحقيقة. لا داعي للقلق باستمرار بشأن الحيات إذا كنت تعلم أن جدرانك محفوظة. إن بيئة حديقتك، إذا تمت زراعتها مع الرب، تصبح طاردة لمملكة هذا العالم. نطاق التأثير المرن روحيًا هو الذي يتمتع بجو مليء بحضور الله لدرجة أن أي ظلام يتسلل إليه تتم إزاحته بشكل طبيعي.

مثل الزيت والماء، لا يمكن للمملكتين أن تتعايشا في نفس المساحة. الإزاحة هي في الأساس إزالة قوة أقل عن طريق قوة أكبر داخل مساحة معينة. تذكَّر أن الذي فيك أعظم من الذي في العالم. التغيير هو مثال رائع على الإزاحة. إن تلميذ المسيح هو مَنْ تغيَّر بتجديد ذهنه.

"وَلاَ تُشَاكِلُوا هَذَا الدَّهْرَ، بَلْ تَغَيَّرُوا عَنْ شَكْلِكُمْ بِتَجْدِيدِ أَذْهَانِكُمْ، لِتَخْتَبِرُوا مَا هِيَ إِرَادَةُ اللهِ: الصَّالِحَةُ الْمَرْضِيَّةُ الْكَامِلَةُ." (رومية ١٢: ٢).

لا يمكن تحقيق نطاق تأثير مرن روحيًا إلا إذا كان لديك ذهن متجدد كزارع وحارس. عندما تواجه خيارًا، هل تتوافق مع برنامج هذا النظام العالمي، أم أنك تجدد ذهنك؟ التغيير هو ما يحدث عندما يختار المؤمن الاتصال بالشفرة المصدرية للسماء ويرفض إغراء التوافق مع الشفرة البديلة لمملكة الظلمة. الوصية الواردة في (رومية ١٢) لا تتعلق بخلاص الفرد. تم تسليم الرسالة للمؤمنين. في الأساس، يعطي كاتب الرسالة توجيهات للكنيسة فيما يتعلق بما سيأتي بعد ذلك. بعد أن تؤمن وتخلص، ماذا تفعل؟

أنت تسعى إلى التغيير من خلال تجديد ذهنك. والمهم أيضًا هو السبب المقدم للتغيير — أن تختبر ما هي إرادة الله. إذا قمت بالأمور بطريقة الله، في عالم الله، ستنجح. للقيام بعمل ضمان الجودة بشكل فعال في نطاق تأثيرك، يجب أن تكون لديك معايير. تقدم رسالة (رومية ١٢: ٢) ثلاثة مقاييس معيارية: الصالح والمرضي والكامل. هذه مجرد مثال للشفرة المصدرية للسماء التي يمكنها تغيير نطاق تأثيرك. من خلال التغيير الذي يأتي مع تجديد ذهنك، يثبت أن شفرة السماء هذه صالحة ومَرضية وكاملة.

التغيير هو عملية تدريجية وحية. نحن نمر بمراحل ومستويات مختلفة من التجديد طوال الحياة، وفي النهاية، سنكون كاملين عندما نكون في أجسادنا المقامة. لكي ترى التغيير في نطاق تأثيرك، فإن الأمر يبدأ بالتغيير في عقلك. هذا التغيير هو كيف تغرس الاتصال بين السماء وبين نطاق تأثيرك وكيف تحافظ عليه. دعنا نستكشف إحدى الآليات الرئيسية للتغيير لمساعدتنا على فهم هذه العملية بشكل أفضل.

يمكن تعريف التغيير بأنه إزاحة الأفكار والمعتقدات والممارسات والقيم (النظرة العالمية) التي تنشأ في الظلمة بواسطة الأفكار والمعتقدات والممارسات والقيم التي تنبع من شخص الله.

الإزاحة والتغيير هما من ثمار العمل والحفظ. تغيير الذهن هو عمل إزاحة الشفرة المصدرية التالفة واستبدالها بالشفرة المصدرية للسماء. هذه ليست فقط الوصية الدائمة

لشعب الله؛ هذا هو الهدف من إدارة نطاق تأثيرك.

إن إبعاد الحيات عن نطاق تأثيرك يشبه إلى حد كبير إبعاد الفيروسات عن نظام الكمبيوتر. إذا بدأ نظام البرنامج الخاص بك في التعثر ولم يعمل الجهاز (الخليقة) كما هو مُصَمَم، فإنك تتحقق فورًا من وجود فيروسات. عادةً ما تكون المشكلات متوقعة وقابلة للإصلاح. تُعَدُّ الفيروسات والشفرات التالفة ومشكلات التوافق وتحديثات البرامج غير المكتملة والقرصنة والهجمات المباشرة مشكلات عادية.

يمكن التحكم في كل هذه المتغيرات وحلها بواسطة مدير تكنولوجيا معلومات فعال. تحاول الحيات الروحية غالبًا استغلال أي فرصة للتأثير على نظام أو ثقافة نطاق تأثيرك. الوكيل الأمين يراقب هذه التدخلات ونقاط الضعف ويتعاون مع المسيح لإدارة أعمال الآب. إن إدارة نطاق تأثيرك بشكل جيد أمر مهم لله وللبشر ولجوانب الخليقة التي أوكلها الله إليك.

سوف يتسلل العدو إلى أي مساحة خالية ويحاول امتلاكها. إذا سُمح له بالبقاء فسوف يبقى. إذا لم يتم اكتشافه، فسوف يؤثر. لرؤية التغيير المذهل في العالم الطبيعي، قم بإزاحة الواقع الروحي الذي يسعى للتدمير. إذا لم تتعرف على العدو وتواجهه، فسوف يسعى باستمرار إلى تسميم نطاق تأثيرك عن طريق وضع الشفرة المصدرية الخطأ. لا يمكنه أن يجد طريقة للقيام بذلك إذا انضممت إلى ملكوت المسيح. لكنه سيختبر يقظتك بانتظام. سوف يستكشف دفاعاتك ويبحث عن طريقة خفية للدخول حتى لو كانت قد جرت إزاحته من قبل.

إنه يعلم أنه لا يستطيع الفوز في مواجهة مفتوحة وواضحة معك لأنك ممتلئ بالروح القدس وتعيش الوعد الكتابي بأن "الذي فيك أعظم من الذي في العالم." باسم يسوع، لديك نصرة على الحيات والعقارب مثلما وُعِدت في الكتاب المقدس. يصف يسوع كيف يحاول العدو العودة إلى مركز التأثير في الشخص حتى بعد إبعاده.

يسجل كاتب الإنجيل لوقا أن يسوع يصف هذه الحقيقة.

"مَتَى خَرَجَ الرُّوحُ النَّجِسُ مِنَ الإِنْسَانِ، يَجْتَازُ فِي أَمَاكِنَ لَيْسَ فِيهَا مَاءٌ يَطْلُبُ رَاحَةً، وَإِذْ لاَ يَجِدُ يَقُولُ: 'أَرْجِعُ إِلَى بَيْتِي الَّذِي خَرَجْتُ مِنْهُ.' فَيَأْتِي وَيَجِدُهُ مَكْنُوسًا مُزَيَّنًا. ثُمَّ يَذْهَبُ وَيَأْخُذُ سَبْعَةَ أَرْوَاحٍ أُخَرَ أَشَرَّ مِنْهُ، فَتَدْخُلُ وَتَسْكُنُ هُنَاكَ، فَتَصِيرُ أَوَاخِرُ ذلِكَ الإِنْسَانِ أَشَرَّ مِنْ أَوَائِلِهِ!" (لوقا ١١: ٢٤–٢٦).

للحفاظ على الأرض الروحية في نطاق تأثيرك، يجب أن تملأها بشكل متعمد. يجب على الشخص الذي تم تحريره من الفساد والعبودية الروحية أن يملأ المساحة المفتوحة لإبعاد الحيات. يريدنا الكتاب المقدس أن ندرك أن وجود الله يجب أن يسكن في الفرد الذي تحرر من العدو لئلا يعود هذا العدو نفسه بسبعة أسوأ منه ويسكنوا فيه مرة أخرى. عند تنظيف نطاق تأثيرك وترتيبه، يجب أن تحرص على أن يظل هواء السماء هو مصدر الجو الروحي.

الزراعة هي المفتاح لغرس ثقافة جديدة في نطاق تأثيرك. إذا قمت بزراعة نظام بيئي جديد تغذيه أنهار الماء الحي المتدفقة من السماء، فستجد أنه لم يَعُدْ هناك موضع للعدو في نفس المكان. إن نطاق التأثير الذي يُترك دون عناية وحفظ دءوبين سوف يستعيده حتمًا عدو قديم وانتهازي. عندما تُترك حديقة بدون عناية، فإنها تصبح مكانًا للفوضى والأعشاب والمتسللين والجدب. سيكون نطاق تأثيرك هكذا إذا لم تبذل جهدًا لأجله.

في الواقع، هناك دور حقيقي لضمان الجودة في ملكوت الله. يُعتبر عمل العناية والحفظ جزءًا من تكليفك سواء كان نطاق تأثيرك مقصورًا على حديقة سلوكك الخاص أو كنت تغرس النظرة العالمية لأمة بأكملها. كل هذه الاعتبارات بمثابة عوامل نجاح أو فشل لإدارة نطاق تأثيرك في ملكوت الله.

الفصل ٢٤
نطاق التأثير والمهمة

بالإضافة إلى العنصرين الأول والثاني في الدعوة (العمل والحفظ)، هناك عنصر ثالث يكمل حلقة استكشافنا للعمل والمهمة والمعنى في هذه الدراسة. العنصر الثالث في الدعوة هو أن إدارة نطاق تأثيرك تجعلك تلقائيًا "في مهمة".

قد يبدو غريبًا لمن هم في جسد المسيح والذين لا يعملون في أدوار الخدمة الوظيفية التقليدية أن يعتبروا أنفسهم مرسلين، لكن هذه هي الحقيقة. بصفتك مديرًا لنطاق تأثيرك، فأنت مدعو لأن تكون المسئول الثقافي الذي يتحمل مسئولية جلب ثقافة السماء إلى نطاق تأثيرك. كان الرسول العسكري للإمبراطورية الرومانية مرسلًا يذهب إلى منطقة محتلة من أجل "رومنة" جميع مناطق الإقليم الجديد (صبغها بالطابع الروماني). أنت أيضًا "مرسل" لتجلب الإنجيل وحضور الله في كل مناطق نطاق تأثيرك. من المحتمل أنه في جميع مناطق تأثيرك توجد مناطق قاحلة لم تتم زراعتها أو حفظها أو حمايتها أو مراقبتها.

قد تقول: "أنا لستُ مرسلًا." ولكن إذا نظرنا إلى أي عمل في أي مرحلة من مراحل الحياة من خلال عدسة التكليف الأصلي فإننا نجد المهمة.

المهمة؟

دعنا أولًا نتوصل إلى فهم واضح لتعريف الكلمة وأصلها. نشأت كلمة "مهمة" mission في اللغة الإنجليزية من الكلمة اللاتينية missio. ونشأت كلمة missio من الكلمة اللاتينية mittere، والتي تعني يرسل أو مرسل. ويعود استخدامها المسيحي الشائع إلى عمل اليسوعيين الذين جابوا العالم في أول جهد مرسلي منظم مسجَّل. ويعلق

قاموس أوكسفورد الإنجليزي ذاكرًا أن الكلمة تشير إلى "إرسال الروح القدس إلى العالم".

هذا الاستخدام الأصلي لكلمة mission، مع فكرة إرسال الروح القدس إلى العالم، وثيق الصلة بشكل خاص بدراستنا بأكملها حول الدعوة والتكليف الأصلي. إن إدخال طرق الله وحضوره إلى منطقة جديدة هو أمر مرسلي بحكم التعريف.

بالإضافة إلى ديناميكيات التوسع الموجودة في تصميم الله الأصلي، نقول إن هناك أمرًا غالبًا ما يتم تجاهله بحفظ ما تم غرسه. يمكن النظر إلى الحفظ بشكل دقيق على أنه حراسة وحماية بصورة نشطة. من خلال الحراسة والحماية، يستطيع المرء أن "يحافظ على الأرض". للحفاظ على أرض حديقتك، عليك أن تملأ المساحة المتاحة. يجب أن تملأ السماء الأجواء الروحية. فإما أن يملأ الروح القدس الأجواء، من خلال اتصالك بالسماء، أو سيوسع العدو نطاق نفوذه. في كلتا الحالتين، سيكون نطاق تأثيرك ممتلئًا روحيًا. الروح الذي يملأ هذا الفضاء سيتحكم في الحالة المادية للعالم من حولك. أقترح أن شغل المساحة هو عمل الحفظ shamar، وهو يتم إلى حد كبير في سياق دعوتك. عملك، أي دعوتك، مهم تمامًا، وكونك في مهمة في نطاق تأثيرك هو أمر حيوي.

في مهمة

عند النظر إلى الإرسالية العظيمة التي قدمها يسوع في العهد الجديد، قد يقول العديد من المسيحيين: "هذه الوصية هي أمر يجب على الآخرين القيام به." غالبًا ما يُعتقد أن الإرسالية، الإرسالية العظمى، هي عمل على أتباع المسيح "الروحيين" أو "الاستثنائيين" إنجازه. من السهل جدًا الوقوع في عادة فصل أنشطة حياتنا العادية ودعوتنا في صندوق الدنيوي مع وضع الأنشطة الروحية مثل الإرساليات أو الخدمة الوظيفية في صندوق المقدس.

لدينا دائمًا رغبة مستمرة في أن نعيش كغنوسيين بشكل عملي. من السهل جدًا مواءمة وجهة نظرك في العمل مع بدعة الغنوسية وليس ملكوت الله. كان التصميم الأصلي للملكوت أن يكون حقيقة متكاملة، وقد كان ذلك واضحًا في جنة عدن. في جنة عدن، لم يكن هناك تقسيم إلى مقدس ودنيوي.

في الخلاص، يتم نقلك إلى ملكوت الله وتكليفك ببناء الملكوت. إذا كانت الإرسالية العظمى لكل مؤمن فكل مؤمن هو مرسل. لن يعطي يسوع أمرًا مُحدِّدًا لجميع المؤمنين ما لم تكن هناك طريقة لكي يطيعه جميع المؤمنين. طاعة الإرسالية العظمى هي طريق يخترق نطاق تأثيرك.

عمل الإرسالية موجود في قلب التكليف الأصلي. إذا كنت ملتزمًا بتنفيذ التكليف الأصلي، فستجد نفسك بطبيعة الحال تعمل كمرسل. هذا العمل متضمن في الوصف الوظيفي لكل شخص يدير نطاق تأثير.

إعادة التكليف العظمى

"فَتَقَدَّمَ يَسُوعُ وَكَلَّمَهُمْ قَائِلاً: دُفِعَ إِلَيَّ كُلُّ سُلْطَانٍ فِي السَّمَاءِ وَعَلَى الأَرْضِ، فَاذْهَبُوا وَتَلْمِذُوا جَمِيعَ الأُمَمِ وَعَمِّدُوهُمْ بِاسْمِ الآبِ وَالابْنِ وَالرُّوحِ الْقُدُسِ. وَعَلِّمُوهُمْ أَنْ يَحْفَظُوا جَمِيعَ مَا أَوْصَيْتُكُمْ بِهِ. وَهَا أَنَا مَعَكُمْ كُلَّ الأَيَّامِ إِلَى انْقِضَاءِ الدَّهْرِ." (متى ٢٨: ١٨-٢٠).

عند النظر إلى الإرسالية العظمى عن كثب، نرى أوجه تشابه واضحة بين التكليف الأصلي والإرسالية العظمى. وأوجه الشبه هذه مذهلة. إن الإرسالية العظمى تشبه إلى حد كبير التكليف الأصلي بحيث يمكن وصفها بأنها إعادة التكليف العظمى.

من الإرسالية العظمى، نقبل التكليف بأن: نذهب، ونتلمذ، ونعمّد، ونعلِّمهم أن يحفظوا. العناصر الثلاثة الأولى مباشرة إلى حد ما وقابلة للعد بشكل عام. هذه هي المقاييس "الكمية" للملكوت والتي جرت مناقشتها سابقًا. العنصر الذي لا يتم فهمه بشكل جيد هو هذه كلمة "يَحْفَظُوا" في العدد ٢٠. هذه الكلمة مترجمة من الكلمة اليونانية téreó،[24] والتي تُنطق tay-reh'-o.

سيؤدي استكشاف كلمة téreó (يحفظ / يطيع) في الإرسالية العظمى إلى تغيير

---

[24]Strong's Concordance #G5083

جذري في فهم معنى أن تكون في مهمة. أعتقد أن استعادة الكرامة والهدف بالنسبة لغالبية جسد المسيح تتوقف على التقدير المناسب لتفويض téreó.

كما هو الحال في التكليف الأصلي، تحتوي الإرسالية العظمى على أوامر كمية ونوعية. والجزء الكمي من الإرسالية العظمى هو الذي يعرفه معظم المؤمنين المرسلين. أولًا، هناك أمر بالذهاب، وهو مرتبط بأصول كلمة "مهمة" mission. الأمر بالذهاب بطبيعته يعبّر عن فكرة الحركة أو المبادرة.

الأمر الكمي التالي هو التلمذة. يمكنك حساب عدد التلاميذ الذين تمت تلمذتهم لأنه يمكن قياس الأمر عدديًا. ثم نرى الأمر بالتعميد. عنصر الأمر هذا قابل للقياس عدديًا أيضًا. تركزت الغالبية العظمى من التفكير المرسلي المسيحي البروتستانتي وممارسته حول العناصر الكمية للإرسالية العظمى. عندما تفكر في "العمل المرسلي"، فمن المحتمل أن تتخيل الكرازة، وزرع الكنائس، والوعظ، بالإضافة إلى جهود الإغاثة والتطوير. وهذا هو السبب في أننا كثيرًا ما نسمع وصف عمل الإرسالية العظمى على أنه مهمة. الجوانب الكمية للمهمة قابلة للعد أو القياس، وهذا التركيز المفرط على القابلية للقياس الكمي دفع الكثيرين إلى الاعتقاد بأنه يمكننا إتمام الإرسالية العظمى. قد يتم التعامل مع العناصر القابلة للقياس الكمي للإرسالية العظمى بشكل مناسب كمهمة. لكن العنصر الثاني لا يمكن تنفيذه إلا كأسلوب حياة مستمر ومفتوح.

غالبًا ما يتم إضعاف فهم المهمة من خلال عدم تضمين الأمر النوعي بـ "تعليمهم أن يحفظوا". هذا ما أشير إليه بالجزء الثاني من الإرسالية العظمى. تقليديًا، كانت طاعة الإرسالية العظمى مقتصرة على التركيز على ما يمكنك عده، أو ما هو كمي. عند التعامل مع الإرسالية العظمى من خلال عدسة التفويض الأصلي، نواجه تفويضًا أعمق. يدور النصف الثاني من الإرسالية العظمى حول تعليم التلاميذ أن يحرسوا ويحموا ويراقبوا كل ما يوصون به وكل ما يتم غرسه. إن ما أوصى به آدم في التكليف الأصلي عُهد به للمؤمنين في الإرسالية العظمى.

تتمحور إدارة نطاق تأثيرك حول عمل الحفظ shamar. في الواقع، تعيد الإرسالية العظمى تأكيد ذلك من خلال تكليفك بتعليم ما يمكنك الوصول إليه. إن أمري

shamar وtéreó هما الجانب النوعي للإرسالية العظمى.

ربما سمعت مصطلحات مثل "تلمذة الأمم". هذا المفهوم متجذر في فكرة أن العنصر النوعي للإرسالية العظمى يساوي العنصر الكمي. انظر إلى تعريف الكلمة اليونانية téreó — الجزء الذي لم يتم التأكيد عليه بشكل كافٍ في الإرسالية العظمى.

Téreó

التعريف: راقب، احرس.

الاستخدام: احفظ، احرس، راقب.

هل هذا يبدو مألوفا؟ إن تعريف كلمة "احفظ" أو shamar في التكليف الأصلي هو تعريف كلمة "يحفظوا" أو téreó.

Shamar

التعريف: يحفظ، يحرس، يراقب، يهتم.

الاستخدام: يحفظ، يكون مسئولًا عن؛ يحفظ، يحرس، يراقب ويخفر، يحمي، ينقذ الأرواح.

الإرسالية العظمى لم تكن فكرة جديدة. أعاد يسوع التأكيد على التكليف الأصلي لشعبه! هناك عناصر كمية ونوعية في التكليف الأصلي، ونجد هذه العناصر نفسها في الإرسالية العظمى.

لا يتقاسم الأمران Shamar وtéreó معنًى مشتركًا فحسب، بل يتم عادةً أيضًا التقليل من التأكيد على الآثار المترتبة عليهما أو التغاضي عنها تمامًا. نرى الآن أن الله كانت لديه نفس الخطة ونفس طريقة العمل في فكره منذ أن خلق البشر. هو يهتم بالكم ويهتم بالنوعية. العمل في الملكوت واسع وعميق.

كيف يمكننا تأطير فهم شامل للمهمة في الطبيعة المتشابكة للتكليف الأصلي والإرسالية العظمى؟ أعتقد أنه يمكنك النظر إلى التكليف والإرسالية على أنها وجهان

لعملة واحدة. مثل العملة المعدنية، فإن المهمة لها وجهان يقدمان جانبين لكلٍ واحد. لإدارة نطاق تأثيرك في الملكوت، يجب أن تقدِّر وتنفذ كلا الجانبين من المهمة. يجب أن تولي أهمية متساوية لكل وجه من وجهي العملة. يشير أحد الجانبين إلى قيمة الكم في حين يشير الآخر إلى النوعية. فيما يلي بعض الأمثلة الرئيسية للتكافؤ الموجود في الجانبين المختلفين لعملة الملكوت نفسها.

- الوصول والتعليم.
- الكرازة والتلمذة.
- الكم والنوعية.
- العرض والعمق.
- الإخضاع والتملك.
- Abad وShama.
- الذهاب والبقاء.
- التوسع والاستمرارية.
- العمل والحفظ.

تلمذ مَنْ يقومون بالأمور بشكل صحيح

كانت وصية يسوع الأرضية الأخيرة لتلاميذه هي أن يذهبوا ويتلمذوا آخرين. كان عليهم أن يتلمذوا مَنْ تعلموا أن يحفظوا téreó كل ما أوصى به المسيح. يتم تفسير الإرسالية العظمى على أنها وصية عالمية لجميع أولئك الذين ينتمون للمسيح. التلميذ هو الشخص الذي يقوم في طاعة بحراسة وحماية ومراقبة ثقافة الملكوت الذي أسسته أعمال يسوع وكلماته.

يمكن للمرء أن يقيِّم هوية الشخص الذاتية في الملكوت وفقًا لنموذج جديد — نموذج يقوم على فهم موسع لكون المرء تلميذًا. لقد فهم البعض أن مفهوم التلميذ يقتصر على مجالات النمو الروحي الشخصي أو دراسة الكتاب المقدس. في حين أن هذه

هي الجوانب الرئيسية للتلمذة، فإن الطبيعة التوسعية لإدارة الخليقة تتطلب منا توسيع منظورنا. قم بإلقاء نظرة جديدة على طبيعة التلميذ المكلَّف بإدارة نطاق تأثير.

• التلميذ، مَنْ يتبع آخر ويقتدي به، قابل للتعليم.

• التلميذ هو أولًا من أتباع المسيح المفديين، وهو بدوره يرغب في أن يُخلص جميع الناس.

• التلاميذ هم أولئك الذين أصبحوا مثلما رأوا. كانت عيونهم مثبَّتة على الله، وتغيروا بتجديد أذهانهم.

• المؤمنون الذين يتتلمذون حقًا سينظرون الرب ويصبحون مثله.

• يسعى التلميذ للحصول على الحكمة من الرب من خلال الوصول الموعود به إلى حكمة الله المتنوعة.

• بالنسبة للتلميذ في الملكوت، لا يوجد تقسيم إلى مقدس ودنيوي في قلبه. لا يتم رفع مستوى شيء روحيًا فوق شيء آخر يوصف بأنه طبيعي. التلاميذ ليسوا مسيحيين يمارسون الغنوسية.

• يقدِّر التلاميذ "كل الأشياء" ويرون صورة الله في كل الخليقة.

• يتبنى التلاميذ القيمة الأبدية للدعوة ويحققون نجاحًا في دعوتهم للامتلاك.

• التلميذ هو الشخص الذي يتمسك بهويته في المسيح ويستخدم بثقة حكمة الله المتنوعة لإدارة نطاق تأثيره. هدفه هو إدارة كل شيء كما لو كان في عرش السماء.

• يدرك التلميذ أن العالم من حوله قد تم تصميمه بحيث يحتاج من البشر العمل فيه وحفظه بطريقة تناسب المِلك.

• يبذل التلاميذ قصارى جهدهم لإزاحة أعمال الظلمة وإخضاع الفوضى والفساد في العالم.

• التلميذ هو الشخص الذي يدرك أن حضور الله يكمن في كيانه الداخلي بنفس القوة التي سكن بها حضور الله تابوت العهد في هيكل إسرائيل القديم.

• يفهم التلاميذ أن الملكوت هو المكان الذي يحكم الملك ويقيم فيه. يعمل التلاميذ كهياكل متنقلة لله ويديرون نقطة الاتصال بين السماء والأرض.

• التلميذ هو الشخص الذي يدرك أنه جزء من أعمال العائلة وأن العمل أمر جيد وأن العمل المشترك مع الله هو الوسيلة التي يتم من خلالها تأسيس الملكوت.

• يتعاون التلاميذ بحماس مع الله في أي دعوة هم مدعوون إليها. إنهم يعملون بالنعمة — وليس لأجل النعمة لأنهم جالسون بالفعل في السماويات مع المسيح يسوع.

• يقبل التلاميذ تعيينهم كرسل ثقافيين يغرسون طرق الله ويقومون بتشفير كل جانب من جوانب نطاق تأثيرهم.

• يحرس التلاميذ ويحمون ويراقبون كل ما هو لأبيهم ويعلّمون الآخرين أن يفعلوا الشيء نفسه.

• يقبل التلاميذ أن الإرسالية العظمى تتضمن تعليم التلاميذ التوسع والإخضاع والغرس والحفظ.

• يدرك تلميذ الملكوت أن حالة نطاق تأثيره هي مظهر من مظاهر الحالة الروحية داخله.

• يعيش التلاميذ ليروا استجابة صلاة يسوع: "كَمَا فِي السَّمَاءِ كَذلِكَ عَلَى الأَرْضِ."

• التلاميذ يتلمذون مَنْ يقومون بالأمور بشكل صحيح.

تأمل في مثال مجموعة التلاميذ في الكنيسة الأولى الذين أطاعوا إرشاد الروح القدس بشكل مميَّز. هناك مَنْ تمت دعوتهم إلى الخدمة الوظيفية ومَنْ تمت دعوتهم للامتلاك.

الـ ٣٪

هناك نسبة مئوية من المؤمنين الذين دعاهم الرب للعمل في الخدمة الوظيفية بدوام كامل. يدرك معظم المؤمنين هذه المجالات للدعوة الفريدة. المناصب والدعوات مثل الراعي، والمرسل، والمعلم، والكارز، ومَنْ يقوم بخدمة الرحمة، والعديد من الخدمات الأخرى في الكنيسة العالمية.

تشير التقديرات إلى أن ٣٪ من جسد المسيح يمكنهم أو يكونون مستعدين في أي وقت أن يعملوا بشكل مهني في هذه الوظائف. ٣٪ تقدير سخي لأنه في الواقع ٠٫٥٪ فقط من المؤمنين ينشطون في هذه الأنواع من الأدوار الوظيفية المرتبطة بالخدمة. ومن المحتمل أنه تمت دعوة الـ ٢٫٥٪ الآخرين ولكنهم لم يستجيبوا بعد للعمل الذي يقدمه الرب لهم. هذا هو السبب في أنه لا تزال هناك حاجة ماسة لعمل كليات اللاهوت، والحشد المرسلي، والتدريب، والإرساليات، وتقديم الرؤى في الكنيسة. لا يزال يتعين على العديد من المؤمنين أن يطيعوا ويخرجوا إلى العمل الذي تمت دعوتهم إليه.

يرغب الروح القدس في أن يفرز بعض المؤمنين لأجل عمل الخدمة الوظيفية. النقطة المرجعية الكتابية لكيفية دعوة الله لأعضاء الكنيسة للعمل بنسبة ٣٪ موجودة في أعمال الرسل ١٣.

"وَكَانَ فِي أَنْطَاكِيَةَ فِي الْكَنِيسَةِ هُنَاكَ أَنْبِيَاءُ وَمُعَلِّمُونَ: بَرْنَابَا، وَسِمْعَانُ الَّذِي يُدْعَى نِيجَرَ، وَلُوكِيُوسُ الْقَيْرَوَانِيُّ، وَمَنَايِنُ الَّذِي تَرَبَّى مَعَ هِيرُودُسَ رَئِيسِ الرُّبْعِ، وَشَاوُلُ. وَبَيْنَمَا هُمْ يَخْدِمُونَ الرَّبَّ وَيَصُومُونَ، قَالَ الرُّوحُ الْقُدُسُ: أَفْرِزُوا لِي بَرْنَابَا وَشَاوُلَ لِلْعَمَلِ الَّذِي دَعَوْتُهُمَا إِلَيْهِ.' فَصَامُوا حِينَئِذٍ وَصَلُّوا وَوَضَعُوا عَلَيْهِمَا الْأَيَادِيَ، ثُمَّ أَطْلَقُوهُمَا. فَهذَانِ إِذْ أُرْسِلَا مِنَ الرُّوحِ الْقُدُسِ انْحَدَرَا إِلَى سَلُوكِيَةَ، وَمِنْ هُنَاكَ سَافَرَا فِي الْبَحْرِ إِلَى قُبْرُسَ." (أعمال الرسل ١٣: ١-٤).

يوصف هذا التجمع في أنطاكية بأنه اجتماع الكنيسة الذي كان يتألف من مجموعة كانت تقضي وقتًا متعمدًا في "خدمة" الرب والصوم. خلال هذا الاجتماع، كلمهم الروح القدس ودعا إلى "إفراز" برنابا وشاول (بولس). يوضح الرب أنهما أفرزا للعمل.

كانت الدعوة لإفرازهما لأجل مهمة إرسالهما كمبشرين وزارعي كنائس إلى مناطق لم يتم الوصول إليها في الإمبراطورية الرومانية. من خلال إفرازهما عن طريق الروح القدس ليتم إرسالهما، دخلا فيما نطلق عليه الخدمة الوظيفية. لقد أصبحا جزءًا من عنصر مدعو بشكل فريد في جسد المسيح أحب أن أشير إليه على أنه الـ ٣٪. تغيّر نطاق تأثير بولس عندما أُفرز. لم يكن يُعتبر أفضل أو أكثر قداسةً من أي مؤمن آخر، لكن الله دعاه للعمل في خدمة وظيفية بدوام كامل.

لاحظ أن اجتماع الكنيسة المنعقد في أنطاكية كان مليئًا بأفراد بارزين وموهوبين روحيًا كانوا يخدمون الرب بنشاط. كانوا يعملون في نطاقات تأثيرهم ويحفظونها ويديرون الجو الروحي لحدائقهم. يُعتبر وصف اجتماع الكنيسة المزدهرة هذا معيارًا لمستوى النشاط الروحي الذي يجب أن يوجد في كل نطاق تأثير. من هذا المجتمع الديناميكي النشط من المؤمنين، اختار الروح القدس البعض ليكونوا بمثابة الـ ٣٪.

ما الذي سيحدث بعد ذلك للـ ٩٧٪ ممن لم تتم دعوتهم إلى خدمة وظيفية بدوام كامل؟ هل هم أقل تقديرًا أو أقل أهميةً في الملكوت؟ أرى أن الرب قد دعاك بالفعل وأفرزك للعمل في نطاق تأثيرك الذي خصصه لك. أعتقد أننا أوضحنا أن كل شخص حصل على نفس التكليف الأصلي للعمل والحفظ. تتم دعوة وتكليف الـ ٩٧٪ بشكل متساو، وهم ليسوا أكثر ولا أقل أهمية من الـ ٣٪.

الـ ٩٧٪

في جسد المسيح، غالبية المؤمنين غير مدعوين إلى دور الخدمة التقليدية بدوام كامل. نرى في نصيحة بولس إلى أهل تسالونيكي أن معظمهم مدعوون للعمل بأيديهم والتميز في عملهم.

"... وَإِنَّمَا أَطْلُبُ إِلَيْكُمْ أَيُّهَا الإِخْوَةُ أَنْ تَزْدَادُوا أَكْثَرَ، وَأَنْ تَحْرِصُوا عَلَى أَنْ تَكُونُوا هَادِئِينَ، وَتُمَارِسُوا أُمُورَكُمُ الخَاصَّةَ، وَتَشْتَغِلُوا بِأَيْدِيكُمْ..." (١ تسالونيكي ٤: ١٠–١١).

أولئك الذين تمت دعوتهم للتفوق والاهتمام بأعمالهم الخاصة والعمل بأيديهم هم الـ ٩٧٪. كثيرون في هذه الأغلبية الديموغرافية في الكنيسة يرفضون الإرسالية العظمى باعتبارها

غير ذات صلة بحياتهم أو نطاقات تأثيرهم. في الواقع، يتطلب نجاح كل من الإرسالية العظمى والتكليف الأصلي مشاركتهم الكاملة. لا أحد مستثنى من أن يكون في المهمة.

تتم دعوة الـ ٩٧٪ ووضعهم في نطاقات تأثيرهم للقيام بأعمال الحراسة والحماية والمراقبة. هذه الأغلبية مكلفة بتعليم الآخرين كيفية إدارة نطاقات تأثيرهم. تجهزهم خبرتهم وفهمهم اللذين يتزايدان من خلال حكمة الله متعددة الأوجه أو المتنوعة لتعليم الآخرين، وللحراسة، والحماية، والإشراف على كل ما يهم أبانا السماوي. العمل النوعي في الملكوت هو جزء من الإرسالية العظمى بنفس القدر مثله مثل الذهاب والكرازة والتعميد.

عندما لا تتم دعوة عضو من الـ ٩٧٪ أو يكون مضطرًا للتأكيد على الجانب الكمي، فإن التزامه تجاه أن يكون في المهمة يستمر. هذا لا يعني أنه أقل روحانيةً أو أن عمله أقل أهميةً مقارنةً بأولئك الذين يعملون كجزء من الـ ٣٪. الجانب الكمي والجانب النوعي لا يستبعدان بعضهما البعض. يُعطى كل تكليف بالكامل لكل عضو في جسد المسيح.

لا يوجد نطاقا تأثير متماثلان تمامًا، ولا يحتاج أي نطاقي تأثير بالضبط إلى نفس النوع من العمل الخلاصي. في إدارة نطاق تأثيرك، تتأرجح الحاجة إلى العمل الكمي والنوعي صعودًا وهبوطًا.

المهمة المتكاملة

$$٣٪ + ٩٧٪ = ١٠٠٪$$

يعاني ملكوت الله من ضياع الثمر وعدم الارتباط بالعالم لأن كل "الخدمة" أو "التلمذة" تُترك لـ ٣٪. المبدأ الساري هو أن كل شيء يتكاثر بحسب نوعه. هذا هو السبب الذي يجعل المرء يرى في كثير من الأحيان أن المؤمن الذي يتتلمذ على يد مَن ينتمون لـ ٣٪ سيعتقد فقط أنه قد تتلمذ أو أنه يطيع المسيح إذا ذهب هو أيضًا إلى الخدمة الوظيفية بدوام كامل.

العديد ممن تكمن دعوتهم ونطاقات تأثيرهم في نسبة الـ ٩٧٪ شقوا طريقهم إلى

الخدمة الوظيفية بدوام كامل على أساس الشعور بالذنب الذي نقله إليهم مَن ينتمون لل ٣٪. للأسف، لا يحقق العديد من هؤلاء الأفراد نجاحًا، ويصاب البعض بالمرارة وخيبة الأمل. والمفارقة هي أنهم عندما يتركون "الخدمة" ويعودون إلى العمل في السوق، فإنهم غالبًا ما يعودون إلى نطاقات التأثير التي كانوا مدعوين إليها في الأصل. تأكد من أن الخدعة الغنوسية الخاصة بالمقدس مقابل الدنيوي ستؤتي ثمارها إذا قبلها التلميذ.

"لِذلِكَ وَنَحْنُ قَابِلُونَ مَلَكُوتًا لاَ يَتَزَعْزَعُ لِيَكُنْ عِنْدَنَا شُكْرٌ بِهِ نَخْدِمُ اللهَ خِدْمَةً مَرْضِيَّةً، بِخُشُوعٍ وَتَقْوَى." (عبرانيين ١٢: ٢٨).

يتم توجيه جميع أعضاء جسد المسيح لتقديم خدمة مرضية لله. إن مشروع الملكوت، أو مشروع العائلة، يتسم بالاستمرارية. يقول كاتب العبرانيين بوضوح إنه لا يمكن أن يتزعزع. كلا العنصرين في التكليف الأصلي والإرسالية العظمى هما الوسيلة التي اختار الله من خلالها بناء ملكوته. الله يبني بشكل جيد ويبني ما يبقى.

من بين طرقه المعلنة أن ما يبنيه لا يمكن أن يتزعزع. يجب أن نطبق فكرة الاستمرارية هذه عندما نطيع أمره بتعليم طاعة كل ما يوصي به (متى ٢٨). مَنْ الذي يُعتبر في أفضل وضع لتعليم التلاميذ أن الجودة والاستمرارية مؤشران على "الخدمة المرضية" التي يتم تقديمها كعبادة؟ عضو أمين في جسد المسيح رأى هذا الجانب من شخصية الله وطبيعته، وهو ملتزم بتحقيق مشيئته على الأرض كما في السماء.

أصبح هذا التلميذ مثل أبيه في أنه يبني مع مراعاة الجودة. من الأفضل القيام ببعض التلمذة بواسطة عضو من الـ ٩٧٪ — بشرط أن يفهم الشخص الذي يقوم بالتلمذة سلطته الكتابية وقوته ويكون لديه تفويض للقيام بذلك.

الملكوت راسخ ودائم بحكم تصميمه. كل من التوسع والاستمرارية ضروريان. يحدد قانون البناء الذي وضعه الآب المعيار. معياره هو أن ما يُبنى لا يمكن أن يتزعزع.

ما هي تكلفة تهميش جزء كبير من الـ ٩٧٪؟ إذا تم تشويه الدعوة، واعتُبر العمل غير روحي، فإن أولئك الذين يمكن أن يجلبوا حلولًا سماوية لفوضى وانكسار الخليقة غالبًا ما

يجدون أنفسهم خارج اللعبة. إذا كان معظم جسد المسيح ينظرون إلى أنفسهم على أنهم مواطنون مهمشون من الدرجة الثانية في الملكوت، فلا عجب إذن أن بعض نطاقات التأثير لا تخضع للإدارة. تتسم معظم نطاقات التأثير بالخطية. إنها فوضوية وديناميكية ومعقدة. نحن بحاجة إلى حكمة الله المتنوعة لكي نعرف كيف ندير نطاقات التأثير هذه. إن الحكمة والفهم ضروريان للتأثير الناجح عبر جميع أجزاء جسد المسيح. يقول الكتاب المقدس إن لنا فكر المسيح. تصميم الله هو أننا نحتاج إلى بعضنا البعض وأننا يجب أن نعمل كجسد يتسم بالتنسيق الجيد.

معًا، كجسد المسيح، لدينا القدرة على الرؤية والتفكير والتصرف مثل المسيح. برغم أن حاجتنا هائلة، فقد وفرها الله لنا. أولئك الذين يتجاوبون ويتفوقون في الـ ٣٪ وأولئك الذين يتجاوبون ويتفوقون في عملهم في الـ ٩٧٪ يحملون جانبًا من صورة الله. لا توجد نتائج إجمالية في الملكوت دون المواهب المكملة والعمل معًا.

إن تعليم جسد المسيح طاعة كل ما أوصى به المسيح يتطلب من الجميع أن يعلِّموا الجميع. الملِك معني بكل ما هو للمَلِك. يهتم الله بخلاص النفوس. إنه يعلم أيضًا أنه يجب تعليم هذه الأرواح إدارة الخليقة. تتطلب إدارة الخليقة بطريقة روحية من خلال التلمذة المتكاملة تدريبًا عمليًا ونمذجة وتوجيهًا بواسطة الـ ٩٧٪. كل واحد منا مكلَّف بأن يكون خبيرًا في الامتلاك من خلال العمل.

العمل هو المنصة التي يتم من خلالها تعريف العالم بطرق الله، فيحل برنامج السماء محل أعمال الظلمة. يجد الرجاء صوتا، ويُدعم البر في سياق العمل. لدى الـ ٩٧٪ رغبة كبيرة في الابتكار، والبناء، والتوسع، والتحسين، والإشراف.

هذه الرغبات مشفَّرة من قِبل الخالق في كل مؤمن. تتماشى الرغبة في العمل مع طرق الله ويتم إقرارها من خلال التكليف الأصلي.

عند السعي وراء هذه الرغبات، يكون لدينا امتياز العمل جنبًا إلى جنب مع أبينا السماوي. في سياق نطاق تأثيرك، عليك أن تبتكر، وتبني، وتوسِّع، وتحسِّن، وتشرف.

الاستجابة للدعوة للعمل abad والحفظ shamar في نطاق تأثيرك ليست فقط مسموحة، ولكن هذه الاستجابة أيضًا مطلوبة في ملكوت الله.

إنه أمر جيد أن تكون متحمسًا بشأن حياتك المهنية! إنه أمر جيد أن تتبنى فكرة الأبوة والأمومة! إنه أمر جيد أن تكون شغوفًا بإيجاد حلول للحكم والفنون والتعليم والاقتصاد والأسرة والعلوم والاختراعات. لديك إذن وتكليف لقبول وامتلاك دعوتك! الابتكار والإبداع جزء من تصميمك الأصلي بصفتك صورة للخالق! كل هذه المجالات وغيرها الكثير هي الوسائل التي يعمل من خلالها الأمر بالعمل abad والحفظ shamar في ملكوت الله.

هذا اللاهوت العملي هو دعوة للعمل. الجميع مدعوون إلى العمل، وكل شخص لديه نطاق تأثير عليه أن يديره ويجلب إليه طرق الله وحضوره ويأتي بذلك النور إلى كل ركن مظلم في الخليقة. يعاني الناس ويموتون في صحاري نطاقات تأثيرنا، وهم بحاجة ماسة لأن يتدفق ماء الحياة من السماء من خلالك. سواء كنت تتجاوب مع دعوة الـ ٣٪ في الخدمة الوظيفية أو دعوة الـ ٩٧٪ الذين تكون خدمتهم عملًا، فالجميع مدعوون ومفوَّضون. الجميع في مهمة.

يجب على الـ ٩٧٪ أن يروا هويتهم وهدفهم واضحين عند قراءة التكليف الأصلي والإرسالية العظمى. تنتج عن الحفاظ على بيئة نطاق التأثير مزروعة روحيًا ثقافة تكون جذابة للمَلِك. هذا هو هدف وكالتك — مواءمة الطرق التي تحكم الأرض مع طرق السماء. طرق الله هي البرنامج المناسب الذي يأتي بالحياة إلى جهاز الخليقة. عندما يقودك الروح، فإن عملك يكون عبادة، ودعوتك تصبح مرسلية.

الدعوة المرسلية هي جوهر توسُّع الملكوت. داخل كل نطاق التأثير، هناك أطراف بعيدة لم تلتق بالملكوت بعد. هذه هي ما يمكن أن أصفه بالأطراف المرسلية في الملكوت. مع توسُّع الملكوت واتساع نطاق تأثيرك، ستواجه بشكل متزايد هذه الأطراف الخشنة. هذه الأطراف هي التي تجذب انتباه وتركيز المرسلين.

عندما أعطى الله لآدم وحواء التكليف الأصلي، ضمّن فيه حاجة للإرسالية. أدرج الله الحاجة إلى الإرسالية بترك بعض الأشياء غير مكتملة في نظام الخليقة. يعني إخضاع كل شيء وعمله وحفظه ضمنيًا ميزة مرسلية متأصلة في معناها. يتطلب العمل جنبًا إلى جنب مع الله لإدارة نطاق تأثيرك منظورًا مرسليًا نشطًا.

إرسالية الجميع

إذا كنت تتجاوب كجزء من الـ ٩٧٪، دعني أطرح عليك هذا السؤال: هل سبق لك أن غادرت محاضرة عن الإرساليات وأنت تشعر بالتأكد بشأن دعوتك وعملك في عالم الشركات؟ في المقابل، إذا كنت عضوًا في نسبة الـ ٣٪، دعني أطرح عليك هذا السؤال: هل سبق لك أن غادرت مؤتمرًا مرسليًا وأنت متحمس للعمل الذي يقوم به أصدقاؤك في عالم الشركات؟

"وَأَمَّا الآنَ فَقَدْ وَضَعَ اللهُ الأَعْضَاءَ، كُلَّ وَاحِدٍ مِنْهَا فِي الْجَسَدِ، كَمَا أَرَادَ. وَلكِنْ لَوْ كَانَ جَمِيعُهَا عُضْوًا وَاحِدًا، أَيْنَ الْجَسَدُ؟ فَالآنَ أَعْضَاءٌ كَثِيرَةٌ، وَلكِنْ جَسَدٌ وَاحِدٌ. لاَ تَقْدِرُ الْعَيْنُ أَنْ تَقُولَ لِلْيَدِ: لاَ حَاجَةَ لِي إِلَيْكِ! أَوِ الرَّأْسُ أَيْضًا لِلرِّجْلَيْنِ: لاَ حَاجَةَ لِي إِلَيْكُمَا!" (١ كورنثوس ١٢: ١٨-٢٧).

إن مساعدة المؤمنين على التعرف على نطاقات التأثير التي أعطاها لهم الله هو جانب مهم من جوانب التلمذة، وهو مفيد لهم في التعرف على دعوة الله. نطاق التأثير الخاص بكل مؤمن هو نظام بيئي ديناميكي وقابل للتغيير. هذا هو السبب في أن خبرة وسلطة ومهارة الـ ٩٧٪ والـ ٣٪ ضرورية لعملية التلمذة المتكاملة. صُممت الحياة في الملكوت حقًا لتعمل كنظام مترابط. كل عضو في جسد المسيح مصمم ليكون حيويًا ومفيدًا. لا توجد أجزاء غير ضرورية، وكما يقول الكتاب المقدس، لا يمكننا القول بأننا لسنا بحاجة إلى جزء معين من الجسد.

لماذا يتوافق البعض مع العنصر الأول من الإرسالية العظمى لكنهم يتجاهلون الثاني؟ عادةً ما يتبنى البشر ما هو مفهوم. يسهل فهم الجزء الأول من الإرسالية العظمى وإدراكه باعتباره عملًا يمكن القيام به. التركيز المفرط على "تتميم" الإرسالية العظمى قد

يقلل أو ينتقص من الجهد المبذول في النصف الثاني من الإرسالية. ينشأ بعض الاستياء من "تعليمهم أن يطيعوا" كل ما أوصى به المسيح لأنه لا يتناسب بشكل جيد مع النماذج اللاهوتية الشائعة.

مع إدراك ذلك، كيف نتمم هذا الجزء من الإرسالية العظمى؟ قد يكون ما تناولناه كمهمة في الواقع أكثر من مجرد تفويض. أعتقد أن جوهر الإرسالية العظمى يوجّهنا نحو مستقبل مفتوح على مصراعيه ومشرق ومشجع ومليء بالأمل. العيش في الملكوت يعني اختبار دورة رائعة فيها البشر يولدون، ويدخلون في علاقة مع المسيح، ويعرفون الله ويعرفهم الله، ويتعلمون ويعيشون كل ما أوصى به المسيح، ثم يعاد إنتاج ذلك في الآخرين وفي العالم من حولنا.

هل هناك نزعة في الكنيسة لمجرد اختزال الإرسالية العظمى في مهمة يجري إكمالها في أقرب وقت ممكن؟ هل استنفد هذا التركيز بعض جمال الحياة؟ هل تم التقليل من قيمة العمل؟ هل تُرك جزء كبير من الخليقة بدون حفظ shamar؟ قد يكون التركيز على إكمال مهمة كمية فقط قد أنتج منتجًا محدودًا وبلا حياة. إذا كانت أهداف إرساليتنا العظمى مقصورة على الجوانب الفنية الجغرافية أو على قائمة مرجعية لمجموعات الأشخاص، فقد نخفق في إدراك روعة عملية الملكوت الكاملة التي صممها الله.

يجب الدفاع عن كرامة وهدف جسد المسيح بشكل كامل. عمل الـ ٣٪ وعمل الـ ٩٧٪ ضروريان بنفس القدر في كل من التكليف الأصلي والإرسالية العظمى. النتائج الكمية والنتائج النوعية مهمة في الملكوت. نطاق تأثير كل شخص مهم، والجميع مدعوون لأن يكونوا في المهمة.

لقد لاحظتُ استمرار شعور الـ ٩٧٪ بالإحباط بسبب أصحاب التفكير المرسلي. غالبًا ما يشعر أتباع المسيح هؤلاء بأن الانخراط في نطاقات تأثيرهم يمنعهم من الحصول على أي وسيلة لطاعة الإرسالية العظمى. إذا تم التقليل من شأن فكرة العمل باعتباره إرسالية، يبدأ بعض المؤمنين بدورهم في تشويه سمعة عناصر نطاقات تأثيرهم.

قد يشعرون بأنهم محاصرون فيما يعتبرونه دنيويًا، معتقدين أن مجال مسئوليتهم يقف حائلًا أمام القيام بشيء روحي. عندما يتم تجريد العمل أو المهنة من القيمة الأبدية، لا يشعر الناس بالإشباع في الحياة، وتعاني العائلات، و، على المدى الطويل، يتنازل الناس في النهاية عن أي شعور بالمسئولية تجاه الإرسالية العظمى.

لقد شعرتُ بهذا التوتر والشعور بالتنافر عند مشاركة وصية الوصول إلى العالم بإنجيل المسيح. إن وجهة النظر الغنوسية أو المزدوجة التي يتبناها العديد من المسيحيين دون قصد تُعيق إمكانات الـ ٩٧٪، وتؤثر على جهودنا المرسلية. إذا تم التقليل من قيمة أعضاء جسد المسيح، أولئك المدعوين للتملك والتفوق في عملهم، فإنهم يميلون إلى الشعور بالإدانة. غالبًا ما يتسبب هذا الشعور غير المبرر بالذنب في جعل هؤلاء المشرفين الأساسيين في الملكوت يديرون ظهورهم للإرسالية العظمى. للأسف، لا يحصلون في كثير من الأحيان على أي إرشاد أو تمكين لقبول التكليف الأصلي والإرسالية العظمى وإدارة نطاقات تأثيرهم بشكل فعال.

في كثير من الأحيان، عندما يستمع الأشخاص الذين يتجاوبون بالفعل مع السماء إلى تقارير عن العمل المرسلي بدوام كامل أو الخدمة الوظيفية بدوام كامل، فإنهم يتأثرون بالتقسيم إلى مقدس ودنيوي في تفكيرهم. ولأنهم يعتقدون أن بعض الأنشطة مقدسة وبعضها دنيوية، فإنهم يستنتجون: "إذا لم أكن قسًا أو زارعًا للكنائس أو مرسلًا إلى الثقافات المختلفة أو كارزًا، فلا بد أنني أعيش في درجة من درجات العصيان." قد يشعر البعض أن حياتهم المهنية هي شكل من أشكال القيود التي يجب عليهم التغلب عليها — كما لو كانت نمط حياة يتسم بالخطية. إنهم يشعرون بقليل جدًا من المصادقة أو القيمة التي يتم منحها لأولئك الذين جرت دعوتهم بالفعل للقيام بالعمل العميق المكون من العمل abad والحفظ shamar في الملكوت.

لدى الـ ٩٧٪ رغبة كبيرة في رؤية الملكوت يأتي على الأرض كما هو في السماء، لكنهم يشعرون بأنهم محاصرون طالما استمروا في إطاعة دعوتهم إلى العمل. يجب الدفاع عن عمل الحفظ shamar إذا كانت لتجري المصادقة على حياة ودعوات الـ ٩٧٪. يجب أن يحظى

عمل téreó (الحفظ / الطاعة) بتقدير روحي عالٍ جنبًا إلى جنب مع الجهود الكمية في الملكوت. بدون فهم شامل للمهمة، سنستمر في رؤية تقدم الإرسالية العظمى متوقفًا. ستظل الأمم ونطاقات التأثير تعاني تحت حكم رئيس سلطان الهواء ما لم تتم إزاحة أعمال الظلمة. إذا جرى تمكين الـ ٩٧٪ ودعمهم بشكل كامل لتنفيذ كلا العنصرين في التكليف الأصلي والإرسالية العظمى، فستتسارع وتيرة عمل الـ ٣٪، وسيدوم الثمر.

أن تكون مرسلًا

العنصر الثالث في الدعوة هو أن تصبح مرسلًا. الإرسالية لا تعني بالضرورة أن كل شخص مدعو لأن يصبح مرسلًا مهنيًا. ومع ذلك، فهذا يعني أن الجميع في مهمة بحكم دعوتهم. كيف نعرف ما إذا كنا نفكر بشكل شامل في الإرسالية العظمى والتكليف الأصلي؟ ضع في اعتبارك هذه المؤشرات الرئيسية التي ستساعدك على تقييم معتقداتك وقيمك فيما يتعلق بالمهمة. هذه مجرد مؤشرات؛ ليس المقصود منها الاستجابة لكل متغير في دراسة الإرساليات missiology أو وضع خطوات عمل محددة. قد تساعدك هذه المؤشرات في تقييم ما إذا كنت تقوم بالمهمة أثناء إدارة نطاق تأثيرك.

المؤشرات الرئيسية للإرسالية

١. العمل abad والحفظ shamar متساويان في القيمة.

٢. يُنظر إلى العمل على أنه امتلاك.

٣. العمل الذي يقوم به الـ ٩٧٪ له قيمة مساوية للعمل الذي يقوم به الـ ٣٪.

٤. يُنظر إلى العمل النوعي والعمل الكمي باعتبارهما متساويين في الإرسالية العظمى.

٥. لديك فهم غير ثنائي للمهمة.

٦. أولئك الذين يُطلق عليهم الـ ٩٧٪ لديهم متكاملة بشأن كونهم في مهمة، وهم ينخرطون بانتظام في مهام قصيرة ومتوسطة المدى مع ٣٪.

٧. الـ ٣٪ يشاركون الـ ٩٧٪ بنشاط في خدمتهم للمساعدة في التلمذة والعمل والحفظ.

٨. يعترف كل من الـ ٣٪ والـ ٩٧٪ أنك "تخرج ذوات أنفس حية كجنسك" وأن التلمذة في الملكوت تتطلب مشاركة كل مَنْ يخدم الملك.

٩. لا يُنظر إلى الـ ٩٧٪ على أنهم يعيشون في عدم طاعة من خلال استجابتهم لدعوتهم للعمل.

١٠. لا يُنظر إلى أولئك الذين يمثلون الـ ٩٧٪ على أنهم مواطنون من الدرجة الثانية في الملكوت ولكنهم مهمون لمحو آثار السقوط في كل نطاق تأثير.

١١. يُفهم العمل على أنه أبدي بطبيعته، وهو الوسيلة التي اختار الله من خلالها بناء ملكوته.

١٢. يُفهم العمل على أن الله أسسه قبل السقوط وليس نتيجة السقوط.

١٣. يُفهم العمل على أنه الوسيلة الأساسية لعبادة الله وتنشئة الخليقة وحفظها.

١٤. العمل يضفي الكرامة بحكم تصميمه.

١٥. المرسلون يفهمون ويقبلون كلا العنصرين في الإرسالية العظمى.

١٦. يملأ المرسلون نطاقات تأثيرهم بأجواء السماء عن عمد.

١٧. يفهم المرسلون أن كل شيء روحي، ولا يوجد فاصل غنوسي خاطئ بين المقدس والدنيوي.

١٨. يفهم المرسلون أن كل ما يتم في طاعة هو عبادة، وأن العبادة مقدسة.

١٩. يتوقع المرسلون ويقبلون التوسع في نطاقات تأثيرهم.

٢٠. يدرك الـ ٩٧٪ أنهم لا يستطيعون الانسحاب من دورهم في التكليف الأصلي والإرسالية العظمى.

٢١. يتم الدفاع عن العمل القائم على الحفظ Shamar باعتباره مكملًا ومساويًا للعمل الكمي للكرازة، وزرع الكنائس، وأنشطة الخدمة الوظيفية التقليدية.

٢٢. يُنظر إلى ضمان الجودة على أنه جزء من المهمة.

٢٣. يقبل الـ ٩٧٪ دورهم في مراقبة حالة نطاقات تأثيرهم بشكل دءوب — مثل الصقر الذي يحلق فوق أرضه.

٢٤. يتلمذ المرسلون أشخاصًا يقومون بالعمل abad والحفظ shamar في الملكوت.

٢٥. يدرك المرسلون أن حضور الله يتوهج مما هو يتم إخضاعه.

٢٦. يأتي المرسلون بثمر وبركة لكل الخليقة.

٢٧. يخلق المرسلون في نطاق تأثيرهم جوًّا يكون مرحبًا وجذابًا لحضور الله. يشعر الملك بالراحة تمامًا عندما يزور حدائقهم.

٢٨. يشرف المرسل بنشاط على نقطة اتصاله بالله ويقوم بإدارة الواقع الخارجي وفقًا للواقع الداخلي الذي تشكله العلاقة مع الله.

٢٩. المرسلون دائمًا ما يوائمون نطاقات تأثيرهم مع طرق الله. إنهم يعيشون من السماء نحو الأرض ويقبلون الدعوة للعمل المشترك مع الله لإدارة نطاقات تأثيرهم من أجل استجابة صلاة يسوع — "كَمَا فِي السَّمَاءِ كَذلِكَ عَلَى الأَرْضِ."

مؤهَّل للمهمة

قد تسأل نفسك: "هل أنا مؤهَّل لأكون في مهمة في نطاق تأثيري؟" أعتقد أن الكتاب المقدس يوضح أن الله هو الذي يؤهِّل المدعوين. انه لا يدعو المؤهَّلين دائمًا.

العيش "في المهمة" هو ببساطة أن تفعل ما تستطيع، عندما تستطيع، وحيث تستطيع، كعامل أمين مع المسيح. إنه ببساطة تقدير ما يقدِّره الله وفعل ما يفعله.

الطريقة التي يظل بها المرء واثقًا في تكليفه هي أن نتذكر أننا لم نخلص فقط من شيء ما، ولكنك أيضًا قد خلصنا لأجل شيء ما. نحن جالسون في السماويات مع المسيح يسوع. المسيح جالس عن يمين الله في عرشه. أنت في وضع جيد ومميَّز. إذا كنت ستعيش في مهمة في نطاق تأثيرك، فتذكَّر أنك تعيش من السماء نحو الأرض. يمكنك السماح للحرية والفرح والسلام بتعريفك. تذكَّر أنك لا تعمل لأجل النعمة ولكنك تعمل بالنعمة. قد تشعر أنك غير مؤهَّل للعمل في الملكوت، لكن الكتاب المقدس يخبرنا أن الله هو الذي يؤهِّلك. أوضح الرسول بولس ذلك تمامًا في رسالة كولوسي ١: ١٢-١٣ عندما قال: "... شَاكِرِينَ الآبَ الَّذِي أَهَّلَنَا لِشَرِكَةِ مِيرَاثِ الْقِدِّيسِينَ فِي النُّورِ، الَّذِي أَنْقَذَنَا مِنْ سُلْطَانِ الظُّلْمَةِ، وَنَقَلَنَا إِلَى مَلَكُوتِ ابْنِ مَحَبَّتِهِ." أنت مؤهَّل لأنك خلصت ومكانك هو في ملكوت المسيح. لقد حصلت على السلطة والتفويض والخطة من الله لإدارة نطاق تأثيرك. أنت مؤهل للعيش على الأطراف المرسلية في نطاق تأثيرك.

الأطراف المرسلية

تبدأ خطط الله ومقاصده لخليقته بعرض الخلاص المجاني. يريد الله أن يُفتدى كل البشر ويتصالحوا معه، وقد فعل كل ما في وسعه لمنع البشر من قضاء الأبدية خارج الملكوت. أرسل الله ابنه الوحيد ليدفع تكلفة إعادتنا إلى مركزنا الأصلي كنواب للملك. نحن الذين نُمنح السلطة والتفويضات والوسائل للإشراف على خليقته.

بالنظر إلى ما وراء قصة الفداء في الكتاب المقدس، نرى أن هدف الله كان أن "يأتي ملكوته وتكون مشيئته" منذ البداية. من خلال عمل يسوع المسيح، لم يتم إنشاء الملكوت فحسب، بل أصبح لا يمكن إيقافه الآن. تنبأ النبي إشعياء عن طبيعة ملكوت السماء الآتي.

قال في (إشعياء ٩: ٦-٧) "لأَنَّهُ يُولَدُ لَنَا وَلَدٌ وَنُعْطَى ابْنًا، وَتَكُونُ الرِّيَاسَةُ عَلَى

كَتِفِهِ، وَيُدْعَى اسْمُهُ عَجِيبًا، مُشِيرًا، إِلَهًا قَدِيرًا، أَبًا أَبَدِيًّا، رَئِيسَ السَّلَامِ. لِنُمُوِّ رِيَاسَتِهِ، وَلِلسَّلَامِ لاَ نِهَايَةَ عَلَى كُرْسِيِّ دَاوُدَ وَعَلَى مَمْلَكَتِهِ."

بينما يتقدم ملكوت المسيح، تتكشف بشكل متزايد الأطراف التي لم تتم زراعتها والعناية بها في كل نطاق تأثير. هذه الأطراف هي الخطية، والرغبات الشريرة، والمخططات الشريرة، والفساد، والفوضى التي تظهر في الخليقة. وكلما زاد ما تمت إضافته إلى الملكوت، ازدادت الحاجة إلى التعامل مع هذه الأطراف المرسلية. بصفتك رسولًا ثقافيًا إلى نطاق تأثيرك، أو رسول نطاق التأثير، أنت مكلف بالعثور على تلك الأطراف الخشنة والعمل على محو آثار السقوط. هناك أطراف مرسلية مرئية في أي وقت تنظر فيه حولك وتجري تقييمًا لحالة نطاق تأثيرك بأمانة.

إن الحالة الروحية والطبيعية للبشرية وكل الخليقة بحاجة ماسة إلى لمسة من السماء. لا ينبغي تجاهل هذه الأطراف لأنها هي محور المهمة في نطاق تأثيرك. يمكن وصف الأطراف المرسلية بأنها أي شيء يعمل بشفرة مصدرية خاطئة.

تصبح هذه الأطراف واضحة لأنها لا تتوافق مع طرق الله. عندما يُنظر إليها مقارنةً بشخص الله وطبيعته، تصبح حالة الانكسار واضحة. الأطراف المكسورة ناتجة عن التوافق الطوعي مع الإنسان الخاطي والقوى المتمردة الشريرة التي حاولت إثبات نفسها ضد الإله الحي الحقيقي الواحد. العدو يحقق هدفه في أن يسرق ويذبح ويهلك. الحدائق التي سُمح له بحكمها مليئة بالحيات والأعشاب.

استرداد الأطراف المحطمة في الأمم والثقافات والحياة والأرواح هي عمل رسول نطاق التأثير. استرداد كل الأشياء من خلال المصالحة مع المسيح هو التيار الخفي للنشاط داخل كل نطاق تأثير. العمل والحفظ هما التفويض، والإخضاع هو المهمة. تتطلب مهمة إخضاع الأطراف المكسورة في نطاق تأثيرك عمل حفظ shamar دؤوب. الاهتمام بالحالة النوعية لنطاق تأثيرك هو مؤشر على أنك مُرسَل وأنك تطيع تمامًا التكليف الأصلي والإرسالية العظمى.

الفصل ٢٥
إدارة التوسع

نجد في الكتاب المقدس رؤية للتاريخ البشري مشهدها الافتتاحي في جنة عدن ومشهدها الختامي في مدينة نازلة من السماء إلى الأرض. لقد حدث الكثير وسيستمر الكثير في الحدوث بين هذين المشهدين في الكتاب المقدس.

لا يُسمح بوجود مديري نطاقات تأثير سلبيين. مثلما يحصل كل شخص على دعوة ونطاق تأثير، يحصل كل شخص على تكليف لمهمة. حياتك وعملك ركيزتان أساسيتان في مشروع ملكوت الله، وهذا المشروع لا يتسم بالجمود. مع تطور التاريخ، يتقدم الملكوت أيضًا. ستظهر الأرض الجديدة نفسها باستمرار داخل نطاق تأثيرك. هذه الأرض الجديدة بحاجة إلى الإخضاع، والله يأتمنك على زراعتها والحفاظ عليها.

التوسع طاعة

"أَوْسِعِي مَكَانَ خَيْمَتِكِ، وَلْتُبْسَطْ شُقَقُ مَسَاكِنِكِ. لاَ تُمْسِكِي. أَطِيلِي أَطْنَابَكِ وَشَدِّدِي أَوْتَادَكِ، لأَنَّكِ تَمْتَدِّينَ إِلَى الْيَمِينِ وَإِلَى الْيَسَارِ، وَيَرِثُ نَسْلُكِ أُمَمًا، وَيُعْمِرُ مُدُنًا خَرِبَةً." (إشعياء ٥٤: ٢–٣ نيف).

أوسع مكانك، وأوسع نطاقك، وأطل أطنابك، وشدد أوتادك! هل هذا يبدو مألوفا؟ كل شخص في ملكوت الله مفوَّض بأن ينتشر ويملأ الأرض ويخضعها. مثلما يتنبأ إشعياء، سوف ترث الأمم وتعمِّر مدنًا خربة. سوف تمتلك. سيتم تعريف نطاق تأثيرك من خلال الجوانب الكمية والنوعية للتوسع. عليك توسيع مكانك وتشديد أوتادك. عليك أن تنتشر وتعمِّر ما هو خرب.

التوسع ليس مدعاة للخوف وإنما يجب قبوله. الزيادة دليل على أن الملكوت هنا

ومع ذلك فهو سيأتي. في جميع أجزاء الكتاب المقدس، تم تقديم موضوع التوسع والنمو المتكرر بصورة إيجابية. في الواقع، هذه هي طبيعة ملكوت الله. فيما يلي بعض المقاطع التي تعبّر عن التصميم التوسعي لمقاصد الله من أجل الخليقة.

"سُلْطَانُهُ مِنَ الْبَحْرِ إِلَى الْبَحْرِ، وَمِنَ النَّهْرِ إِلَى أَقَاصِي الْأَرْضِ." (زكريا ٩: ١٠).

"... لِأَنَّ الْأَرْضَ تَمْتَلِئُ مِنْ مَعْرِفَةِ الرَّبِّ كَمَا تُغَطِّي الْمِيَاهُ الْبَحْرَ." (إشعياء ١١: ٩).

"لِنُمُوِّ رِيَاسَتِهِ، وَلِلسَّلَامِ لاَ نِهَايَةَ عَلَى كُرْسِيّ دَاوُدَ." (إشعياء ٩: ٧).

"فَاذْهَبُوا وَتَلْمِذُوا جَمِيعَ الْأُمَمِ..." (متى ٢٨: ١٩).

التوسع والنمو بمثابة ديناميكيات متأصلة في ملكوت الله. تُعَدُّ إدارة التوسع جزءًا من الوصف الوظيفي لمديري نطاقات التأثير. إدارة التوسع هي جوهر كونك في مهمة. يخلق التوسع تحديات جديدة وفرصًا جديدة. كونك في مهمة أو إرسالية هو في نفس الوقت عقلية ونشاط يجب على جميع المؤمنين القيام به. يمكن وصف هذه العقلية المرسلية على أنها نظام مسح روحي يعمل للتمييز في المقام الأول. الشخص الذي لديه تفكير روحي ولديه عقلية كونه في مهمة يعمل على تقييم بيئة نطاق تأثيره باستمرار، ويبحث عن أي شيء غير متوافق مع طرق الله. المؤمن الروحي ليست لديه فقط عقلية كونه في مهمة ولكنه يترجم النتائج التي توصل إليها إلى إجراءات. اتخاذ إجراءات يعني المشاركة مع الله في عمل الفداء والمصالحة. نؤكد مع الرسول بولس أن الدعوة العامة للمؤمنين هي أن يقوموا بعمل المصالحة.

المصالحة

"وَلكِنَّ الْكُلَّ مِنَ اللهِ، الَّذِي صَالَحَنَا لِنَفْسِهِ بِيَسُوعَ الْمَسِيحِ، وَأَعْطَانَا خِدْمَةَ الْمُصَالَحَةِ." (٢ كورنثوس ٥: ١٨).

كلمة "مصالحة" تحمل معنيين أساسيين. أحدهما هو فكرة استعادة العلاقة التي تم كسرها، والآخر هو فكرة التوافق. يعرّفها القاموس على أنها "العمل الخاص بجعل رأي أو معتقد متوافقًا مع الآخر."

هذا التعريف الثاني هو بالضبط ما نتحدث عنه عند استخدام تعبير "إدارة نطاق تأثيرك". المصالحة هي العمل المرسلي لكل مؤمن. إنها النشاط الذي يعرِّف أي عمل تُدعى إليه. أنت مفوَّض لاتخاذ إجراءات من خلال فرض آراء ومعتقدات السماء في نطاق تأثيرك. ما هي الآراء والمعتقدات سوى أسس الثقافة؟ ثقافة الملكوت هي ثقافة لها آراء ومعتقدات متوافقة مع ملكوت الله. إن كل من العمل والحفظ والامتلاك كلها أمور مرسلية لأن الغرض منها جميعًا هو تحقيق التصالح بين الله والإنسان. لا تستخف أو تحط من قدر عمل المصالحة. بموجب العهد الجديد، المصالحة هي هدف كل من التكليف الأصلي والإرسالية العظمى.

تمثل الحديقة التي تنمو بطبيعتها ولكنها تُترك للأعشاب والثعالب والأعداء توسعًا لا تتم إدارته. الحدائق التي لا تتم زراعتها والعناية بها تمثل واقع معظم نطاقات التأثير. يتم توجيه الثقافة إلى حد كبير من خلال الفوضى والادعاءات المزيفة التي يُسمح لها بالازدهار في مثل هذه الحدائق.

غالبًا ما يشعر الناس بأنهم مسئولون ولكنهم عاجزون فيما يخص ديناميكيات العمل في نطاقات تأثيرهم. من الطبيعي أن تشعر أن الأشياء تبتعد عنك وأنك غير قادر على مواكبة التغيير الذي يحدث في كل مكان. الأشياء الأصعب تصبح فرصة ذات مغزى أكبر بالنسبة لك للتواصل مع الرب. من الاتصال الشخصي بالله، تأتي المحبة والحكمة والقوة اللازمة لقيادة نطاق تأثيرك نحو ملكوت الله. لدى الله حلول متعددة للمشاكل المتعددة وإجابات متعددة للأسئلة المتعددة التي يبدو أنها تربكنا في حياتنا اليومية.

من خلال علاقتك الشخصية مع الله، يتم منحك حق الوصول إلى حكمة الله المتنوعة كما يشير الكتاب المقدس في (أفسس ٣: ١٠). إن حكمة الله وطرقه الرقيقة هي الشفرة المصدرية للسماء. لا يريدنا الله أن نشعر بالثقة في قوتنا. البصيرة التي تحتاجها تأتي من الالتصاق به. يريد الله أن يُظهِر طرقه من خلالك. النتائج تجلب له المجد. يمكن مواجهة كل تحدي تقابله في نطاق تأثيرك عن طريق حل من الله. لا يوجد تحدٍ أو حاجة تتجاوز حلوله. لديه أفضل ما تتخيله، وهدفه هو أن يباركك ويبارك جميع أمم الخليقة.

تصميمه الأصلي هو أن تأتي البركة من خلال تعاونه معك. علاقة العمل هذه هي الطريقة التي تنتج الشهادات. عندما نشهد لكل ما فعله الله فينا ومن خلالنا ومن أجلنا، فإننا نخلق جوًا من الرجاء يجذب الضالين. لدى الناس اشتياق داخلي لعلاقة مع الله. حتى أولئك الموجودين داخل نطاق تأثيرك والذين لم يسمعوا أبدًا عن الله أو عن عمل المسيح الخلاصي يدركون دائمًا أنهم خُلقوا لشيء أكبر. تتم الاستجابة لهذا الإحساس الداخلي بالشوق عندما يسمعون شهادتك ويرون أنك تتعاون مع أبيك السماوي حقًا.

عندما تتم إدارة نطاق تأثيرك بالطريقة التي ناقشناها، سيدرك المراقب أنه لا يمكنك القيام بذلك بمفردك. الحكمة التي يمكنك الوصول إليها، والرجاء الذي لديك في مواجهة المصاعب، والمحبة التي لديك لغير المحبوب، وأجواء السماء التي تتخلل حديقتك هي أخبار سارة للضالين. الإنجيل هو أكثر من رسالة خلاص شخصي. إنه رسالة رجاء للأمم ورجاء لكل الخليقة.

الجو المليء بالرجاء والاسترداد هو رائحة المسيح ذاتها. كل شخص لديه اشتياق، غير معترف به في كثير من الأحيان، لمثل هذا الرجاء.

يتمثل جزء كبير من عملنا المرسلي في تعريض الناس لأجواء السماء — للنظام والجمال المتاحين في ملكوت الله. يُشار إلى المسيح بشكل نبوي في (حجي ٢: ٧) على أنه "مُشْتَهَى كُلِّ الأُمَمِ". نطاق التأثير الذي تتم إدارته من السماء باتجاه الأرض سوف يجذب الضالين. إذا اختبر الناس الملكوت، فإنهم سيرغبون في مقابلة الملك.

من طبيعة أعمال العائلة أن الأمور تتغير باستمرار. إنها تتوسع. الله يعمل باستمرار، ونحن نحاول باستمرار مواكبة ذلك! إذا كنا لنصبح أمناء على ممتلكات أبينا واهتماماته، فعلينا التركيز على إدارة التوسع.

والآن بعد أن استكشفنا التكليف الأصلي والإرسالية العظمى، أصبح من الواضح أن الجميع مدعوون ليكونوا في المهمة. ما هو نوع المهمة التي ينخرط فيها المؤمن عند إدارة نطاق تأثيره؟ هناك عمل كمي واضح للوصول إلى النفوس الضالة وإخضاع أعمال الظلمة في الخليقة. ولكن ماذا عن الأمر بالعناية والاحتفاظ؟ كيف يكون الشخص في

المهمة إذا كان نشاطه الأساسي هو أن يكون الشخص الذي يحرس ويحمي ويراقب؟ ما الذي تراقبه بالضبط؟ يقدم (المزمور ٦٧) نظرة ثاقبة لعمل الإرسالية الأوسع. يتمثل العمل النوعي للملكوت في حماية الثقافة التي تم إرساؤها على الأرض.

"لِيَتَحَنَّنِ اللهُ عَلَيْنَا وَلْيُبَارِكْنَا. لِيُنِرْ بِوَجْهِهِ عَلَيْنَا. سِلاَهْ. لِكَيْ يُعْرَفَ فِي الأَرْضِ طَرِيقُكَ، وَفِي كُلِّ الأُمَمِ خَلاَصُكَ." (مزمور ٦٧: ١-٢).

أولئك الذين يحفظون طرق الله يحرسون ويحفظون ويراقبون طرق الله. تذكَّر أن الشفرة المصدرية التي توجِّه الثقافة يمكن وصفها بأنه "طرق". هدف الله النهائي هو أن تُعرف طرقه على الأرض. هدف الشيطان النهائي هو أن تحل الشفرة المصدرية المزيفة للظلمة محل طرق الله. العمل المرسلي الخاص بالحفظ هو تحديد متى وأين وكيف يحاول العدو التحرك نحو التساوي المعنوي مع الله ثم كشف مخططات الشيطان. يجب ألا تمر أساليب العدو التي تتسم بالكبرياء والزيف دون اعتراض.

يكون خلاص الأمم على المحك عندما لا تُعرَف طرق الله على الأرض. نتيجة إعلان طرق الله على الأرض هي أن الخلاص يحدث بين الأمم. هذا هو الإنجيل. هذه هي الأخبار السارة. طرق الله هي الأخبار السارة، والخلاص هو النتيجة. أعلن الإنجيل في الأصل لإبراهيم على أنه بركة. قال الله لإبراهيم: "أباركك وتكون بركة."

يقودنا (المزمور ٦٧) إلى طلب هذا — "لِيَتَحَنَّنِ اللهُ عَلَيْنَا وَلْيُبَارِكْنَا. لِيُنِرْ بِوَجْهِهِ عَلَيْنَا..."، حتى تُعرَف طرق الله، ويُعلَن الخلاص بين الضالين، بين الأمم. تتمثل المهمة النوعية في إعلان طرق الله في نطاق تأثيرك. إذا لم تُعرَف طرق الله على الأرض، فلن تجد الأمم الخلاص. تتمثل المهمة في غرس طرق الله والحفاظ عليها في الواجهة والمركز في نطاق تأثيرك بقدر ما تتعلق بالكرازة أو زرع الكنائس.

الحراسة والحماية

إن القيام بالمهمة في نطاق تأثيرك يتعلق بحراسة وحماية نطاق تأثيرك من طرق العدو. تتمثل مهمتك في غرس الشفرة المصدرية للسماء وإبقائها متدفقة إلى كل بُعد من أبعاد نطاق تأثيرك.

الشخص الذي سيتم تكليفه كمؤثر في الملكوت هو الشخص الذي يعرف طرق الله، وليس أفعاله فقط. موسى هو مثال لمن عرف طرق الله ووثق بها.

"وَيُكَلِّمُ الرَّبُّ مُوسَى وَجْهًا لِوَجْهٍ، كَمَا يُكَلِّمُ الرَّجُلُ صَاحِبَهُ." (خروج ٣٣: ١١).

كيف عرف موسى طرق الله؟ طلب من الله أن يعلِّمه. واصل موسى الصلاة: "إِنْ كُنْتُ قَدْ وَجَدْتُ نِعْمَةً فِي عَيْنَيْكَ فَعَلِّمْنِي طَرِيقَكَ حَتَّى أَعْرِفَكَ لِكَيْ أَجِدَ نِعْمَةً فِي عَيْنَيْكَ" (خروج ٣٣: ١٣).

في المزمور ١٠٣، يتأمل داود في طرق الله، ويذكر الفرق بين موسى وبين شعب إسرائيل. كتب في الآية السابعة: "عَرَّفَ مُوسَى طُرُقَهُ، وَبَنِي إِسْرَائِيلَ أَفْعَالَهُ." (التأكيد مضاف).

أنشطة الله ظاهرة للجميع. لكن فهم طرقه يأتي من مكان تربطه به علاقة حميمة وموثوقة. كان لموسى هذا النوع من العلاقات. ودعي إبراهيم أيضًا خليل الله. والآن في العهد الجديد، تتعلم طرق الله عن طريق الروح القدس. إن الوصول إلى حكمة الله المتنوعة هو وعد لك كعضو في جسد المسيح. كتب بولس في رسالة (أفسس ٣: ١٠) أنه من خلال الكنيسة، ستُعرَف حكمة الله المتنوعة، أي الحكمة متعددة الجوانب، للرؤساء والسلاطين الروحيين الذين يريدون فرض طرقهم فوق طرق الله وفوقها. هذه هي الحرب الثقافية الحقيقية، وهذه الحرب تخاض على أعلى المستويات.

سيبدو العالم من حولك مثل العالم بداخلك، وستشبه ما تقدسه. لقد تم تخمير نطاق تأثيرك الذي تغيَّر بحضور الله. عندما يظهر حضوره وطرقه في نطاق تأثيرك، سيكون نطاق تأثيرك شاهدًا للأمم.

اليوم، في العهد الجديد، حضور الله هو ما يميز شعب الله. عندما يتم التعرف على الله وعبادته، يجري إبراز طرقه ليراها الجميع. عندما تظهر طرق الله، فإن هذا يميز الشخص الذي يتتلمذ ونطاق التأثير الذي يُدار جيدًا في الملكوت. ينابيع الماء الحي في أرض جافة ومنهكة لا يرفضها بسهولة أولئك الذين يهيمون على وجوههم في الصحراء.

الإرسالية العظمى عظيمة لعدد من الأسباب. أحد الأسباب المحددة هو أن الله يقول: "أنا أثق بك." لا شيء يحفز الشخص أكثر من الثقة به. يسوع يعهد إلينا بالسلطان ويرسلنا لنأخذ الروح القدس إلى أماكن لم تُعرف فيها طرقه بعد. الخبر السار هو أن الله يعيد من خلالك إدخال وجوده في فوضى الخليقة المتمردة. الخلاص هنا والملكوت قريب. داخل العالم، هناك مناطق لا حصر لها لم يصل إليها الإنجيل، وداخل نطاق تأثيرك، توجد مناطق لا حصر لها لم يسيطر عليها المِلك. قال يسوع على الصليب: "قَدْ أُكْمِلَ [عمله]"، ولكن في الإرسالية العظمى قال: "لقد بدأت للتو." أعطى الله مفاتيح الملكوت للبشر، وأعطاها البشر للعدو. استعادها يسوع من إبليس وأعادها إلى البشر.

في نطاق تأثيرك، من المحتمل أن تبقى العديد من الحيات. لا يزال "رَئِيسُ هَذَا الْعَالَمَ" يؤكد بشراسة ادعاءاته بشأن خليقة الله. على الرغم من أن يسوع هزمه وأنه فقد سلطته، إلا أنه لم يفقد دافعه. لا يزال يواصل السرقة والذبح والإهلاك. إذا كان العدو يستطيع خداعك لكي تمنحه قوتك ويقنعك بالتوافق مع طرقه، فإنه يوسع عمله. على الرغم من أنه ترتيب مؤقت، إلا أنه لا يزال بإمكانه التسبب في أضرار جسيمة.

يعرف العدو أنك في مهمة لمحو آثار السقوط، وسيحاول بنشاط إعادة فرض آثار السقوط. لن تظل أي حديقة في الفناء الخلفي مزروعة ومثمرة ما لم يتم الحفاظ عليها والعناية بها. نفس المبدأ يسري في حياة أولئك الذين يقبلون الإيمان.

هذا هو السبب في أن الإرسالية العظمى تفرض علينا أن نتلمذ الآخرين وليس فقط أن نجعلهم يؤمنون. تذكَّر أن حالة نطاق تأثيرك هي نتيجة لذاتك الأعمق. كتب عالم اللاهوت جي. كيه. بيلي G. K Beal: "إنك تشبه ما تقدسه." لقد صُممنا لتقديس الله، ومن خلال القيام بذلك، "نحول" قلوبنا ونطاقات تأثيرنا "إلى سماء". ولكن إذا كنت تقدس الحية وتطيعها فلا تتفاجأ عندما تتكاثر الأشواك من حولك.

"لأَنَّهُ يَجِبُ أَنْ يَمْلِكَ حَتَّى يَضَعَ جَمِيعَ الأَعْدَاءِ تَحْتَ قَدَمَيْهِ." (١ كورنثوس ١٥: ٢٥).

عندما مات يسوع ثم قام من الموت، ضغط على زر إعادة الضبط في نظام التشغيل

الخاص به. أصبح إيمانك وخلاصك نقطة البداية. أصبح العمل المشترك في الملكوت مسئوليتك المقدسة. يوجد فرح ومغامرة عظيمان في العيش والكفاح والعمل جنبًا إلى جنب مع المسيح لتأسيس ملكوته. تغلب يسوع على الشيطان وأعاد ضبط اللعبة. الآن كل مَنْ يتبع المسيح يرث نطاق تأثيره ليديره. كل مؤمن هو في اللعبة. كل مؤمن مفوَّض بمسئولية. لا أحد مُستثنى من اللعب في مكانه في وقت الانتظار هذا. لقد استعاد الخلاص مكانك مع الله واستعادت الإرسالية العظمى هدفك.

مع هويتك الجديدة في الملكوت، يمكنك أن تتفقد نطاق تأثيرك بثقة وأن تميز ما هو ليس من السماء وتعمل على محو آثار السقوط. قد تبدو هذه مسئولية جسيمة، لكنها في الحقيقة ليست كذلك. تذكَّر أنك تعمل مع المسيح وأن الروح القدس يتمتع بقوة فائقة للطبيعة. الحكمة التي تحتاجها ليست شحيحة، وسوف يعطيها الله لمن يطلب. إن طرق الله، والتي تظهر كحكمة، وتتدفق إلى الخليقة من خلال الكنيسة، ستعيد برمجة نطاقات التأثير المكسورة واليائسة.

يشير يسوع إلى كل من "إنجيل الخلاص" و"إنجيل الملكوت". إن إنجيل الملكوت هو الهدف الشامل لعمل المسيح. إنه مصالحة مع البشرية، واسترداد للنظام المخلوق، واستعادة للتصميم الأصلي. الخبر السار لنطاق تأثيرك هو أنك قناة للرجاء. أنت بمثابة قناة من السماء تقوم بتوصيل الماء إلى صحاري الأرض. هناك رجاء في الخلاص الشخصي للضالين، وهناك رجاء في استرداد كل الأشياء. عندما كلف يسوع أتباعه، أنهى وصيته بالقول: "وَهَا أَنَا مَعَكُمْ كُلَّ الأَيَّامِ إِلَى انْقِضَاءِ الدَّهْرِ." (متى ٢٨: ٢٠).

طمأن يسوع تلاميذه عند إعطائهم الإرسالية العظمى بقوله إنه سيكون معهم دائمًا. إنه يدرك أن إغراء الارتباك سيكون قويًا. وهو يضيف تشجيعًا ليؤكد لهم أنه سيجعل ما أمر به ممكنًا وأنه سيكون معهم في مشروع الملكوت هذا.

خاتمة

لقد دعاك الله إلى عمل معين في مرحلة معينة من التاريخ الروحي وأعطاك الأدوات اللازمة لغرس جميع اهتماماته والحفاظ عليها. أنت مكلف بغرس طرقه في الخليقة وحراسة وحماية ومراقبة كل ما يخص أباك السماوي. عندما تحيا من السماء باتجاه الأرض، لن يكون نطاق تأثيرك هو نفسه أبدًا.

"فَتَسِيرُ الأُمَمُ فِي نُورِكِ، وَالْمُلُوكُ فِي ضِيَاءِ إِشْرَاقِكِ." (إشعياء ٦٠: ٣)

قال إشعياء إن الأمم ستنجذب إلى ضياء إشراق ملكوت الله.

أنت مصمم لإظهار حضور الله الواضح جدًا، وإذا كان الملكوت مرئيًا فيك، فسوف ينجذب الناس. عندما يقع الناس في حب الملكوت، فإنهم سيريدون مقابلة الملك. يسوع لا يقاوَم في العالم الجائع والمتعب.

سيعود المسيح ويكمل الاسترداد الكامل لكل الأشياء. هنا والآن أنت الشخص الذي اختار يسوع العمل من خلاله. الآن هو الوقت الذي يجلب فيه المصالَحَون في المسيح المصالحة. أنت هيكل متنقل يحمل حضور الله، لذا دع أنهار الماء الحي تتدفق! لا تحلم باليوم الذي ستفعل فيه شيئًا روحيًا مهمًا.

لا يجب أن يقول أي كاهن ملوكي على الإطلاق: "بمجرد أن أتحرر من هذه الوظيفة، يمكنني أن أفعل شيئًا من أجل الرب." أنت الآن في الملكوت، والملك يحاول أن يخرج منك الحياة ويأتي بها إلى كل ما هو حولنا.

تتطلب منك إدارة نطاق تأثيرك أن تتذكر أن كل شيء روحي وأنك يجب أن تمتنع عن العيش كمسيحي غنوسي. إذا فصلت حياتك الروحية عن دورك في الخليقة، فإن العدو سيمتلك ما لا تمتلكه. النجاح المهني الحقيقي هو أن تنظر إلى كل ما تفعله،

سواء كان كبيرًا أو صغيرًا، على أنه فرصة لعبادة الله. تتوق السماء أن تلمس الأرض من خلالك. عندما تعيش من السماء نحو الأرض، يكون هناك رجاء لكل الخليقة. عندما تدير نطاق تأثيرك، سيتمجد الله من خلالك، وسيجد الكثيرون طريقهم إلى بيت أبيهم. قم بإدارة نطاق تأثيرك باعتباره مهمًا اليوم، لأن يسوع سيلتقي بك غدًا في عملك.

اذهب لإدارة نطاق تأثيرك!